다가올 금융위기를 대비하는 원칙

BIG
DEBT
CRISES

RAY DALIO

레이 달리오의
금융위기 템플릿

레이 달리오의 금융 위기 템플릿 파트 3

초판 1쇄 발행 2020년 2월 24일
초판 9쇄 발행 2023년 7월 17일

지은이 레이 달리오
옮긴이 송이루, 이종호, 임경은

펴낸이 조기흠
책임편집 유소영 / **기획편집** 박의성, 이지은, 유지윤, 전세정
마케팅 정재훈, 박태규, 김선영, 홍태형, 임은희, 김예인 / **디자인** 박정현 / **제작** 박성우, 김정우

펴낸곳 한빛비즈(주) / **주소** 서울시 서대문구 연희로2길 62 4층
전화 (영업)02-325-5508 **(기획)**02-325-5506 / **팩스** 02-326-1566
등록 2008년 1월 14일 제25100-2017-000062호

ISBN 979-11-5784-388-6 14320

이 책에 대한 의견이나 오탈자 및 잘못된 내용에 대한 수정 정보는 한빛비즈의 홈페이지나
이메일(hanbitbiz@hanbit.co.kr)로 알려주십시오. 잘못된 책은 구입하신 서점에서 교환해드립니다.
책값은 뒤표지에 표시되어 있습니다.

⌂ hanbitbiz.com f facebook.com/hanbitbiz N post.naver.com/hanbit_biz
▶ youtube.com/한빛비즈 ⊚ instagram.com/hanbitbiz

지금 하지 않으면 할 수 없는 일이 있습니다.
책으로 펴내고 싶은 아이디어나 원고를 메일(hanbitbiz@hanbit.co.kr)로 보내주세요.
한빛비즈는 여러분의 소중한 경험과 지식을 기다리고 있습니다.

이 도서는 3권 세트로만 판매되는 도서입니다.

다가올 금융 위기를 대비하는 원칙

BIG
DEBT
CRISES

RAY DALIO

레이 달리오의
금융 위기 템플릿

레이 달리오 지음 | 송이루, 이종호, 임경은 옮김

파트 3 : 부채 위기 48가지 사례 연구

한빛비즈
Hanbit Biz, Inc.

차 례

주요 경제 용어 해설

파트 3(그리고 이 책의 그 외 부분에서도)에 사용된 몇 가지 경제 개념을 설명한다. 간결성을 위해 단순하게 서술했다.

경상수지Current account balance: 재화 및 서비스 교역에 따른 순수출(수출-수입)에 생산 요소(노동, 자본)를 사용한 대가(임금, 이자)로 받은 순소득 수취(수취-지급)를 더한 계정. 경상수지에 자본수지를 더하면 국제수지가 된다. 기본적으로 순소득(소득에서 비용을 뺀 금액)과 유사하다. 경상수지가 적자라면, 지출이 소득보다 많은 상태이다. 그러므로 해외로부터 자본을 차입하거나 해외에 금융 자산을 매각하여 자본수지를 흑자로 만들고, 그 흑자분으로 경상수지 적자분을 메워야 한다.

국제수지Balance of payments: 국가 간 또는 통화권 간의 모든 거래(재화 및 서비스 교역, 금융자산 거래 등)에 따른 수취와 지급을 집계한 계정. 국제수지는 경상수지와 자본수지로 구성된다. 특정 재화를 거래한 후의 잔고를 생각하면 된다. 예를 들어 원유를 해외로부터 수입하면서 자본으로 그 대가를 준다면, 원유가 들어오는 대신 자본의 잔고가 줄어들게 되는 것과 같은 이치이다. 국제수지의 악화를 가계에 비유하자면 한 가족이 지출에 비해 수입(대출을 포함한 소득)이 줄어 재정 상태가 악화되는 것과 같다. 국제수지가 개선되면 그 반대가 된다.

국제수지 위기 Balance-of-payments crisis: 국제수지 악화로 구매력이 부족해져 세계 시장에서 국내 수요를 충족시킬 수 없는 일종의 경제 위기로, 해당 국가는 신용과 현금이 부족한 상태이다.

근원 인플레이션 Core inflation: 원자재처럼 가격 변동이 특히 심한 품목을 제외하고 계산한 물가 상승률을 말한다.

긴축Tightening: 돈과 신용의 가용성을 축소하는 정책. 예를 들어 금리 인상, 통화 공급 축소, 정부 지출 삭감, 규정의 변경 등을 통해 은행의 대출을 제한하고 경제 성장의 속도를 늦추도록 영향을 미친다.

단기 금리 Short rate: 보통 3개월 이하로 매우 짧은 기간의 대출에 대한 이자율을 말한다.

디레버리징Deleveraging: 부채 부담을 축소하는 과정을 말한다.

디레버리징 결정 요인 Deleveraging attribution: 부채 부담의 증감을 좌우하는 요인을 브리지워터에서 분석한 것이다. 검은색 점은 해당 기간 부채의 연간 변화를 GDP 대비 비율로 나타낸 것이다(양수는 해당 국가의 부채 증가를, 음수는 감소를 의미한다.). 그리고 이러한 변화를 초래하는 요인을 보여준다. 0보다 크면 부채 부담의 증가, 작으면 감소 요인이다. 여기서는 GDP의 증감 요인(예: 인플레이션이나 실질 성장)과 부채의 증감 요인(예: 이자 지급이나 기타 목적으로 신규로 차관을 받는 경우)도 보여준다. 이 방법론은 국가별로, 특히 데이터의 입수 가능 여부에 따라 달라진다.

리플레이션Reflation: 통화 완화 정책이나 경기 부양책을 채택해 경기 회복에 도움이 되는 경우를 말한다.

명목 성장률 Nominal growth: 한 국가에서 생산물(예: GDP)의 가치(가격×생산량) 변화율을 말한다. '명목'이란 말은 인플레이션으로 인한 물가 상승이 포함되어 있음을 뜻한다. 즉 '명목 성장률=실질 성장률+물가 상승률'이다.

버블Bubble: 부채 사이클의 한 국면이다. 부채, 자산 가격, 성장률 등이 자기 강화적인 행태를 보이며 증가하거나 상승한다. 하지만 결국 그 증가세나 상승세가 지속 불가능해지는 특징을 보이는 것이 일반적이다. 여기서 핵심 단어는 '지속 불가능'으로, 일시적으로 붐이 조성된 후 필연적으로 붕괴가 뒤따라온다는 의미를 담고 있다. 많은 돈을 대출받아 호화로운 라이프 스타일을 누리는 상황을 상상해보라. 이런 생활은 단기적으로 지속할 수는 있지만, 지속 불가능하기 때문에 언젠가는 힘겨운 조정기를 보내야 한다.

본원통화Money 0: 특정 통화로 발행된 통화량으로, 시중에 유통되고 있는 화폐량에 중앙은행이 보유한 준비금을 더해서 구하는 게 일반적이다. M0라고도 한다.

부양책Stimulation: '완화' 참조

부채 상환 Debt service: 주어진 기한 내 원리금 지불을 포함한 부채 부담 비용

불황Depression: 부채 위기 단계에서 발생하는 심각한 경제 침체이며, 일반적으로 자기 강화적인 자산 가격 하락과 성장 둔화를 수반한다. 중앙은행이 통화 완화 정책으로 경기 침체를 극복하는 데 한계가 있을 때 가장 흔히 발생한다.

수익률 곡선 Yield curve: 채권의 장단기 금리 차를 나타낸다. 단기 금리가 장기 금리를 초과할 경우 수익률 곡선이 반전된다고 하는데, 이는 단기 금리가 하락하도록 가격이 책정된다는 것을 의미한다. 반대로 단기 금리가 장기 금리보다 낮으면 단기 금리가 상승할 수 있도록 가격이 책정된다.

실질Real: '실질'이라는 단어가 붙는 경제 용어는 인플레이션의 영향을 제거한 조정 값이다. 몇 가지 예는 뒤에 나오는 단어들을 참조하기 바란다. 다만 이러한 측정에 정확도가 떨어질 때가 많음을 유의해야 한다(예: 한 국가의 정확한 실질 환율은 알 수 없음).

실질 금리 Real interest rates: 인플레이션 효과를 배제하기 위해 조정된 이자율을 말한다. 실질 금리가 마이너스이면 물가 상승률이 금리보다 높다는 뜻이며, 이는 시간이 지날수록 대출자가 구매력에 손해를 보고 있음을 의미한다.

실질 성장률 Real growth: 한 국가에서 생산된 재화와 서비스의 총 생산 변화율을 대략적으로 측정한 값(명목 성장률과 달리 인플레이션 요소가 제거된다.)을 말한다.

실질 환율 Real FX: 현재 국가들 간에 통화의 상대적인 교환 비율과 물가 수준의 차이를 감안해 해당 통화가 과거에 비해 강세인지 약세인지를 나타내는 대략적인 측정치이다. 이 책에서 양의 실질 환율은 통화 가치 상승을 나타내고, 음의 실질 환율은 통화 가치 하락을 의미한다. 일반적으로 국가의 교역 상대국과 비교(무역가중지수 또는 TWI)하여 측정된다.

실질 GDP Real GDP: 한 국가에서 생산된 재화와 서비스의 총 가치를 대략적으로 측정한 값(명목 GDP와 달리 인플레이션 요소가 제거된다)을 말한다.

완화Easing: 중앙은행이 금리 인하, 화폐 찍어내기, 규정 개정 등의 방법으로 돈과 신용의 공급을 활성화하는 통화 정책이다. 혹은 같은 목적으로 중앙정부가 재정 지출, 조세, 규정 등에 변화를 주는 재정 정책이다.

외화 부채FX debt: 투자자의 모국 이외의 국가 통화로 표시되는 부채를 말한다.

외환 보유고 Reserves: 한 국가의 외화 및 금 보유량을 말한다. 정부가 외화를 예금 형태로 보유하는 것으로 기본적으로 대외 지불 용도로 사용되며 자국 통화의 가치와 수급에 영향을 주기 위해 사용될 수 있다.

유동성Liquidity: 돈과 신용이 상대적으로 부족한지 충분한지에 대한 척도를 나타낸다. 유동성이 낮으면 돈과 신용이 귀해져서, 신용등급이 높은 채무자도 대출을 받으려면 더 높은 금리를 지불해야 한다. 유동성이 높으면 신용등급이 높은 채무자는 문제없이 저렴한 금리로 대출을 받을 수 있다.

자본 유입/유출 Capital inflows/outflows: 채권, 통화, 주식, 생산 설비 등 자본 및 투자 자산을 구매하기 위해 국경을 넘나드는 돈과 신용의 흐름을 말한다. 외국인이 국내 자산을 매도나 매수하는 행위는 '유입'이고, 내국인이 외국 자산을 매도나 매수하는 행위는 '유출'이다.

잠재Potential: 경제가 최대 생산 능력 근처까지 도달할 경우의 생산 수준에 대한 대략적인 척도를 나타낸다. GDP 갭은 한 국가 경제의 현재 생산 수준이 잠재 수준보다 높거나 낮은 정도를 나타낸다.

장기 금리 Long rate: 장기 부채에 대한 이자율을 말한다. 이 책에서 말하는 명목 장기 금리는 보통 국채 10년물의 수익률을 가리킨다.

재정수지Fiscal balance: 정부 지출이 조세 수입을 초과하는지 여부를 나타낸다. 적자 재정은 수입보다 지출이 많고(따라서 차입을 하거나 예비비를 지출해야 함), 흑자 재정은 지출보다 수입이 많다.

통화 페그제 Currency peg(고정 환율): 한 국가가 타국의 통화나 통화 조합, 금과 같은 자산에 대해 자국 통화를 고정 값으로 유지하는 환율 정책을 말한다.

환차익Foreign FX returns: 외화에 투자해서 거두는 수익을 말하며, 환율의 변동 혹은 국내외에서 금리 차에서 비롯된다.

FX: 환율을 말한다.

GDP: 국내총생산을 말한다. 한 국가에서 생산된 모든 최종 재화와 서비스의 총 가치(즉 가격×생산량)를 나타낸다. 그 나라의 경제 규모를 나타낼 때 가장 흔히 사용되는 지표이다. 이 책에서 다른 경제 개념을 설명할 때 그

것이 경제의 특정 맥락에서 규모가 큰지 작은지에 대해 이해하기 쉽도록 GDP 대비 비율(예: 부채)로 자주 표시할 것이다.

GDP 갭^{GDP gap}: 현재 경제가 고효율 또는 저효율로 돌아가고 있는지를 나타내는 개략적인 척도이다. 한 나라의 경제에서 부작용 없이 장기간 지속될 수 있는 생산 수준(경제학에서 '잠재'라고 함)과 현재 실제 생산 수준의 차이에 기반을 둔다. GDP 갭이 음수인 국가에는 잉여 생산 요소가 존재한다(예: 공장이 풀가동되지 않음). 반대로 양수인 경우, 잉여 생산 요소가 별로 없는 수준에서 생산된다. '아웃풋(산출) 갭' 또는 '유휴^{slack}'라고도 한다.

48가지 부채 위기

지금부터는 앞으로 위기가 찾아올 때 여러분이 스스로 대처하는 데 도움이 될 수 있도록, 우리가 조사한 48가지 부채 위기를 각각 살펴볼 것이다. 이 사례들은 지난 세기 동안 주요 국가들의 디레버리징 시기를 체계적으로 선별했다(실질 GDP 감소율이 3% 이상인 사례에 중점을 두었다.). 뿐만 아니라 다각도로 IMF나 저명한 학자들의 연구 결과도 기준점으로 삼아 균형 잡힌 목록을 생성하려 노력했다. 물론 이 사례들로 지난 세기 발생한 부채 위기를 전부 아우르지는 않지만, 1권에서 논의한 주요 공통점은 물론 차이점도 같이 강조하면서 부채 위기와 디레버리징의 좋은 표본을 제공할 것이라고 생각한다.

각 사례는 기본 통계를 볼 수 있는 다양한 도표와 함께 당시 발생한 사건에 대해 컴퓨터로 생성한 간단한 텍스트 분석이 담겨 있다. 이 '자동 텍스트' 설명은 기본 통계를 서술형으로 풀어놓은 것인데, 매우 단순화된 알고리즘 분석 버전이다. 단순화된 관점(1권에서 매우 단순하게 설명한 템플릿을 토대로)으로 사례들을 살펴보면 중요한 핵심이 눈에 더욱 잘 보일 것이다. 이러한 내용들을 단순한 방식으로 바라보는 시각과 2권에서 더욱 자세히 설명된 세부 사항을 읽으면서 얻은 시각을 비교해보면 좋을 것이다. 이런 식으로 각 사례들을 살펴보면서 '대형 부채 위기 템플릿'에서 설명한 공통점과 차이점을 더욱 쉽게 파악할 수 있기를 바란다.

미국 1926~1936년 사례 자동 요약 1

오른쪽의 도표에서 볼 수 있듯이 미국은 1926~1936년 사이에 전형적인 디플레이션 유발형 디레버리징 사이클을 경험했다.

아래의 측정지수들은 그 뒤에 나올 통계 도표들을 요약하여 구성한 것이다. 이것은 개괄적인 수치임을 유념하기 바란다.

버블 국면

당시 미국의 버블 국면은 1926년부터 1929년까지 지속되었다. 버블 국면이 생성된 원인은 부채의 증가, 자기자본 수익률의 증가, 경제 성장률의 증가가 맞물리며 자기 강화적 상승 국면이 만들어진 데 있다. 버블이 끝날 무렵, 부채는 GDP의 125%로 위기 이전 최고치에 이르렀다. 이때 부채는 대부분 자국 통화로 표시된 내국채였다. 이 부채 증가로 인해 높은 경제 성장률(3%)을 보였고, 경제 활동 수준도 높았다(GDP 갭 최고 13%). 게다가 높은 자산 수익률(버블 기간 동안 주식 연평균 수익률 31%)은 더 많은 대출을 자극하고 성장을 촉진했다. 버블 국면에서 정책 입안자들은 적정한 수준의 긴축 정책을 단행했다(단기 금리 약 250bps 인상). 버블 압력은 통화/신용 긴축 정책까지 더해지면서 결국 버블 국면은 지속 불가능한 상황이 되었다.

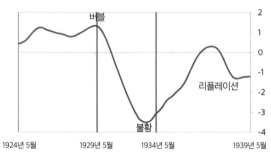

버블 및 불황 측정지수

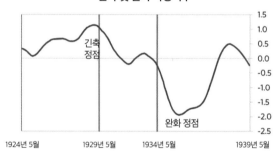

긴축 및 완화 측정지수

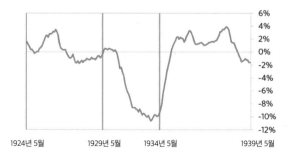

근원 인플레이션(전년 동기 대비)

미국 1926~1936년 사례 자동 요약 2

불황 국면

부채 사이클의 방향이 바뀌면서 결국 버블은 자기 강화적 특성상 터질 수밖에 없었고 '추악한 디레버리징'이 고개를 들었다. 이것은 1929년부터 1933년까지 지속되었다. 미국은 높은 부채 수준으로 인해 1929년 주식시장 붕괴와 같은 충격에 취약해진 상태였다. 그리고 GDP(26% 하락)와 주가(84% 하락), 주택가격(24% 하락)이 자기 강화적 하강 국면에 들어섰다. 실업률은 23% 증가했다. 금융기관들도 상당한 압박을 받았다. 당시 미국은 디레버리징이 필요했지만, 오른쪽의 결정 요인 차트에서 볼 수 있듯이 실질 소득 감소와 디플레이션, 기존 부채의 이자 지급을 위한 신규 부채의 증가로 GDP 대비 부채 비율이 98%(연간 26%) 증가했다.

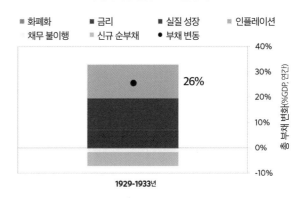

디레버리징 결정 요인: 불황기

1929-1933년

---

* 앞의 두 도표는 각각 버블/불황 상태와 통화 및 신용의 긴축/완화를 측정한 지수를 보여준다. 각 측정값과 기준선 0 사이의 차이는 버블의 정도를 나타내는 한편, 기준선 위아래를 교차하는 지점은 버블 국면으로의 진입과 탈출을 가리킨다.

미국 1926~1936년 사례 자동 요약 3

리플레이션 국면

미국은 평균보다 약간 긴 불황 국면을 거친 후, 정책 입안자들의 강력한 부양책 덕에 아름다운 디레버리징으로 전환될 수 있었으며, 1933년을 기점으로 리플레이션 국면으로 들어섰다. 통화 정책을 살펴보면, 경기 부양 단계에서 정부는 금과 달러의 연동Peg (고정환율제)을 해제했다. 그 후 본원통화는 GDP 대비 6% 증가하고, 금리는 0%까지 하락했으며, 실질 환율은 평균 -5%를 기록했다. 리플레이션 국면에서 미국은 부채 문제 해결의 전형적인 9가지 정책 수단 중 8개를 활용하며 매우 적극적으로 금융기관과 악성 부채를 관리했다. 특히 유동성을 공급하고, 부실 자산을 직접 인수했다. 이 부양책은 명목 성장률을 명목 금리보다 높이는 데 도움이 되었다(이 기간 동안 성장률 평균 8% 기록, 장기 국채 금리 3%로 하락). 이 과정에서 실업률은 14% 감소했으며, 부채는 오른쪽 도표와 같이 GDP 대비 70%(연 21%) 감소했다. '아름다운' 디레버리징 국면에서 소득 대비 부채 비율의 감소에 이바지한 요인은 인플레이션도 있었지만, 실질 소득의 증가가 주요인으로 작용했다. 실질 GDP가 과거 최

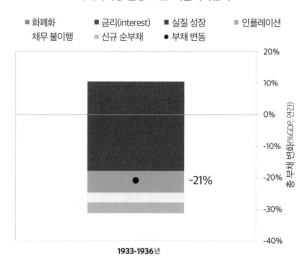

디레버리징 결정 요인: 리플레이션기

■ 화폐화 ■ 금리(interest) ■ 실질 성장 ■ 인플레이션
채무 불이행 ■ 신규 순부채 ● 부채 변동

-21%

1933-1936년

총 부채 변화(%GDP, 연간)

고치로 복귀하기까지 7년, 주가(미 달러 기준)가 회복되기까지는 25년이 걸렸다.

이 위기는 포퓰리스트 지도자로 잘 알려진 프랭클린 루스벨트 대통령이 권력을 잡을 수 있는 발판으로 작용하면서 미국 정세에 지대한 영향을 미쳤다.

미국 1926~1936년 통계 도표 모음 1

부채

— 총 부채(%GDP)
— 부채 상환율(%GDP)

— 외화 부채(%GDP)

자료 없음

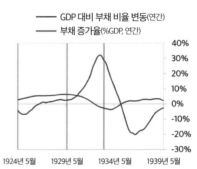

— GDP 대비 부채 비율 변동(연간)
— 부채 증가율(%GDP, 연간)

통화 및 재정 정책

— 명목 단기 금리

— 본원통화 규모(%GDP)

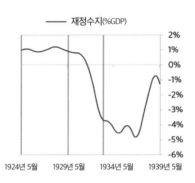

— 재정수지(%GDP)

경제 상황

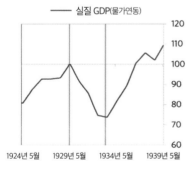

— 실질 GDP(물가연동)

— 실질 성장률(전년 동기 대비)

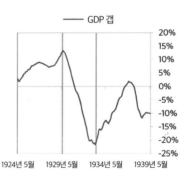

— GDP 갭

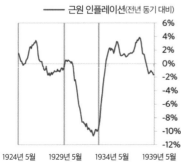

— 근원 인플레이션(전년 동기 대비)

— 명목 장기 금리
— 명목 성장률

— 실질 단기 금리

미국 1926~1936년 통계 도표 모음 2

시장

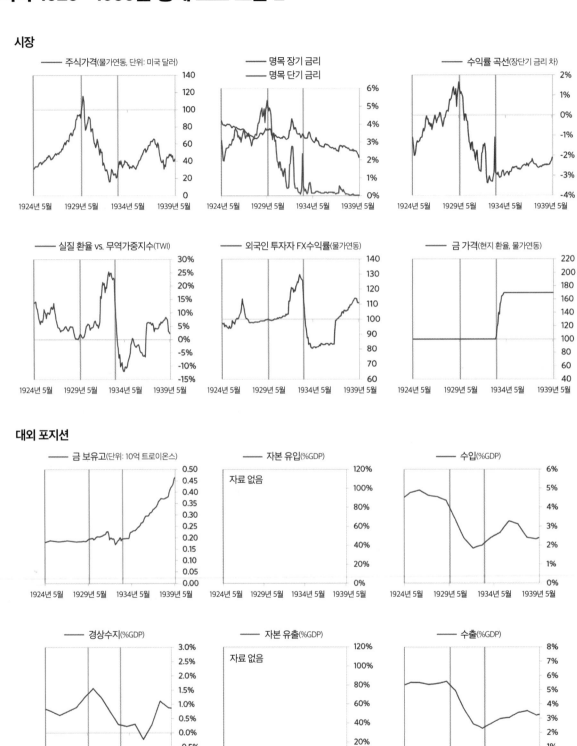

주식가격(물가연동, 단위: 미국 달러)

명목 장기 금리 / 명목 단기 금리

수익률 곡선(장단기 금리 차)

실질 환율 vs. 무역가중지수(TWI)

외국인 투자자 FX수익률(물가연동)

금 가격(현지 환율, 물가연동)

대외 포지션

금 보유고(단위: 10억 트로이온스)

자본 유입(%GDP) — 자료 없음

수입(%GDP)

경상수지(%GDP)

자본 유출(%GDP) — 자료 없음

수출(%GDP)

영국 1927~1936년 사례 자동 요약 1

오른쪽의 도표에서 볼 수 있듯이 영국은 1927~1936년 사이에 전형적인 디플레이션 유발형 디레버리징 사이클을 경험했다.

다음의 측정지수들은 그 뒤에 나올 통계 도표들을 요약하여 구성한 것이다. 이것은 개괄적인 수치임을 유념하기 바란다.

버블 국면

영국은 다른 사례들과 달리 위기 이전 몇 년 동안 버블을 광범위하게 경험하지 않았다. 하지만 버블 혹은 그에 준하는 상황에 처해 있던 다른 국가나 경제권, 금융시장과 밀접한 관련을 맺고 있었다. 그리고 부채는 위기 이전 GDP 대비 210%에 도달하면서, 부채가 상당히 누적된 상태였다. 이때 부채는 대부분 자국 통화로 표시된 내국채였다.

불황 국면

부채 사이클의 방향이 바뀌면서 결국 버블은 자기 강화적 특성상 터질 수밖에 없었다. 그리고 '추악한 디레버리징'이 고개를 들었다. 이것은 1929년부터 1931년까지 지속되었다. 영국은 높은 부채 수준으로 인해 1929년 미국 주식시장 붕괴와 미국 대공황의 초기 여파로 충격에 취약해졌다.

그리고 GDP(10% 하락)와 주가(61% 하락)는 자기 강화적 하강 국면에 들어섰다. 실업률은 7% 증가했다.

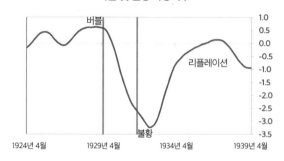

버블 및 불황 측정지수

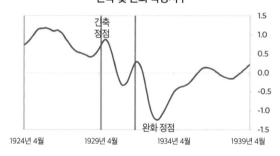

긴축 및 완화 측정지수

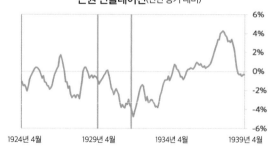

근원 인플레이션(전년 동기 대비)

영국 1927~1936년 사례 자동 요약 2

당시 영국은 디레버리징이 필요했지만, 오른쪽의 결정 요인 차트에서 볼 수 있듯이 실질 소득의 감소, 기존 부채의 이자 지급을 위한 신규 부채의 증가로 GDP 대비 부채 비율이 13%(연간 6%) 증가했다. 기존 부채의 상환 등 GDP 대비 부채 비율의 감소를 이끈 요인이 없었던 것은 아니지만 이런 증가 요인에 의해 상쇄되었다.

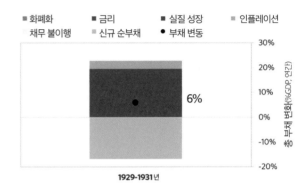

디레버리징 결정 요인: 불황기

■ 화폐화 ■ 금리 ■ 실질 성장 ■ 인플레이션
채무 불이행 ■ 신규 순부채 ● 부채 변동

6%

1929-1931년

---

* 앞의 두 도표는 각각 버블/불황 상태와 통화 및 신용의 긴축/완화를 측정한 지수를 보여준다. 각 측정값과 기준선 0 사이의 차이는 버블의 정도를 나타내는 한편, 기준선 위아래를 교차하는 지점은 버블 국면으로의 진입과 탈출을 나타낸다.

영국 1927~1936년 사례 자동 요약 3

리플레이션 국면

영국은 평균보다 약간 짧은 불황 국면을 거친 후, 정책 입안자들의 강력한 부양책 덕에 아름다운 디레버리징으로 전환될 수 있었으며, 1931년을 기점으로 리플레이션 국면으로 들어섰다. 통화 정책을 살펴보면, 경기 부양 단계에서 정부는 금과 달러의 연동을 해제했다. 그 후 본원통화는 GDP 대비 2% 증가하고, 금리는 0%까지 하락했으며, 실질 환율은 평균 −8%를 기록했다. 리플레이션 국면에서 영국은 부채 문제 해결의 전형적인 9가지 정책 수단 중 1개만 활용하며 소극적으로 금융기관과 악성 부채를 관리했다. 이 부양책과 그 밖의 조치는 명목 성장률을 명목 금리보다 높이는 데 도움이 되었다(이 기간 동안 성장률 평균 4% 기록, 장기 국채 금리 3%로 하락). 이 과정에서 실업률은 8% 감소했으며, 부채는 오른쪽 도표와 같이 GDP 대비 29%(연간 5%) 감소했다. '아름다운' 디레버리징의 국면에서 소득 대비 부채 비율의 감소에 이바지한 요인은 실질 소득의 증가도 있었지만, 기존 부채의 상환이 주요인으로 작용했다. 기존 부채에 대한 이자 지급을 위한 신규 부채의 증가 등 소득 대비 부채 비율의 증가에 이바지한 요인이 없었던 건 아니지만 감소 요인에 의해 상쇄되었다. 실질 GDP가 과거 최고치로 복귀하기까지 5년, 주가(미 달러 기준)가 회복되기까지는 8년이 걸렸다.

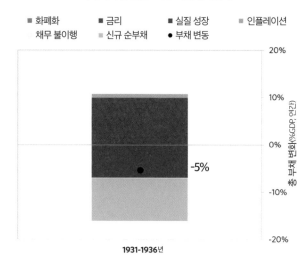

디레버리징 결정 요인: 리플레이션기

■ 화폐화 채무 불이행　■ 금리　■ 실질 성장　■ 인플레이션
■ 신규 순부채　● 부채 변동

총 부채 변화(%GDP, 연간)

-5%

1931-1936년

영국 1927~1936년 통계 도표 모음 1

부채

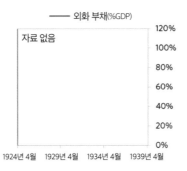

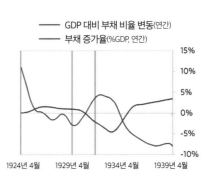

통화 및 재정 정책

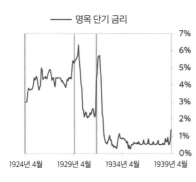

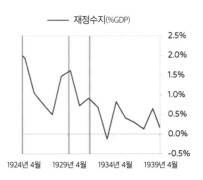

경제 상황

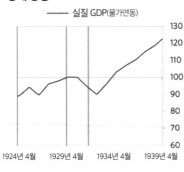

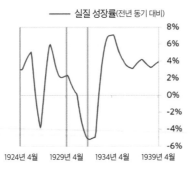

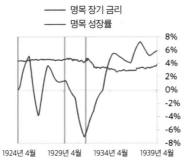

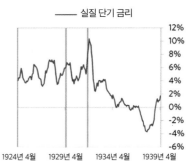

영국 1927~1936년 통계 도표 모음 2

시장

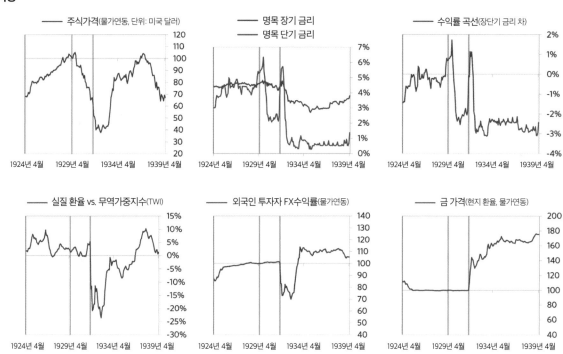

대외 포지션

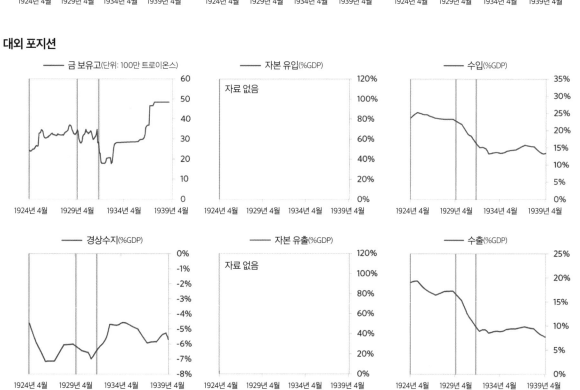

일본 1925~1936년 사례 자동 요약 1

오른쪽의 도표에서 볼 수 있듯이 일본은 1925~1936년 사이에 전형적인 디플레이션 유발형 디레버리징 사이클을 경험했다.

다음의 측정지수들은 그 뒤에 나올 통계 도표들을 요약하여 구성한 것이다. 이것은 개괄적인 수치임을 유념하기 바란다.

버블 국면

일본은 다른 사례들과 달리 위기 이전 몇 년 동안 광범위하게 버블을 경험하지 않았다. 하지만 버블 혹은 그에 준하는 상황에 처해 있던 다른 국가나 경제권, 금융시장과 밀접한 관련을 맺고 있었다. 그리고 부채는 위기 이전 GDP 대비 65%에 도달하면서, 부채가 상당히 누적된 상태였다. 이때 부채는 대부분 자국 통화로 표시된 내국채였다.

불황 국면

결국 사이클의 방향이 바뀌면서 버블은 자기 강화적 특성상 터지게 되고 '추악한 디레버리징'이 시장을 엄습했다. 이 국면은 1927년부터 1931년까지 지속되었다. 일본은 높은 부채 수준으로 인해 1929년 글로벌 주식시장 붕괴와 같은 충격에 취약해졌다. 그리고 GDP(4% 하락)와 주가(47% 하락)는 자기 강화적 하강 국면에 들어섰다. 금융기관들도 상당한 압박을 받았다. 당시 일본은 디레버리징이 필요했지만, 오

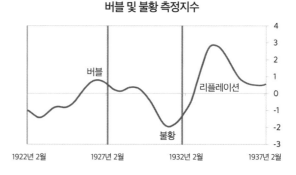

버블 및 불황 측정지수

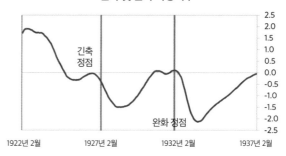

긴축 및 완화 측정지수

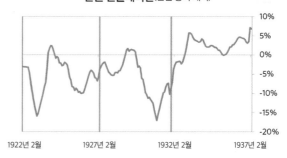

근원 인플레이션(전년 동기 대비)

일본 1925~1936년 사례 자동 요약 2

른쪽의 결정 요인 차트에서 볼 수 있듯이 GDP 대비

부채 비율이 36%(연간 8%) 증가했다.

디레버리징 결정 요인: 불황기

■ 실질 성장 ■ 인플레이션 ■ 내국채 변동 ◆ 부채(%GDP)

1927-1931년

---

* 앞의 두 도표는 각각 버블/불황 상태와 통화 및 신용의 긴축/완화를 측정한 지수를 보여준다. 각 측정값과 기준선 0 사이의 차이는 버블의 정도를 나타내는 한편, 기준선 위아래를 교차하는 지점은 버블 국면으로의 진입과 탈출을 나타낸다.

일본 1925~1936년 사례 자동 요약 3

리플레이션 국면

일본은 평균보다 약간 긴 불황 국면을 거친 후, 정책 입안자들의 강력한 부양책 덕에 아름다운 디레버리징으로 전환될 수 있었으며, 1931년을 기점으로 리플레이션 국면으로 들어섰다. 통화 정책을 살펴보면, 경기 부양 단계에서 정부는 금과 달러의 연동을 해제했다. 그 후 금리는 2%까지 하락했으며, 실질 환율은 평균 -26%를 기록했다. 리플레이션 국면에서 일본은 부채 문제 해결의 전형적인 9가지 정책 수단 중 3개를 활용하며 다소 적극적으로 금융기관과 악성 부채를 관리했다. 이 경기 부양책은 명목 성장률을 명목 금리보다 높이는 데 도움이 되었다(이 기간 동안 성장률 평균 4.7% 기록, 장기 국채 금리 3.9%로 하락). 그리고 오른쪽의 결정 요인 차트에서 볼 수 있듯이 GDP 대비 부채 비율은 18%(연간 4%) 감소했다. '아름다운' 디레버리징 국면에서 소득 대비 부채 비율의 감소에 이바지한 요인은 실질 성장률의 증가에 따른 소득 증가였다.

이 위기는 포퓰리스트 지도자로 잘 알려진 도조 히데키Hideki Tojo가 권력을 잡을 수 있는 발판으로 작용

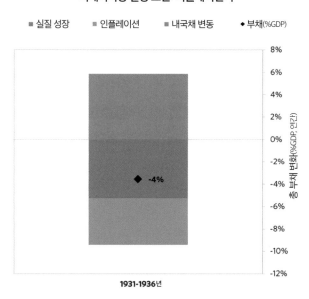

디레버리징 결정 요인: 리플레이션기

- 실질 성장 ■ 인플레이션 ■ 내국채 변동 ◆ 부채(%GDP)

1931-1936년

하면서 일본 정세에 지대한 영향을 미쳤다.

일본 1925~1936년 통계 도표 모음 1

부채

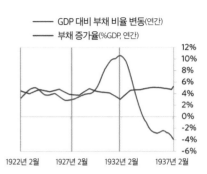

통화 및 재정 정책

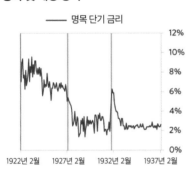

경제 상황

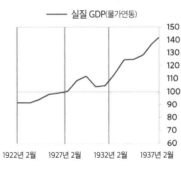

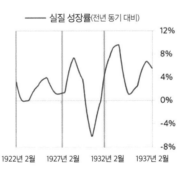

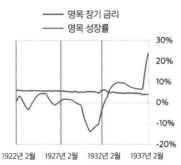

일본 1925∼1936년 통계 도표 모음 2

시장

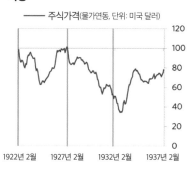

주식가격(물가연동, 단위: 미국 달러)

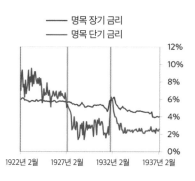

명목 장기 금리
명목 단기 금리

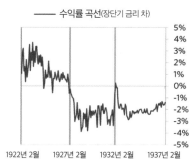

수익률 곡선(장단기 금리 차)

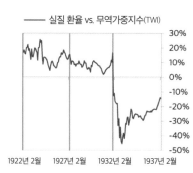

실질 환율 vs. 무역가중지수(TWI)

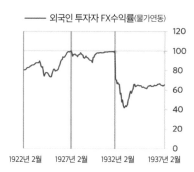

외국인 투자자 FX수익률(물가연동)

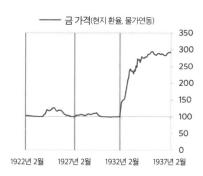

금 가격(현지 환율, 물가연동)

대외 포지션

금 보유고(단위: 10억 트로이온스)

자본 유입(%GDP)

자료 없음

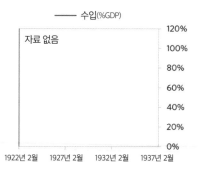

수입(%GDP)

자료 없음

경상수지(%GDP)

자료 없음

자본 유출(%GDP)

자료 없음

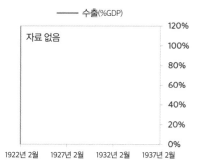

수출(%GDP)

자료 없음

프랑스 1926~1938년 사례 자동 요약 1

오른쪽의 도표에서 볼 수 있듯이 프랑스는 1926~1938년 사이에 전형적인 디플레이션 유발형 디레버리징 사이클을 경험했다.

다음의 측정지수들은 그 뒤에 나올 통계 도표들을 요약하여 구성한 것이다. 이것은 개괄적인 수치임을 유념하기 바란다.

버블 국면

당시 프랑스의 버블 국면은 1926년부터 1929년까지 지속되었다. 버블 국면이 조성된 원인은 자기자본 수익률의 증가, 경제 성장률의 증가가 맞물리며 자기 강화적 상승 국면이 만들어진 데에 있다. 버블 국면에서 실제로 부채는 GDP 대비 13%로 감소하여 위기 이전 수준인 GDP 대비 205%까지 떨어졌다. 이때 부채는 대부분 자국 통화로 표시된 내국채였다. 높은 경제 성장률(3%)을 보였고, 경제 활동 수준도 높았다(GDP 갭 최고 9%). 게다가 높은 자산 수익률(버블 기간 동안 주식 연평균 수익률 45%)은 더 많은 대출을 자극하고 성장을 촉진했다. 버블의 압력에 통화/신용 긴축 정책과 관련국들의 경기 위축까지 더해지면서 지속 불가능한 상황이 만들어졌다.

불황 국면

부채 사이클의 방향이 바뀌면서 결국 버블은 자기 강화적 특성상 터질 수밖에 없었고 '추악한 디레버리

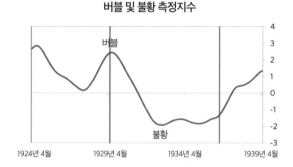

버블 및 불황 측정지수

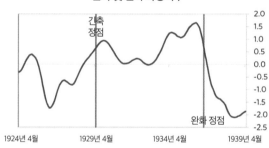

긴축 및 완화 측정지수

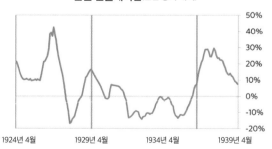

근원 인플레이션(전년 동기 대비)

프랑스 1926~1938년 사례 자동 요약 2

징'이 고개를 들었다. 이것은 1929년부터 1936년까지 지속되었다. 프랑스는 높은 부채 수준으로 1929년 미국 주식시장 붕괴와 때 이른 대공황의 여파와 같은 충격에 취약해졌다. 그리고 GDP(17% 하락)와 주가(57% 하락)는 자기 강화적 하강 국면에 들어섰다. 금융기관들도 상당한 압박을 받았다. 당시 프랑스는 디레버리징이 필요했지만, 오른쪽의 결정 요인 차트에서 볼 수 있듯이 GDP 대비 부채 비율은 거의 변동이 없었다.

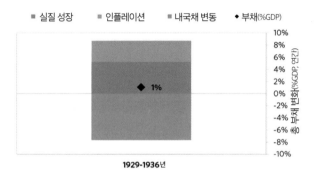

디레버리징 결정 요인: 불황기

■ 실질 성장　　■ 인플레이션　　■ 내국채 변동　　◆ 부채(%GDP)

◆ 1%

1929-1936년

---

* 앞의 두 도표는 각각 버블/불황 상태와 통화 및 신용의 긴축/완화를 측정한 지수를 보여준다. 각 측정값과 기준선 0 사이의 차이는 버블의 정도를 나타내는 한편, 기준선 위아래를 교차하는 지점은 버블 단계로의 진입과 탈출을 나타낸다.

프랑스 1926~1938년 사례 자동 요약 3

리플레이션 국면

프랑스는 비교적 긴 불황 국면을 거친 후, 정책 입안자들의 강력한 부양책 덕에 아름다운 디레버리징으로 전환될 수 있었으며, 1936년을 기점으로 리플레이션 단계로 들어섰다. 그리고 1936년을 기점으로 리플레이션 시기에 들어설 수 있었다. 통화 정책을 살펴보면, 경기 부양 단계에서 정부는 금과 달러의 연동을 해제했다. 그 후 금리는 2%까지 하락했으며, 실질 환율은 평균 −4%를 기록했다. 중요한 사실은 정책 입안자들이 높은 인플레이션(이 기간 동안 평균 10%)을 감당하기로 하면서, 명목 성장률을 높이고 내국채 부담을 줄였다는 점이다. 리플레이션 국면에서 프랑스는 부채 문제 해결의 전형적인 9가지 정책 수단 중 3개를 활용하며 다소 적극적으로 금융기관과 악성 부채를 관리했다. 이 부양책은 명목 성장률을 명목 금리보다 훨씬 높이는 데 도움이 되었다(이 기간 동안 성장률 평균 15% 기록, 장기 국채 금리 4%로 하락). 그리고 오른쪽의 결정 요인 차트에서 볼 수 있듯이 GDP 대비 부채 비율은 37%(연간 15%) 감소했다. '아름다운' 디레버리징 국면에서 소득 대비 부채 비율이

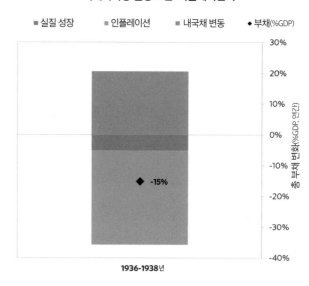

디레버리징 결정 요인: 리플레이션기

■ 실질 성장   ■ 인플레이션   ■ 내국채 변동   ◆ 부채(%GDP)

1936-1938년

낮아질 수 있었던 요인은 높은 인플레이션에 의한 소득 증가에 있었다. 실질 GDP는 과거 최고치로 복귀하기까지 21년이 걸렸다.

이 위기는 포퓰리스트 지도자로 잘 알려진 레옹 블룸Léon Blum 총리가 1936년에 권력을 잡을 수 있는 발판으로 작용하면서 프랑스 정세에 지대한 영향을 미쳤다.

프랑스 1926~1938년 통계 도표 모음 1

부채

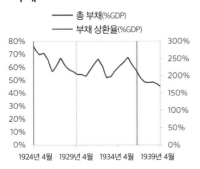

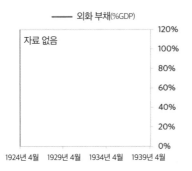

통화 및 재정 정책

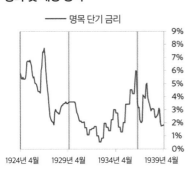

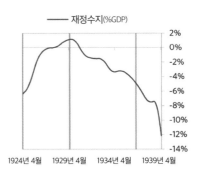

경제 상황

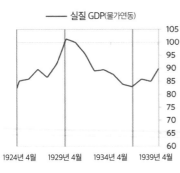

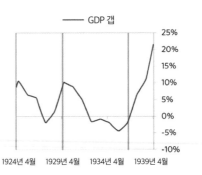

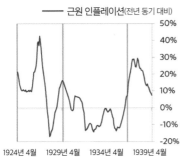

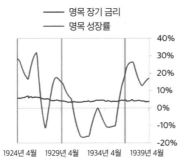

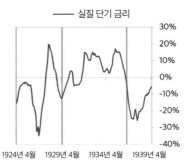

프랑스 1926~1938년 통계 도표 모음 2

시장

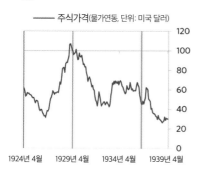

주식가격(물가연동, 단위: 미국 달러)

명목 장기 금리
명목 단기 금리

수익률 곡선(장단기 금리 차)

실질 환율 vs. 무역가중지수(TWI)

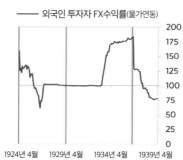

외국인 투자자 FX수익률(물가연동)

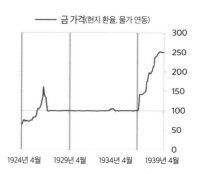

금 가격(현지 환율, 물가 연동)

대외 포지션

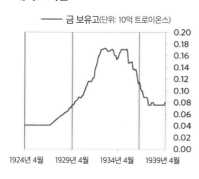

금 보유고(단위: 10억 트로이온스)

자본 유입(%GDP)

자료 없음

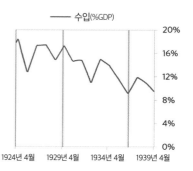

수입(%GDP)

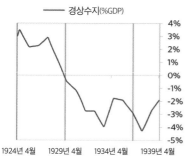

경상수지(%GDP)

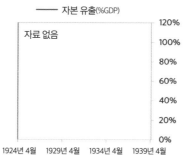

자본 유출(%GDP)

자료 없음

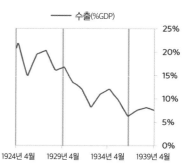

수출(%GDP)

영국 1941~1967년 사례 자동 요약 1

오른쪽의 도표에서 볼 수 있듯이 영국은 1941~1967년 사이에 전형적인 전시 디플레이션 유발형 디레버리징 사이클을 경험했다. 대규모 전쟁의 승전국이라면 거치는 전형적인 과정이지만, 영국 경제도 전시 생산체계에서 벗어나면서 전후 불황을 잠시 겪었다. 또한 디레버리징도 보다 질서정연하게 전개되었다.

다음의 측정지수들은 그 뒤에 나올 통계 도표들을 요약하여 구성한 것이다. 이것은 개괄적인 수치임을 유념하기 바란다.

전쟁 국면

버블에서 비롯되는 다른 전형적인 사례와 달리, 이 부채 위기는 제2차 세계대전 때문에 시작되었다. 전쟁 기간 동안 영국은 거액의 재정 적자를 충당하기 위해 많은 돈을 차입하였고, 전시 경제체제로 이행했다. 그리고 많은 노동력을 병력 동원과 군수물자 생산으로 재배치했다. 따라서 당시 경제 통계는 일반적인 경제 상황과 부합하지 않는다. 전쟁을 치르는 동안 부채는 급증했다. 이때 부채는 대부분 자국 통화로 표시된 내국채였다. 전쟁 지출로 인해 높은 경제 성장률(6%)을 보였고, 경제 활동 수준도 높았다(GDP 갭 최고 10%). 한편 높은 자산 수익률(전쟁 기간 동안 주식 연평균 수익률 16%)도 성장을 촉진했다.

전후 국면

전쟁이 끝날 무렵, 영국은 1943~1947년 사이에 전후 경기 침체를 겪었다. 그래도 승전국인 만큼 고통

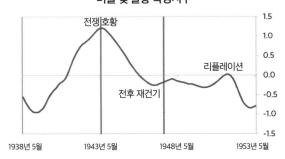

버블 및 불황 측정지수

긴축 및 완화 측정지수

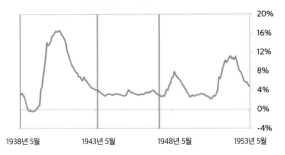

근원 인플레이션(전년 동기 대비)

영국 1941~1967년 사례 자동 요약 2

은 패전국보다 덜했다. 그럼에도 불구하고 GDP(15% 하락)는 자기 강화적 하강 국면에 들어섰다. 당시 영국은 디레버리징이 필요했지만, 오른쪽의 결정 요인 차트에서 볼 수 있듯이 소득의 감소와 영국 정부의 지속적인 전쟁 비용 부담(추악한 디레버리징 국면에서 GDP 대비 재정 적자가 최고 31%에 달했다.)으로 GDP 대비 부채 비율이 102%(연간 25%) 증가했다.

디레버리징 결정 요인: 불황기

■ 실질 성장   ■ 인플레이션   ■ 내국채 변동   ◆ 부채(%GDP)

1943-1947년

---

* 앞의 두 도표는 각각 버블/불황 상태와 통화 및 신용의 긴축/완화를 측정한 지수를 보여준다. 각 측정값과 기준선 0 사이의 차이는 버블의 정도를 나타내는 한편, 기준선 위아래를 교차하는 지점은 버블 국면으로의 진입과 탈출을 나타낸다.

영국 1941~1967년 사례 자동 요약 3

리플레이션 국면

영국은 평균보다 약간 긴 불황 국면을 거친 후, 정책 입안자들의 강력한 부양책 덕에 아름다운 디레버리징으로 전환될 수 있었으며, 1947년을 기점으로 리플레이션 국면으로 들어섰다. 통화 정책을 살펴보면, 경기 부양 단계에서 정부는 통화 가치를 금 대비 30% 평가절하했다. 그 후 본원통화는 실제로 GDP 대비 8% 감소하고, 금리는 1%까지 하락했으며, 실질 환율은 평균 −10%를 기록했다. 중요한 사실은 정책 입안자들이 높은 인플레이션(평균 4%)을 감당하기로 하면서, 명목 성장률을 높이고 내국채 부담을 줄였다는 점이다. 이 부양책과 그 밖의 조치는 명목 성장률을 명목 금리보다 훨씬 높이는 데 도움이 되었다(이 기간 동안 성장률 평균 7% 기록, 장기 국채 금리 2%로 하락). 이 과정에서 실업률은 변동이 없었으며, 부채는 오른쪽 도표와 같이 GDP 대비 139%(연간 7%) 감소했다. '아름다운' 디레버리징 국면에서 소득 대비 부채 비율의 감소에 이바지한 가장 큰 요인은 높은 인플레이션에 의한 소득 증가였다. 실질 GDP는 과거 최고치로 복귀하기까지 10년이 걸렸다.

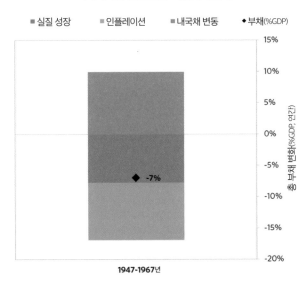

디레버리징 결정 요인: 리플레이션기

■ 실질 성장   ■ 인플레이션   ■ 내국채 변동   ◆ 부채(%GDP)

총 부채 변화(%GDP, 연간)

-7%

1947-1967년

영국 1941~1967년 통계 도표 모음 1

부채

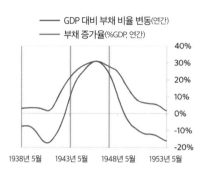

통화 및 재정 정책

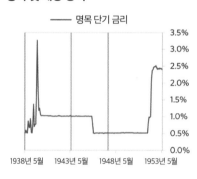

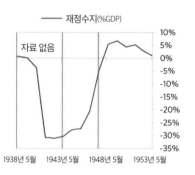

경제 상황

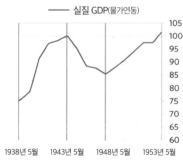

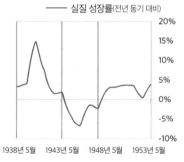

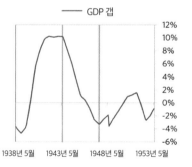

영국 1941~1967년 통계 도표 모음 2

시장

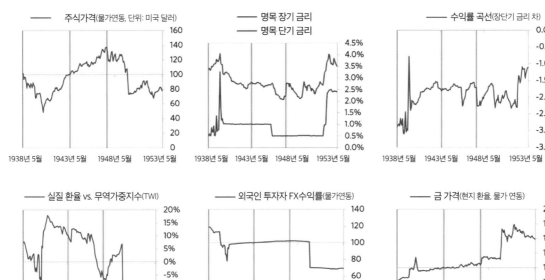

대외 포지션

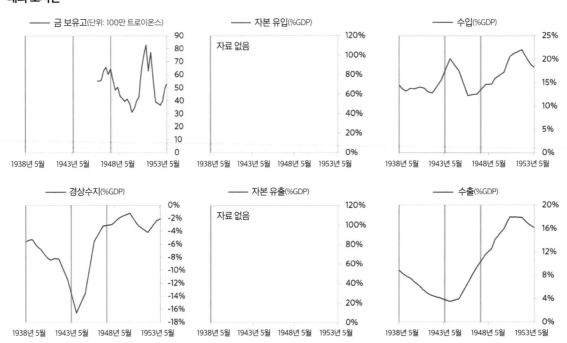

영국 1941~1967년 통계 도표 모음 3

재정 및 국방

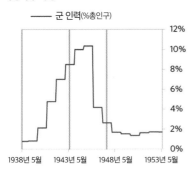

군 인력(%총인구)

1938년 5월 1943년 5월 1948년 5월 1953년 5월

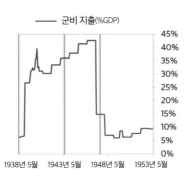

군비 지출(%GDP)

1938년 5월 1943년 5월 1948년 5월 1953년 5월

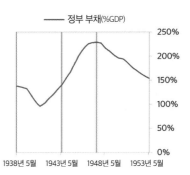

정부 부채(%GDP)

1938년 5월 1943년 5월 1948년 5월 1953년 5월

미국 1943~1951년 사례 자동 요약 1

오른쪽의 도표에서 볼 수 있듯이 미국은 1943~1951년 사이에 전형적인 전시 디플레이션 유발형 디레버리징 사이클을 경험했다. 대규모 전쟁의 승전국이라면 거치는 전형적인 과정이지만, 미국 경제도 전시 생산체계에서 벗어나면서 전후 불황을 잠시 겪었다. 또한 디레버리징도 보다 질서정연하게 전개되었다.

다음의 측정지수들은 그 뒤에 나올 통계 도표들을 요약하여 구성한 것이다. 이것은 개괄적인 수치임을 유념하기 바란다.

전쟁 국면

버블에서 비롯되는 다른 전형적인 사례와 달리, 이 부채 위기는 제2차 세계대전 때문에 시작되었다. 전쟁 기간 동안 미국은 거액의 재정 적자를 충당하기 위해 많은 돈을 차입하였고, 전시 경제체제로 이행했다. 그리고 많은 노동력을 병력 동원과 군수물자 생산으로 재배치했다. 따라서 당시의 경제 통계는 일반적인 경제 상황과 부합하지 않는다. 전쟁을 치르는 동안 부채는 GDP 대비 150%로 상승했다. 이때 부채는 대부분 자국 통화로 표시된 내국채였다. 전쟁비용 지출에 힘입어 높은 경제 성장률(13%)을 보였고, 경제 활동 수준도 높았다(GDP 갭 최고 19%). 한편 높은 자산 수익률(전쟁 기간 동안 주식 연평균 수익률 15%)도 성장을 촉진했다.

전후 국면

전쟁이 끝난 후, 미국은 1945~1950년 전후에 경기

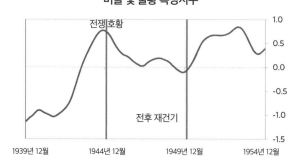

버블 및 불황 측정지수

전쟁호황
전후 재건기

1939년 12월   1944년 12월   1949년 12월   1954년 12월

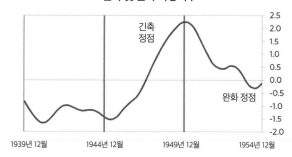

긴축 및 완화 측정지수

긴축
정점
완화 정점

1939년 12월   1944년 12월   1949년 12월   1954년 12월

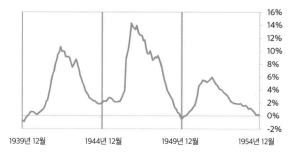

근원 인플레이션(전년 동기 대비)

1939년 12월   1944년 12월   1949년 12월   1954년 12월

미국 1943~1951년 사례 자동 요약 2

침체를 겪었다. 그래도 승전국인 만큼 고통은 패전국보다 덜했다. 그럼에도 불구하고 GDP(13% 하락)는 자기 강화적 하강 국면에 들어섰다. 실업률은 5% 증가했다. 당시 미국은 디레버리징이 필요했지만, 오른쪽의 결정 요인 차트에서 볼 수 있듯이 GDP 대비 부채 비율은 거의 변동이 없었다.

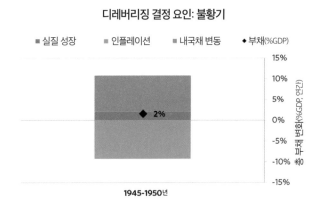

디레버리징 결정 요인: 불황기

■ 실질 성장   ■ 인플레이션   ■ 내국채 변동   ◆ 부채(%GDP)

◆ 2%

1945-1950년

---

* 앞의 두 도표는 각각 버블/불황 상태와 통화 및 신용의 긴축/완화를 측정한 지수를 보여준다. 각 측정값과 기준선 0 사이의 차이는 버블의 정도를 나타내는 한편, 기준선 위아래를 교차하는 지점은 버블 국면으로의 진입과 탈출을 나타낸다.

미국 1943~1951년 사례 자동 요약 3

리플레이션 국면

미국은 비교적 긴 불황 국면을 거친 후, 정책 입안자들의 강력한 부양책 덕에 아름다운 디레버리징으로 전환될 수 있었다. 그리고 1950년을 기점으로 리플레이션 국면으로 들어섰다. 통화 정책을 살펴보면, 경기 부양 단계에서 본원통화는 실제로 GDP 대비 0.9% 감소하고, 금리는 1%까지 하락했다. 경제가 급격히 활기를 띠기 시작하는 가운데서도 중앙은행은 계속 완화 기조를 유지하여 명목 성장률을 명목 금리보다 훨씬 높이는 데 도움이 되었다(이 기간 동안 성장률 평균 11%, 장기 국채 금리 평균 2% 기록). 이 과정에서 실업률은 2% 감소했으며, 부채 비율은 오른쪽 도표와 같이 GDP 대비 22%(연간 14%) 감소했다. '아름다운' 디레버리징 국면에서 소득 대비 부채 비율의 감소에 이바지한 가장 큰 요인은 실질 성장률 증가에 따른 소득 증가였다. 실질 GDP는 과거 최고치로 복귀하기까지 6년이 걸렸다.

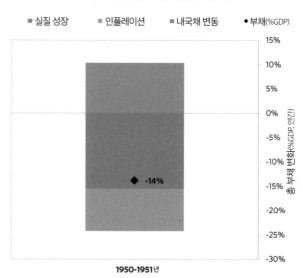

디레버리징 결정 요인: 리플레이션기

1950-1951년

미국 1943~1951년 통계 도표 모음 1

부채

총 부채(%GDP)
부채 상환율(%GDP)

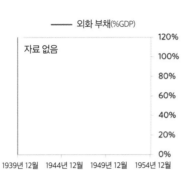

외화 부채(%GDP)

자료 없음

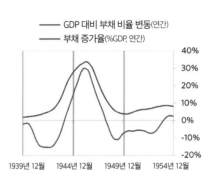

GDP 대비 부채 비율 변동(연간)
부채 증가율(%GDP, 연간)

통화 및 재정 정책

명목 단기 금리

본원통화 규모(%GDP)

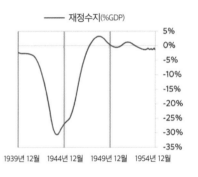

재정수지(%GDP)

경제 상황

실질 GDP(물가연동)

실질 성장률(전년 동기 대비)

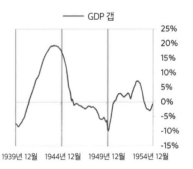

GDP 갭

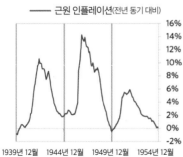

근원 인플레이션(전년 동기 대비)

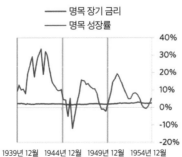

명목 장기 금리
명목 성장률

실질 단기 금리

미국 1943~1951년 통계 도표 모음 2

시장

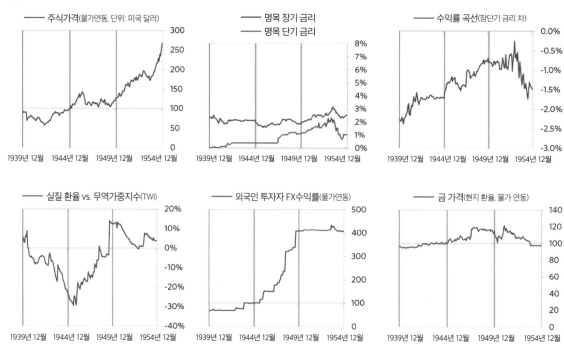

주식가격(물가연동, 단위: 미국 달러)

명목 장기 금리
명목 단기 금리

수익률 곡선(장단기 금리 차)

실질 환율 vs. 무역가중지수(TWI)

외국인 투자자 FX수익률(물가연동)

금 가격(현지 환율, 물가 연동)

대외 포지션

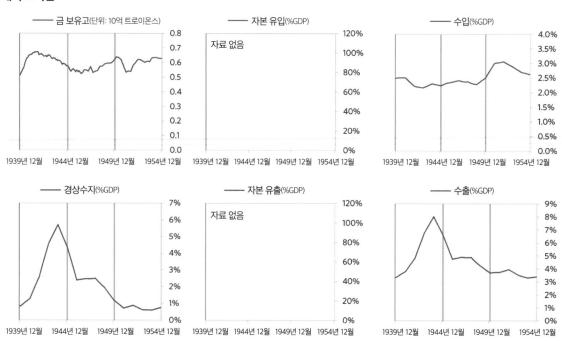

금 보유고(단위: 10억 트로이온스)

자본 유입(%GDP)
자료 없음

수입(%GDP)

경상수지(%GDP)

자본 유출(%GDP)
자료 없음

수출(%GDP)

미국 1943~1951년 통계 도표 모음 3

재정 및 국방

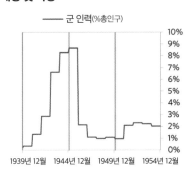

— 군 인력(%총인구)

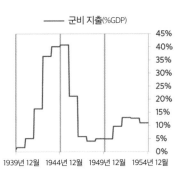

— 군비 지출(%GDP)

— 정부 부채(%GDP)

노르웨이 1984~1996년 사례 자동 요약 1

오른쪽의 도표에서 볼 수 있듯이 노르웨이는 1984~1996년 사이에 전형적인 디플레이션 유발형 디레버리징 사이클을 경험했다.

다음의 측정지수들은 그 뒤에 나올 통계 도표들을 요약하여 구성한 것이다. 이것은 개괄적인 수치임을 유념하기 바란다.

버블 국면

당시 노르웨이의 버블 국면은 1984년부터 1987년까지 지속되었다. 버블 국면이 조성된 원인은 자기자본 수익률의 증가, 경제 성장률의 증가, 주택 수익률의 증가가 맞물리며 자기 강화적 상승 국면이 만들어진 데 있다. 버블이 끝날 무렵, 부채는 위기 이전 최고치로 GDP 대비 211%에 이르렀다. 이때 부채는 대부분 자국 통화로 표시된 내국채였다. 버블 국면에서 평균 투자 유입은 GDP의 약 4%로 적절히 활발하여, GDP의 2%에 해당하는 경상수지 적자를 메우는 데 도움이 되었다. 이 자본으로 인해 높은 경제 성장률(3%)을 보였고, 경제 활동 수준도 높았다(GDP 갭 최고 5%). 게다가 높은 자산 수익률(버블 기간 동안 주택시장 연평균 수익률 19%)은 더 많은 대출을 자극하고 성장을 촉진했다. 버블 국면에서 정책 입안자들은 강도 높은 긴축 정책을 단행하기에 이른다(단기 금리 약 700bps 인상). 버블의 압력에 통화/신용 긴축 정책까지 더해지면서 결국 버블 국면은 지속 불가능한 상황이 되었다.

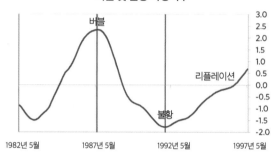

버블 및 불황 측정지수

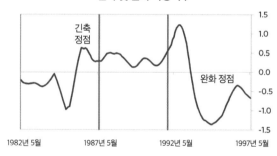

긴축 및 완화 측정지수

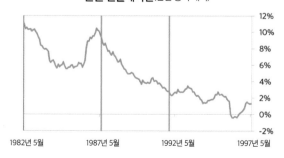

근원 인플레이션(전년 동기 대비)

노르웨이 1984~1996년 사례 자동 요약 2

불황 국면

부채 사이클의 방향이 바뀌면서 결국 버블은 자기 강화적 특성상 터질 수밖에 없었고 '추악한 디레버리징'이 고개를 들었다. 이것은 1987년부터 1992년까지 지속되었다. 노르웨이의 부채 상황은 위기 이전 최고치로 GDP의 58%에 이르며, 물가 하락의 부작용으로 충격에 취약해졌다. 그리고 GDP(4% 하락)와 주택 시장(38% 하락)은 자기 강화적 하강 국면에 들어섰다. 금융기관들도 상당한 압박을 받았다. 노르웨이는 디레버리징이 필요했지만, 오른쪽의 결정 요인 차트에서 볼 수 있듯이 그러나 GDP 대비 부채 비율은 거의 변동이 없었다.

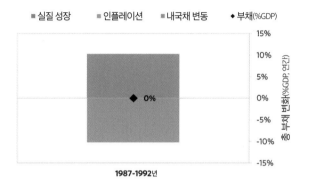

디레버리징 결정 요인: 불황기

■ 실질 성장   ■ 인플레이션   ■ 내국채 변동   ◆ 부채(%GDP)

1987-1992년

---

* 앞의 두 도표는 각각 버블/불황 상태와 통화 및 신용의 긴축/완화를 측정한 지수를 보여준다. 각 측정값과 기준선 0 사이의 차이는 버블의 정도를 나타내는 한편, 기준선 위아래를 교차하는 지점은 버블 국면으로의 진입과 탈출을 나타낸다.

노르웨이 1984~1996년 사례 자동 요약 3

리플레이션 국면

노르웨이는 비교적 긴 불황 국면을 거친 후, 정책 입안자들의 강력한 부양책 덕에 아름다운 디레버리징으로 전환될 수 있었으며 1992년을 기점으로 리플레이션 국면으로 들어섰다. 통화 정책을 살펴보면, 경기 부양 단계에서 본원통화는 GDP의 2%로 증가하고, 금리는 4%로 하락했으며, 실질 환율은 평균 3%를 기록했다. 리플레이션 국면에서 노르웨이는 부채 문제 해결의 전형적인 9가지 정책 수단 중 4개를 활용하며 적극적으로 금융기관과 악성 부채를 관리했다. 특히 은행을 국유화하고, 유동성을 공급했다. 또한 노동시장의 유연성을 높이기 위해 구조 개혁을 단행했다. 이 경기 부양책은 명목 성장률을 명목 금리에 가깝게 높이는 데 도움이 되었다(이 기간 동안 성장률 평균 6.1% 기록, 장기 국채 금리 5.5%로 하락).

이 과정에서 실업률은 4% 감소했으며, 부채 비율은 오른쪽 도표와 같이 GDP 대비 35%(연간 7%) 감소했다. '아름다운' 디레버리징 국면에서 소득 대비 부채 비율의 감소에 이바지한 가장 큰 요인은 실질 성장률 증가에 따른 소득 증가였다. 실질 GDP는 과거

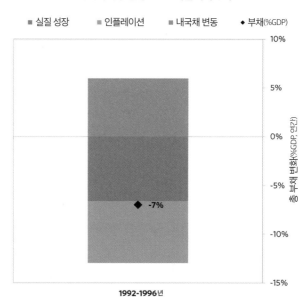

디레버리징 결정 요인: 리플레이션기

■ 실질 성장 ■ 인플레이션 ■ 내국채 변동 ◆ 부채(%GDP)

-7%

1992-1996년

최고치로 복귀하기까지 5년이 걸렸다.

노르웨이 1984~1996년 통계 도표 모음 1

부채

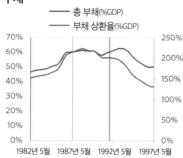

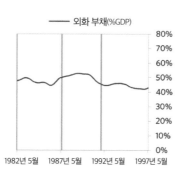

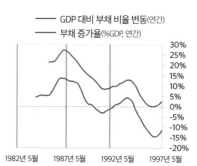

통화 및 재정 정책

경제 상황

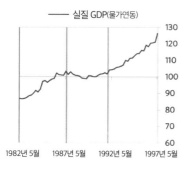

노르웨이 1984~1996년 통계 도표 모음 2

시장

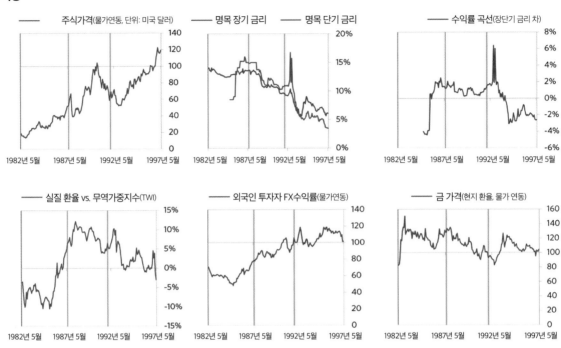

대외 포지션

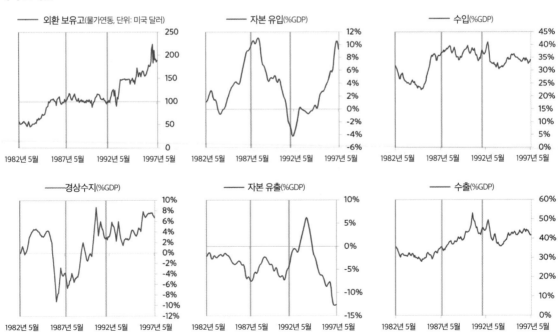

핀란드 1987~2001년 사례 자동 요약 1

오른쪽의 도표에서 볼 수 있듯이 핀란드는 1987~2001년 사이에 전형적인 디플레이션 유발형 디레버리징 사이클을 경험했다.

다음의 측정지수들은 그 뒤에 나올 통계 도표들을 요약하여 구성한 것이다. 이것은 개괄적인 수치임을 유념하기 바란다.

버블 국면

당시 핀란드의 버블 국면은 1987년부터 1989년까지 지속되었다. 버블 국면이 조성된 원인은 자기자본 수익률의 증가와 경제 성장률의 증가가 맞물리며 자기 강화적 상승 국면이 만들어진 데 있다. 버블이 끝날 무렵, 부채는 GDP 대비 272%로 위기 이전 최고치에 이르렀다. 이 부채는 자국 통화 표시 부채였지만, 외국인 소유분 비중이 컸기 때문에 핀란드는 외국 자본의 철수 가능성이 다소 존재했다.

버블 국면에서 평균 투자 유입은 GDP의 약 3%로 저조하게나마 지속되었고, GDP의 3%에 해당하는 경상수지 적자는 거의 변동이 없었다. 이 자본으로 인해 높은 경제 성장률(5%)을 보였다. 게다가 높은 자산 수익률(버블 기간 동안 주식 연평균 수익률 18%)은 더 많은 대출을 자극하고 성장을 촉진했다. 이 버블 국면에서 정책 입안자들은 강도 높은 긴축 재정 정책을 단행하기에 이른다(단기 금리 약 700bps 상승). 실질 환율은 최고 +24%에 달하면서, 경쟁력 문제가 불거졌

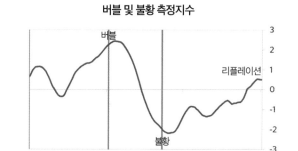

버블 및 불황 측정지수

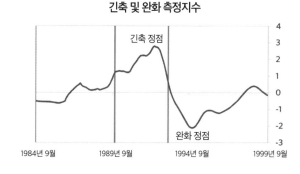

긴축 및 완화 측정지수

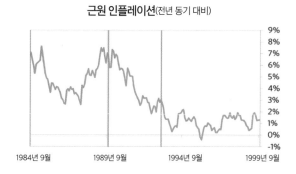

근원 인플레이션(전년 동기 대비)

핀란드 1987~2001년 사례 자동 요약 2

다. 버블의 압력에 외국 자본의 의존도가 높은 핀란드는 통화/신용 긴축 정책까지 더해지면서 결국 버블 국면은 지속 불가능한 상황이 되었다.

불황 국면

부채 사이클의 방향이 바뀌면서 결국 버블은 자기 강화적 특성상 터질 수밖에 없었고 '추악한 디레버리징'이 고개를 들었다. 이것은 1989년부터 1993년까지 지속되었다. 핀란드는 높은 부채 수준으로 자산 가격 하락과 은행의 지불 능력에 타격을 입게 되면서 충격에 취약해졌다. 그리고 GDP(12% 하락)와 주가(36% 하락), 주택가격(32% 하락)은 자기 강화적 하강 국면에 들어섰다. 실업률은 13% 증가했고, 금융기관들도 상당한 압박을 받았다. 핀란드는 디레버리징이 필요했지만, 오른쪽의 결정 요인 차트에서 볼 수 있듯이 소득 감소의 영향으로 GDP 대비 부채 비율은 32%(연간 9%) 증가했다.

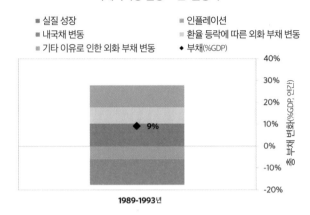

디레버리징 결정 요인: 불황기

- 실질 성장
- 인플레이션
- 내국채 변동
- 환율 등락에 따른 외화 부채 변동
- 기타 이유로 인한 외화 부채 변동
- ◆ 부채(%GDP)

1989-1993년

---

* 앞의 두 도표는 각각 버블/불황 상태와 통화 및 신용의 긴축/완화를 측정한 지수를 보여준다. 각 측정값과 기준선 0 사이의 차이는 버블의 정도를 나타내는 한편, 기준선 위아래를 교차하는 지점은 버블 국면으로의 진입과 탈출을 나타낸다.

핀란드 1987~2001년 사례 자동 요약 3

리플레이션 국면

핀란드는 평균보다 약간 긴 불황 국면을 거친 후, 정책 입안자들의 강력한 부양책 덕에 아름다운 디레버리징으로 전환될 수 있었으며, 1993년을 기점으로 리플레이션 국면으로 들어섰다. 통화 정책을 살펴보면, 경기 부양 단계에서 본원통화는 GDP 대비 7% 증가하고, 금리는 3% 하락했으며, 실질 환율은 평균 −10%를 기록했다. 리플레이션 국면에서 핀란드는 부채 문제 해결의 전형적인 9가지 정책 수단 중 7개를 활용하며 매우 적극적으로 금융기관과 악성 부채를 관리했다. 특히 은행을 국유화하고, 유동성을 공급했으며, 부실 자산을 직접 인수했다. 이 부양책은 명목 성장률을 명목 금리보다 훨씬 높이는 데 도움이 되었다(이 기간 동안 성장률 평균 6% 기록, 장기 국채 금리 4%로 하락). 이 과정에서 실업률은 6% 감소했으며, 부채 비율은 오른쪽 도표와 같이 GDP 대비 72%(연간 8%) 감소했다. '아름다운' 디레버리징 국면에서 소득 대비 부채 비율의 감소에 이바지한 가장 큰 요인은 실질 성장률 증가에 따른 소득 증가였다. 실질 GDP가 과거 최고치로 복귀하기까지 7년, 주식가격(미 달

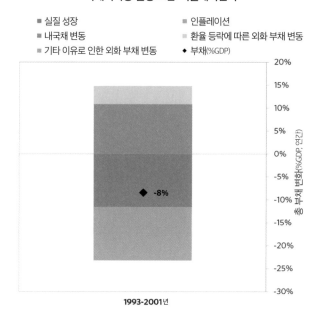

디레버리징 결정 요인: 리플레이션기

- 실질 성장
- 내국채 변동
- 기타 이유로 인한 외화 부채 변동
- 인플레이션
- 환율 등락에 따른 외화 부채 변동
- ◆ 부채(%GDP)

◆ -8%

1993-2001년

러 기준)이 회복되기까지는 5년이 걸렸다.

핀란드 1987~2001년 통계 도표 모음 1

부채

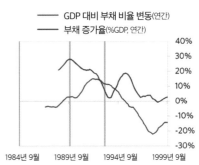

통화 및 재정 정책

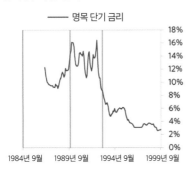

경제 상황

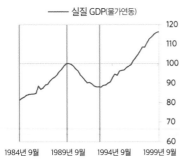

핀란드 1987~2001년 통계 도표 모음 2

시장

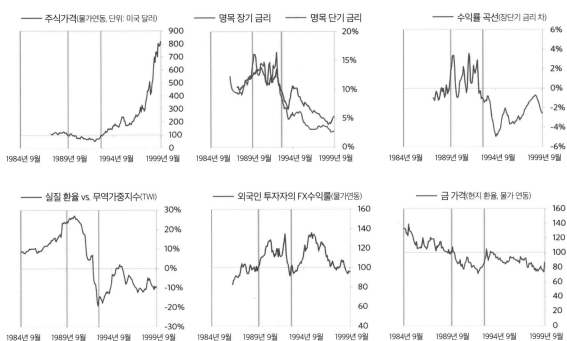

대외 포지션

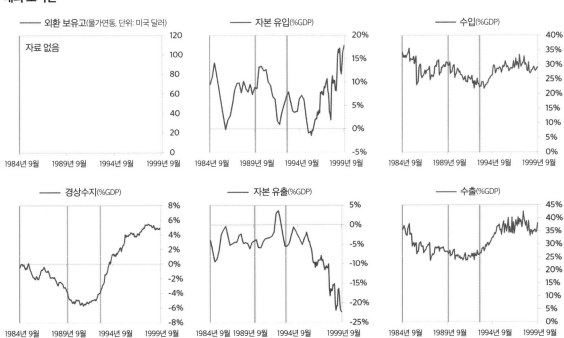

스웨덴 1987~2000년 사례 자동 요약 1

오른쪽의 도표에서 볼 수 있듯이 스웨덴은 1987~2000년 사이에 전형적인 디플레이션 유발형 디레버리징 사이클을 경험했다.

다음의 측정지수들은 그 뒤에 나올 통계 도표들을 요약하여 구성한 것이다. 이것은 개괄적인 수치임을 유념하기 바란다.

버블 국면

당시 스웨덴의 버블 국면은 1987년부터 1990년까지 지속되었다. 버블 국면이 조성된 원인은 부채 증가, 경제 성장률 증가, 주택 수익률 증가가 맞물리며 자기 강화적 상승 국면이 만들어진 데 있다. 버블이 발생하는 동안 부채는 GDP 대비 15% 증가하여 위기 이전 최고치로 GDP 대비 239%에 달했다. 이때 부채는 대부분 자국 통화로 표시된 내국채였다. 버블 국면에서 평균 투자 유입은 GDP의 약 2%로 저조하게나마 지속되었고, GDP의 3%에 해당하는 경상수지 적자는 거의 변동이 없었다. 이러한 부채와 자본 증가로 인해 완만한 경제 성장률(2%)을 보였고, 경제 활동 수준은 높았다(GDP 갭 최고 4%). 이 버블 국면에 정책 입안자들은 강도 높은 긴축 정책을 단행하기에 이른다(단기 금리 약 500bps 상승). 실질 환율은 최고 +15%에 달하면서, 경쟁력 문제가 불거졌다. 버블 압력에 통화/신용 긴축 정책까지 더해지면서 결국 버블 국면은 지속 불가능한 상황이 되었다.

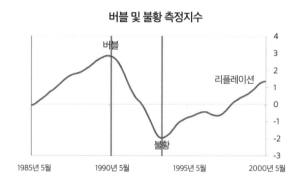

버블 및 불황 측정지수

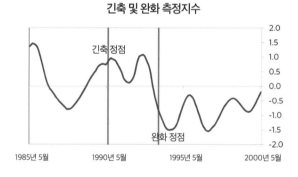

긴축 및 완화 측정지수

근원 인플레이션(전년 동기 대비)

스웨덴 1987~2000년 사례 자동 요약 2

불황 국면

부채 사이클의 방향이 바뀌면서 결국 버블은 자기 강화적 특성상 터질 수밖에 없었다. 그리고 '추악한 디레버리징'이 고개를 들었다. 이것은 1990년부터 1993년까지 지속되었다. 스웨덴의 부채 상환은 위기 이전 최고치로 GDP의 65%에 이르며 집값 하락으로 은행의 지불 능력에 타격을 입게 되면서 충격에 취약해졌다. 그리고 GDP(6% 하락)와 주가(34% 하락), 주택 가격(7% 하락)은 자기 강화적 하강 국면에 들어섰다. 실업률은 9% 증가했고, 금융기관들도 상당한 압박을 받았다. 스웨덴은 디레버리징이 필요했지만, 오른쪽의 결정 요인 차트에서 볼 수 있듯이 소득 감소와 위기 대응을 위한 정부 채무가 증가함에 따라(추악한 디레버리징 국면에서 재정 적자는 GDP 대비 10%로 정점에 달함), GDP 대비 부채 비율은 40%(연간 12%) 증가했다.

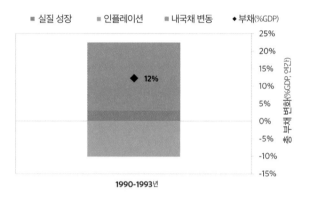

디레버리징 결정 요인: 불황기

■ 실질 성장　■ 인플레이션　■ 내국채 변동　◆ 부채(%GDP)

◆ 12%

총 부채 변화(%GDP, 연간)

25%
20%
15%
10%
5%
0%
-5%
-10%
-15%

1990-1993년

---

* 앞의 두 도표는 각각 버블/불황 상태와 통화 및 신용의 긴축/완화를 측정한 지수를 보여준다. 각 측정값과 기준선 0 사이의 차이는 버블의 정도를 나타내는 한편, 기준선 위아래를 교차하는 지점은 버블 국면으로의 진입과 탈출을 나타낸다.

스웨덴 1987~2000년 사례 자동 요약 3

리플레이션 국면

스웨덴은 비교적 짧은 불황 국면을 거친 후, 정책 입안자들의 강력한 부양책 덕에 아름다운 디레버리징으로 전환될 수 있었으며, 1993년을 기점으로 리플레이션 국면으로 들어섰다. 통화 정책을 살펴보면, 경기 부양 단계에서 본원통화는 GDP 대비 5% 증가하고, 금리는 3% 하락했으며, 실질 환율은 평균 −5%를 기록했다. 리플레이션 국면에서 스웨덴은 부채 문제 해결의 전형적인 9가지 정책 수단 중 7개를 활용하며 매우 적극적으로 금융기관과 악성 부채를 관리했다. 특히 은행을 국유화하고, 유동성을 공급했으며, 부실 자산을 직접 인수했다. 또한 노동시장의 유연성을 높이기 위해 구조 개혁을 단행했다. 이 경기 부양책은 명목 성장률을 명목 금리보다 높이는 데 도움이 되었다(이 기간 동안 성장률 평균 5% 기록, 장기 국채 금리는 4%로 하락). 이 과정에서 실업률은 1% 감소했으며, 부채 비율은 오른쪽 도표에서 보듯이 GDP 대비 28%(연간 4%) 감소했다. '아름다운' 디레버리징 국면에서 소득 대비 부채 비율의 감소에 이바지한 가장 큰 요인은 실질 성장률 증가에 따른 소득 증가였

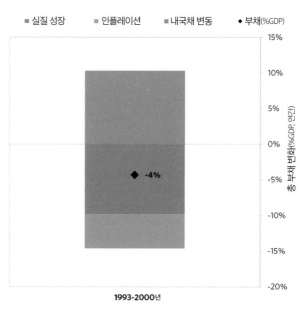

디레버리징 결정 요인: 리플레이션기

■ 실질 성장   ■ 인플레이션   ■ 내국채 변동   ◆ 부채(%GDP)

1993-2000년

다. 실질 GDP가 과거 최고치로 복귀하기까지 3년, 주가(미 달러 기준)가 회복되기까지는 4년이 걸렸다.

스웨덴 1987~2000년 통계 도표 모음 1

부채

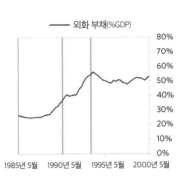

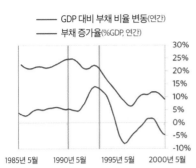

통화 및 재정 정책

경제 상황

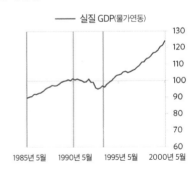

스웨덴 1987~2000년 통계 도표 모음 2

시장

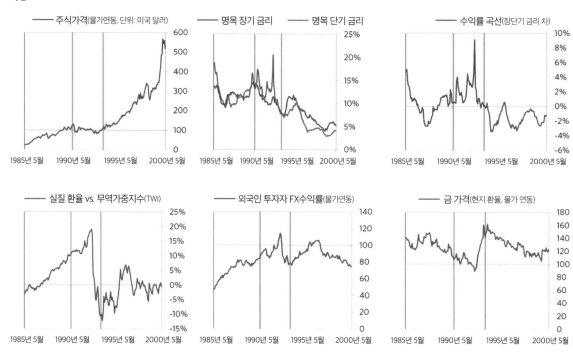

대외 포지션

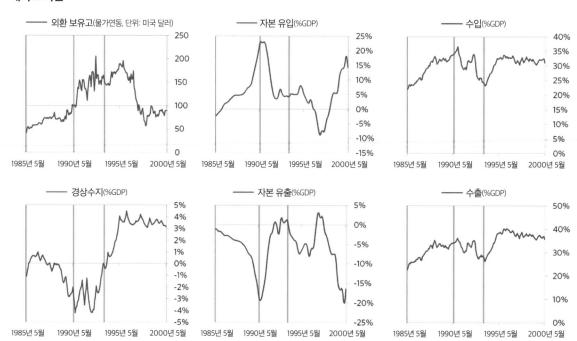

일본 1987~2017년 사례 자동 요약 1

오른쪽의 도표에서 볼 수 있듯이 일본은 1987~2017년 사이에 전형적인 디플레이션 유발형 디레버리징 사이클을 경험했다.

다음의 측정지수들은 그 뒤에 나올 통계 도표들을 요약하여 구성한 것이다. 이것은 개괄적인 수치임을 유념하기 바란다.

버블 국면

당시 일본의 버블 국면은 1987년부터 1998년까지 지속되었다. 버블 국면이 조성된 원인은 부채 증가, 경제 성장률 증가, 자산 수익률 증가가 맞물리며 자기 강화적 상승 국면이 만들어진 데 있다. 버블이 발생하는 동안 부채는 GDP 대비 24% 증가하여 위기 이전 최고치로 GDP 대비 307%에 달했다. 이때 부채는 대부분 자국 통화로 표시된 내국채였으며, 일본은 순채권국이었다(따라서 투자 자본의 본국 회수로 인해, 대외 충격 속에서도 엔화 강세를 유지할 수 있었다.). 버블 국면에서 평균 투자 유입은 GDP의 약 1%로 저조했다. 이 부채 증가로 인해 높은 경제 성장률(5%)을 보였고, 경제 활동 수준도 높았다(GDP 갭 최고 4%). 게다가 높은 자산 수익률(버블 기간 동안 주식 연평균 수익률 28%)은 더 많은 대출을 자극하고 성장을 촉진했다. 버블 국면에서 정책 입안자들은 강도 높은 긴축 정책을 단행하기에 이른다(단기 금리 약 450bps 인상). 버블의 압력에 통화/신용 긴축 정책까지 더해지면서 결국 버블

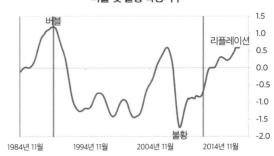

버블 및 불황 측정지수

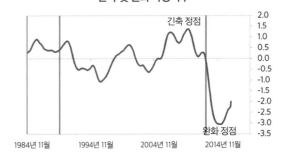

긴축 및 완화 측정지수

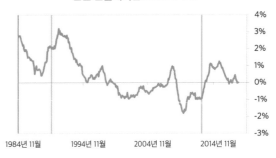

근원 인플레이션(전년 동기 대비)

일본 1987~2017년 사례 자동 요약 2

국면은 지속 불가능한 상황이 되었다.

불황 국면

부채 사이클의 방향이 바뀌면서 결국 버블은 자기 강화적 특성상 터질 수밖에 없었고 '추악한 디레버리징'이 고개를 들었다. 이것은 1989년부터 2013년까지 지속되었다. 일본의 부채 상환은 위기 이전 최고치로 GDP의 78%에 이르며, 부동산과 주식시장의 붕괴와 같은 충격에 취약해졌다. 그리고 주가(67% 하락)와 주택가격(43% 하락)은 자기 강화적 하강 국면에 들어섰다. 실업률은 3% 증가했고, 금융기관들도 상당한 압박을 받았다. 일본은 디레버리징이 필요했지만, 오른쪽의 결정 요인 차트에서 볼 수 있듯이 기존 부채의 이자 지급을 위한 신규 부채의 증가로 GDP 대비 부채 비율은 59%(연간 3%) 증가했다.

디레버리징 결정 요인: 불황기

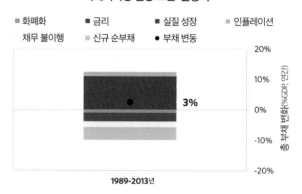

■ 화폐화　　　■ 금리　　　■ 실질 성장　　　■ 인플레이션
　채무 불이행　■ 신규 순부채　● 부채 변동

1989-2013년

총 부채 변화(%GDP, 연간)

3%

---

* 앞의 두 도표는 각각 버블/불황 상태와 통화 및 신용의 긴축/완화를 측정한 지수를 보여준다. 각 측정값과 기준선 0 사이의 차이는 버블의 정도를 나타내는 한편, 기준선 위아래를 교차하는 지점은 버블 국면으로의 진입과 탈출을 나타낸다.

일본 1987~2017년 사례 자동 요약 3

리플레이션 국면

이 사례에서 통화 완화 정책은 명목 GDP 성장률을 명목 금리 이상으로 끌어올리기에 역부족이었다. 때문에 부채 문제를 해결하기까지 매우 오래 걸렸다. 정책 입안자들의 강력한 부양책 덕에 아름다운 디레버리징으로 전환될 수 있었으며, 2013년을 기점으로 리플레이션 국면으로 들어섰다. 통화 정책을 살펴보면, 경기 부양 단계에서 본원통화는 GDP 대비 58% 감소하고, 금리는 0%까지 하락했으며, 실질 환율은 평균 −10%를 기록했다. 리플레이션 국면에서 일본은 부채 문제 해결의 전형적인 9가지 정책 수단 중 7개를 활용하며 매우 적극적으로 금융기관과 악성 부채를 관리했다. 특히 은행을 국유화하고, 유동성을 공급했으며, 부실 자산을 직접 인수했다. 또한 노동시장의 유연성을 높이기 위해 구조 개혁을 시행했다. 이 경기 부양책은 명목 성장률을 명목 금리보다 훨씬 높이는 데 도움이 되었다(이 기간 동안 성장률 평균 2% 기록, 장기 국채 금리 0%로 하락). 이 과정에서 실업률은 변동이 없었으며, 부채 비율은 오른쪽 도표에서 보듯이 GDP 대비 43%(연간 9%) 감소했다. '아

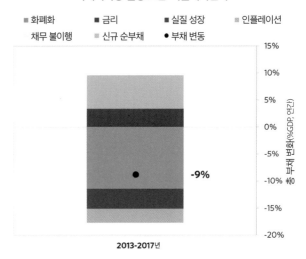

디레버리징 결정 요인: 리플레이션기

- 화폐화 ■ 금리 ■ 실질 성장 ■ 인플레이션
- 채무 불이행 ■ 신규 순부채 ● 부채 변동

-9%

총 부채 변화(%GDP, 연간)

2013-2017년

름다운' 디레버리징 국면에서 소득 대비 부채 비율의 감소에 이바지한 요인은 실질 소득의 증가도 있었지만, 화폐화가 주요 요인으로 작용했다.

일본 1987~2017년 통계 도표 모음 1

부채

총 부채(%GDP)
부채 상환율(%GDP)

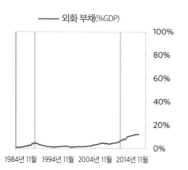

외화 부채(%GDP)

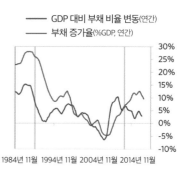

GDP 대비 부채 비율 변동(연간)
부채 증가율(%GDP, 연간)

통화 및 재정 정책

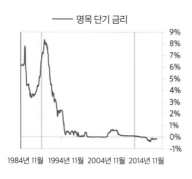

명목 단기 금리

본원통화 규모(%GDP)

재정수지(%GDP)

경제 상황

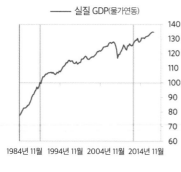

실질 GDP(물가연동)

실질 성장률(전년 동기 대비)

GDP 갭

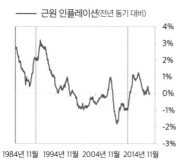

근원 인플레이션(전년 동기 대비)

명목 장기 금리
명목 성장률

실질 단기 금리

일본 1987~2017년 통계 도표 모음 2

시장

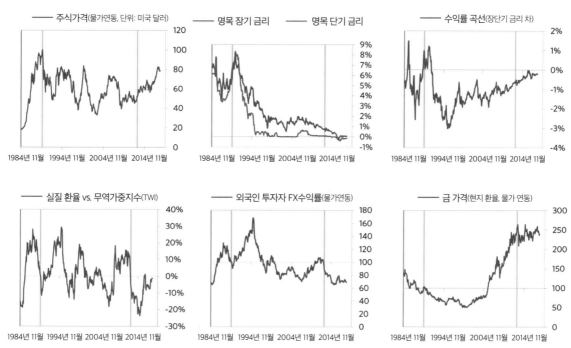

주식가격(물가연동, 단위: 미국 달러)

명목 장기 금리 / 명목 단기 금리

수익률 곡선(장단기 금리 차)

실질 환율 vs. 무역가중지수(TWI)

외국인 투자자 FX수익률(물가연동)

금 가격(현지 환율, 물가 연동)

대외 포지션

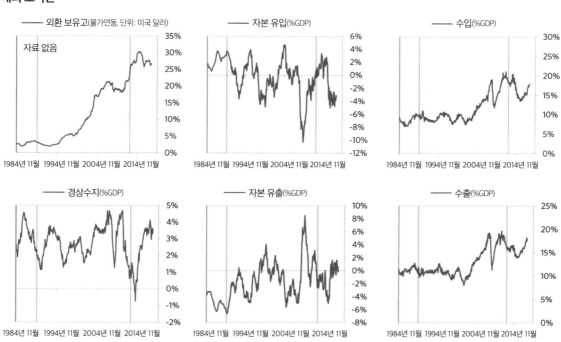

외환 보유고(물가연동, 단위: 미국 달러)

자본 유입(%GDP)

수입(%GDP)

경상수지(%GDP)

자본 유출(%GDP)

수출(%GDP)

미국 2004~2014년 사례 자동 요약 1

오른쪽의 도표에서 볼 수 있듯이 미국은 2004~2014년 사이에 전형적인 디플레이션 유발형 디레버리징 사이클을 경험했다.

다음의 측정지수들은 그 뒤에 나올 통계 도표들을 요약하여 구성한 것이다. 이것은 개괄적인 수치임을 유념하기 바란다.

버블 국면

당시 미국의 버블 국면은 2004년부터 2007년까지 지속되었다. 버블 국면이 조성된 원인은 부채 증가, 경제 성장률 증가, 자산 수익률 증가가 맞물리며 자기 강화적 상승 국면이 만들어진 데 있다. 버블이 발생하는 동안 부채는 GDP 대비 38% 증가하여 위기 이전 최고치로 GDP의 349%에 달했다. 이때 부채는 대부분 자국 통화로 표시된 내국채였다.

버블 국면에서 평균 투자 유입은 GDP의 약 8%로 적절히 활발하여, GDP의 6%에 해당하는 경상수지 적자를 메우는 데 도움이 되었다. 이러한 부채와 자본의 증가로 인해 높은 경제 성장률(3%)을 보였고, 경제 활동 수준도 높았다(GDP 갭 최고 3%). 게다가 높은 자산 수익률(버블 기간 동안 주식 연평균 수익률 14%)은 더 많은 대출을 자극하고 성장을 촉진했다. 버블 국면에서 정책 입안자들은 강도 높은 긴축 정책을 단행하기에 이른다(단기 금리 약 400bps 인상). 버블 압력에 통화/신용 긴축 정책까지 더해지면서 버블 국면은 결국 지

버블 및 불황 측정지수

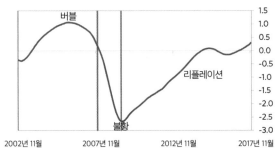

긴축 및 완화 측정지수

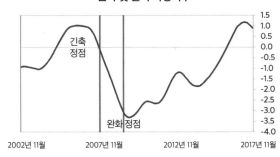

근원 인플레이션(전년 동기 대비)

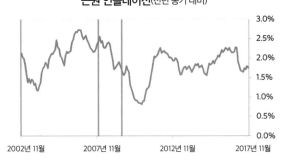

미국 2004~2014년 사례 자동 요약 2

속 불가능한 상황이 되었다.

불황 국면

부채 사이클의 방향이 바뀌면서 결국 버블은 자기 강화적 특성상 터질 수밖에 없었고 '추악한 디레버리징'이 고개를 들었다. 이것은 2007년부터 2009년까지 지속되었다. 미국의 부채 상환은 위기 이전 최고치로 GDP 대비 68%에 이르며 주택시장 붕괴와 같은 충격에 취약해졌다. 그리고 GDP(4% 하락)와 주가(50% 하락), 주택가격(28% 하락)은 자기 강화적 하강 국면에 들어섰다. 실업률은 5% 증가했고, 금융기관들도 상당한 압박을 받았다. 미국은 디레버리징이 필요했지만, 오른쪽의 결정 요인 차트에서 볼 수 있듯이 GDP 대비 부채 비율이 23%(연간 15%) 증가했다. GDP 대비 부채 비율의 증가에 이바지한 요인은 실질 소득의 감소도 있었지만, 기존 부채의 이자를 지급하기 위해 신규로 부채를 늘린 것이 주된 요인으로 작용했다.

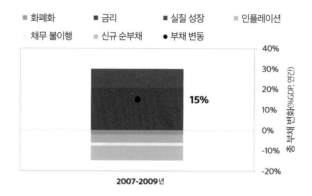

디레버리징 결정 요인: 불황기

■ 화폐화 ■ 금리 ■ 실질 성장 ■ 인플레이션
■ 채무 불이행 ■ 신규 순부채 ● 부채 변동

2007-2009년

---

* 앞의 두 도표는 각각 버블/불황 상태와 통화 및 신용의 긴축/완화를 측정한 지수를 보여준다. 각 측정값과 기준선 0 사이의 차이는 버블의 정도를 나타내는 한편, 기준선 위아래를 교차하는 지점은 버블 국면으로의 진입과 탈출을 나타낸다.

미국 2004~2014년 사례 자동 요약 3

리플레이션 국면

미국은 평균보다 약간 짧은 불황 국면을 거친 후, 정책 입안자들의 강력한 부양책 덕에 아름다운 디레버리징으로 전환될 수 있었으며, 2009년을 기점으로 리플레이션 국면으로 들어섰다. 통화 정책을 살펴보면, 경기 부양 단계에서 본원통화는 GDP 대비 16% 증가하고, 금리는 0%까지 하락했으며, 실질 환율은 평균 −10%를 기록했다. 리플레이션 국면에서 미국은 부채 문제 해결의 전형적인 9가지 정책 수단 중 6개를 활용하며 매우 적극적으로 금융기관과 악성 부채를 관리했다. 특히 은행 자본을 재구성하고, 유동성을 공급했으며, 부실 자산을 직접 인수했다. 이 경기 부양책은 명목 성장률을 명목 금리보다 훨씬 높이는 데 도움이 되었다(이 기간 동안 성장률 평균 3% 기록, 장기 국채 금리 2%로 하락). 이 과정에서 실업률은 3% 감소했으며, 부채 비율은 오른쪽 도표에서 볼 수 있듯이 GDP 대비 59%(연간 11%) 감소했다. '아름다운' 디레버리징 기간 동안 소득 대비 부채 비율이 감소했는데, 이는 실질 소득 증가, 인플레이션, 기존 부채의 상환으로 이뤄졌다. 소득 대비 부채 비율을 증가시킬

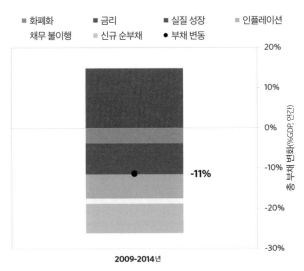

디레버리징 결정 요인: 리플레이션기

■ 화폐화　　　■ 금리　　　■ 실질 성장　　　■ 인플레이션
　채무 불이행　　■ 신규 순부채　　● 부채 변동

총부채 변화(%GDP, 연간)

-11%

2009-2014년

요인이 없었던 것은 아니지만, 기존 부채의 이자 지급을 위한 신규 부채의 증가로 상쇄되었다. 실질 GDP가 과거 최고치로 복귀하기까지 4년, 주가(미 달러 기준)가 회복되기까지는 5년이 걸렸다.

미국 2004~2014년 통계 도표 모음 1

부채

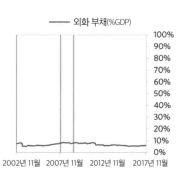

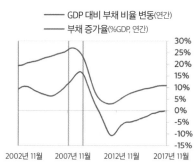

통화 및 재정 정책

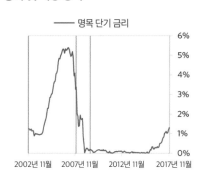

경제 상황

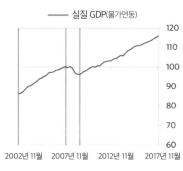

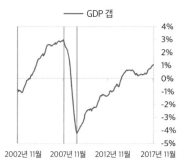

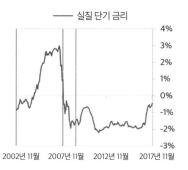

미국 2004~2014년 통계 도표 모음 2

시장

주식가격(물가연동, 단위: 미국 달러)

명목 장기 금리 / 명목 단기 금리

수익률 곡선(장단기 금리 차)

실질 환율 vs. 무역가중지수(TWI)

외국인 투자자 FX수익률(물가연동)

금 가격(현지 환율, 물가 연동)

대외 포지션

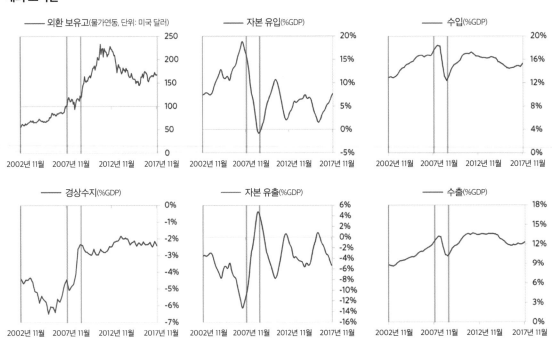

외환 보유고(물가연동, 단위: 미국 달러)

자본 유입(%GDP)

수입(%GDP)

경상수지(%GDP)

자본 유출(%GDP)

수출(%GDP)

오스트리아 2005~2017년 사례 자동 요약 1

오른쪽의 도표에서 볼 수 있듯이 오스트리아는 2005~2017년 사이에 전형적인 디플레이션 유발형 디레버리징 사이클을 경험했다.

다음의 측정지수들은 그 뒤에 나올 통계 도표들을 요약하여 구성한 것이다. 이것은 개괄적인 수치임을 유념하기 바란다.

버블 국면

당시 오스트리아의 버블 국면은 2005년부터 2008년까지 지속되었다. 버블이 조성된 원인은 특히 자기자본 수익률이 높았다는 데 있었다. 버블이 발생하는 동안 부채는 GDP 대비 19% 증가하여 위기 이전 최고치인 GDP의 279%에 달했다. 이때 부채는 유로 표시 부채로 형식상으로는 자국 통화였지만, 오스트리아가 통제할 수 없었다. 또한 외국인 소유분 비중이 컸기 때문에 외국 자본의 철수 가능성이 다소 존재했다. 이 자본으로 인해 높은 경제 성장률(3%)을 보였다. 또한 높은 자산 수익률(버블 기간 동안 주식 연평균 수익률 20%)은 더 많은 대출을 자극하고 성장을 촉진했다. 버블 국면에서 정책 입안자들은 적정한 수준의 긴축 정책을 단행하기에 이른다(단기 금리 약 200bps 인상). 버블의 압력에 외국 자본 의존도가 높은 상황에서 통화/신용 긴축 정책과 관련국들의 경기 위축이 더해지면서 버블 국면은 결국 지속 불가능한 상황이 되었다.

버블 및 불황 측정지수

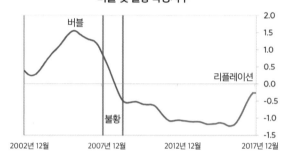

긴축 및 완화 측정지수

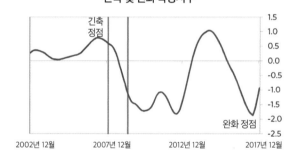

근원 인플레이션(전년 동기 대비)

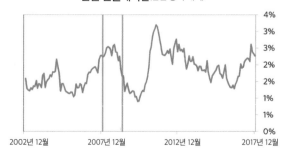

오스트리아 2005~2017년 사례 자동 요약 2

불황 국면

부채 사이클의 방향이 바뀌면서 결국 버블은 자기 강화적 특성상 터질 수밖에 없었고 '추악한 디레버리징'이 고개를 들었다. 이것은 2008년부터 2009년까지 지속되었다. 오스트리아의 부채 상환은 위기 이전 최고치인 GDP의 69%에 달했고, 2008년 세계 금융 위기와 같은 충격에 취약해졌다. 그리고 GDP(4% 하락)와 주가(66% 하락)는 자기 강화적 하강 국면에 들어섰다. 금융기관들도 상당한 압박을 받았다. 오스트리아는 디레버리징이 필요했지만, 오른쪽의 결정 요인 차트에서 볼 수 있듯이 소득 감소의 영향으로 GDP 대비 부채 비율이 39%(연간 32%) 증가했다.

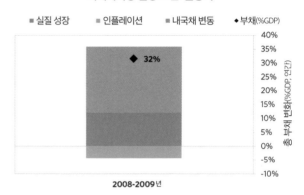

디레버리징 결정 요인: 불황기

■ 실질 성장　　■ 인플레이션　　■ 내국채 변동　　◆ 부채(%GDP)

◆ 32%

2008-2009년

---

* 앞의 두 도표는 각각 버블/불황 상태와 통화 및 신용의 긴축/완화를 측정한 지수를 보여준다. 각 측정값과 기준선 0 사이의 차이는 버블의 정도를 나타내는 한편, 기준선 위아래를 교차하는 지점은 버블 국면으로의 진입과 탈출을 나타낸다.

오스트리아 2005~2017년 사례 자동 요약 3

리플레이션 국면

오스트리아는 비교적 짧은 불황 국면을 거친 후, 유럽 중앙은행 정책 입안자들의 강력한 부양책 덕에 아름다운 디레버리징으로 전환될 수 있었으며, 2009년을 기점으로 리플레이션 국면으로 들어섰다. 통화 정책을 살펴보면, 경기 부양 단계에서 본원통화는 GDP 대비 19% 증가하고, 금리는 0%까지 하락했으며, 실질 환율은 평균 –2%를 기록했다.

리플레이션 국면에서 오스트리아는 부채 문제 해결의 전형적인 9가지 정책 수단 중 5개를 활용하며 적극적으로 금융기관과 악성 부채를 관리했다. 특히 은행 자본을 재구성하고, 유동성을 공급했다. 이 경기 부양책은 명목 성장률을 명목 금리보다 훨씬 높이는 데 도움이 되었다(이 기간 동안 성장률 평균 3% 기록, 장기 국채 금리 0%로 하락). 이 과정에서 실업률은 변동이 없었으며, 오른쪽 도표에서 볼 수 있듯이 부채 비율은 GDP 대비 74%(연간 9%) 감소했다. '아름다운' 디레버리징 국면에서 소득 대비 부채 비율의 감소에 이바지한 가장 큰 요인은 높은 인플레이션에 의한 소득 증가였다. 실질 GDP는 과거 최고치로 복귀하기까지

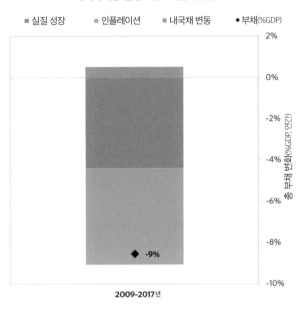

디레버리징 결정 요인: 리플레이션기

■ 실질 성장   ■ 인플레이션   ■ 내국채 변동   ◆ 부채(%GDP)

◆ -9%

2009-2017년

3년이 걸렸지만, 주가(미 달러 기준)는 아직 완전히 회복되지 않았다.

오스트리아 2005-2017년 통계 도표 모음 1

부채

통화 및 재정 정책

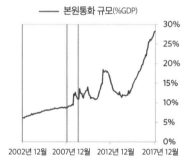

경제 상황

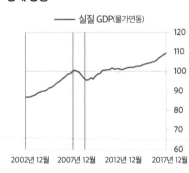

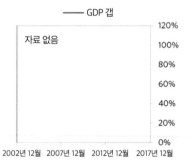

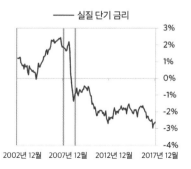

오스트리아 2005-2017년 통계 도표 모음 2

시장

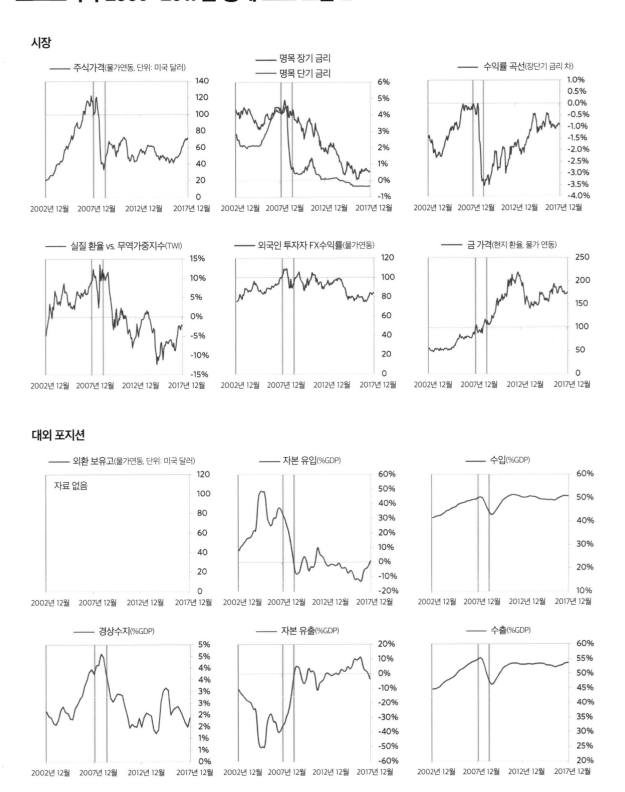

주식가격(물가연동, 단위: 미국 달러)

명목 장기 금리
명목 단기 금리

수익률 곡선(장단기 금리 차)

실질 환율 vs. 무역가중지수(TWI)

외국인 투자자 FX수익률(물가연동)

금 가격(현지 환율, 물가 연동)

대외 포지션

외환 보유고(물가연동, 단위: 미국 달러)

자료 없음

자본 유입(%GDP)

수입(%GDP)

경상수지(%GDP)

자본 유출(%GDP)

수출(%GDP)

독일 2006~2017년 사례 자동 요약 1

오른쪽의 도표에서 볼 수 있듯이 독일은 2006~2017년 사이에 전형적인 디플레이션 유발형 디레버리징 사이클을 경험했다.

다음의 측정지수들은 그 뒤에 나올 통계 도표들을 요약하여 구성한 것이다. 이것은 개괄적인 수치임을 유념하기 바란다.

버블 국면

독일은 다른 사례들과 달리 위기 이전 몇 년 동안 버블을 광범위하게 경험하지 않았다. 하지만 버블 혹은 그에 준하는 상황에 처해 있던 다른 국가나 경제권, 금융시장과 밀접한 관련을 맺고 있었다. 그리고 부채는 위기 이전 GDP 대비 261%에 도달하면서, 상당히 누적된 상태였다. 이때 부채는 유로 표시 부채여서 형식상으로는 자국 통화였지만, 독일이 통제할 수 없었다. 이 당시 독일의 부채는 대부분 내국채였다.

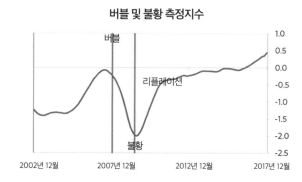

버블 및 불황 측정지수

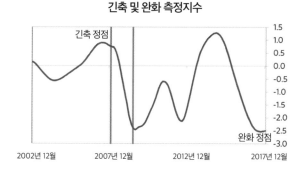

긴축 및 완화 측정지수

불황 국면

부채 사이클의 방향이 바뀌면서 결국 버블은 자기강화적 특성상 터질 수밖에 없었고 '추악한 디레버리징'이 고개를 들었다. 이것은 2008년부터 2009년까지 지속되었다. 독일의 부채 상환은 위기 이전 최고치로 GDP의 51%에 달하며, 2008년 세계 금융 위기와 같은 충격에 취약해졌다. 그리고 GDP(7% 하락)와 주가

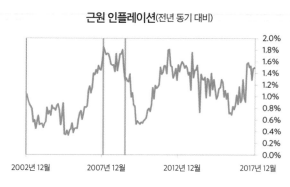

근원 인플레이션(전년 동기 대비)

독일 2006~2017년 사례 자동 요약 2

(53% 하락)는 자기 강화적 하강 국면에 들어섰다. 금융기관들도 상당한 압박을 받았다. 독일은 디레버리징이 필요했지만, 오른쪽의 결정 요인 차트에서 볼 수 있듯이 소득 감소의 영향으로 GDP 대비 부채 비율이 26%(연간 18%) 증가했다.

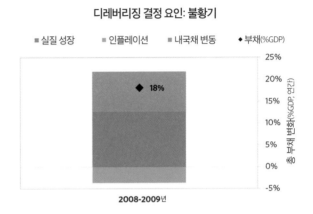

디레버리징 결정 요인: 불황기

■ 실질 성장   ■ 인플레이션   ■ 내국채 변동   ◆ 부채(%GDP)

2008-2009년

---

* 앞의 두 도표는 각각 버블/불황 상태와 통화 및 신용의 긴축/완화를 측정한 지수를 보여준다. 각 측정값과 기준선 0 사이의 차이는 버블의 정도를 나타내는 한편, 기준선 위아래를 교차하는 지점은 버블 국면으로의 진입과 탈출을 나타낸다.

독일 2006~2017년 사례 자동 요약 3

리플레이션 국면

독일은 평균보다 약간 짧은 불황 국면을 거친 후, 유럽 중앙은행 정책 입안자들의 강력한 부양책 덕에 아름다운 디레버리징으로 전환될 수 있었으며, 2009년을 기점으로 리플레이션 국면으로 들어섰다. 통화 정책을 살펴보면, 경기 부양 단계에서 본원통화는 GDP 대비 14% 증가하고, 금리는 −1%까지 하락했으며, 실질 환율은 평균 −4%를 기록했다.

리플레이션 국면에서 독일은 부채 문제 해결의 전형적인 9가지 정책 수단 중 6개를 활용하며 매우 적극적으로 금융기관과 악성 부채를 관리했다. 특히 은행을 국유화하고, 유동성을 공급했으며, 부실 자산을 직접 인수했다. 이 경기 부양책은 명목 성장률을 명목 금리보다 훨씬 높이는 데 도움이 되었다(이 기간 동안 성장률 평균 3% 기록, 장기 국채 금리 0%로 하락). 이 과정에서 실업률은 4% 감소했으며, 부채 비율은 오른쪽 도표에서 볼 수 있듯이 GDP 대비 56%(연간 7%) 감소했다. '아름다운' 디레버리징 국면에서 소득 대비 부채 비율의 감소에 이바지한 가장 큰 요인은 실질 성장률 증가에 따른 소득 증가였다. 실질 GDP는 과

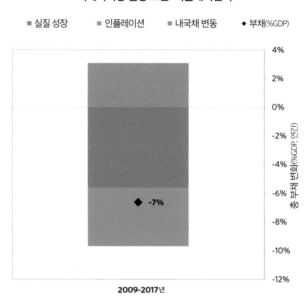

디레버리징 결정 요인: 리플레이션기

■ 실질 성장   ■ 인플레이션   ■ 내국채 변동   ◆ 부채(%GDP)

2009-2017년

거 최고치로 복귀하기까지 3년이 걸렸지만, 주가(미 달러 기준)는 아직 완전히 회복되지 않았다.

독일 2006~2017년 통계 도표 모음 1

부채

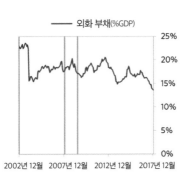

통화 및 재정 정책

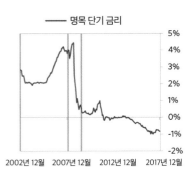

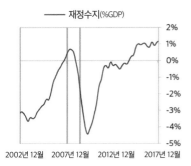

경제 상황

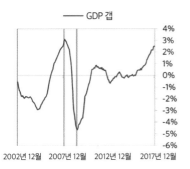

독일 2006~2017년 통계 도표 모음 2

시장

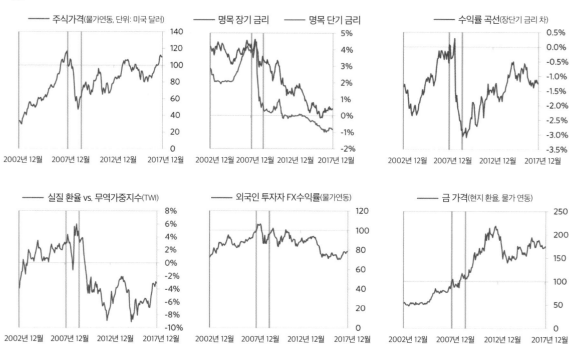

주식가격(물가연동, 단위: 미국 달러)

명목 장기 금리 · 명목 단기 금리

수익률 곡선(장단기 금리 차)

실질 환율 vs. 무역가중지수(TWI)

외국인 투자자 FX수익률(물가연동)

금 가격(현지 환율, 물가 연동)

대외 포지션

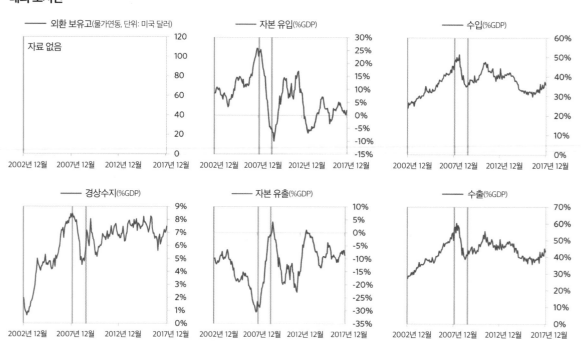

외환 보유고(물가연동, 단위: 미국 달러)

자료 없음

자본 유입(%GDP)

수입(%GDP)

경상수지(%GDP)

자본 유출(%GDP)

수출(%GDP)

그리스 2005~2018년 사례 자동 요약 1

오른쪽의 도표에서 볼 수 있듯이 그리스는 2005년부터 전형적인 디플레이션 유발형 디레버리징 사이클을 경험했다.

다음의 측정지수들은 그 뒤에 나올 통계 도표들을 요약하여 구성한 것이다. 이것은 개괄적인 수치임을 유념하기 바란다.

버블 국면

당시 그리스의 버블 국면은 2005년부터 2008년까지 지속되었다. 버블 국면이 조성된 원인은 부채 증가, 경제 성장률 증가, 자산 수익률 증가가 맞물리며 자기 강화적 상승 국면이 만들어진 데 있다. 버블이 발생하는 동안 부채는 GDP 대비 40% 증가하여 위기 이전 최고치로 GDP의 206%에 달했다. 이때 부채는 유로 표시 부채여서 형식상으로는 자국 통화였지만, 그리스가 통제할 수 없었다. 또한 외국인 소유분 비중이 컸기 때문에 외국 자본의 철수 가능성이 다소 존재했다. 버블 국면에서 평균 투자 유입은 GDP의 약 22%로 꽤 활발하여, GDP의 13%에 해당하는 경상 수지 적자를 메우는 데 도움이 되었다. 이러한 부채와 자본의 증가로 인해 높은 경제 성장률(3%)을 보였고, 경제 활동 수준도 높았다(GDP 갭 최고 10%). 게다가 높은 자산 수익률(버블 기간 동안 주식 연평균 수익률 19%)은 더 많은 대출을 자극하고 성장을 촉진했다. 버블 국면에서 정책 입안자들이 적정한 수준의 긴축

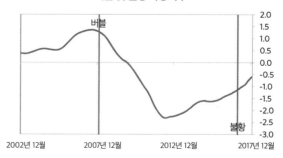

버블 및 불황 측정지수

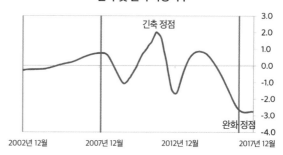

긴축 및 완화 측정지수

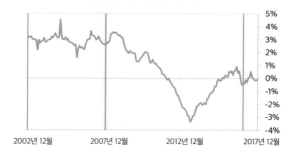

근원 인플레이션(전년 동기 대비)

정책을 단행했다(단기 금리 약 200bps 인상). 버블 압력과 외국 자본 의존도가 높은 상황에서 통화/신용 긴축 정책과 관련국들의 경기 위축까지 더해지면서 결국 버블 국면은 지속 불가능한 상황이 되었다.

불황 국면

부채 사이클의 방향이 바뀌면서 결국 버블은 자기 강화적 특성상 터질 수밖에 없었고 '추악한 디레버리징'이 고개를 들었다. 이것은 2008년부터 20017년까지 지속되었다. 그리스의 부채 상환은 위기 이전 최고치로 GDP의 42%에 달하며 2008년 세계 금융 위기와 같은 충격에 취약해졌다. 그리스는 외국 자본의 감소(자본 유입 GDP의 34%로 감소)로 인해 긴축(단기 금리 86% 인상)을 단행했으며, 그 결과 GDP(27% 하락)와 주가(91% 하락), 주택가격(42% 하락)은 자기 강화적 하강 국면에 들어섰다. 실업률은 15% 증가했고, 금융 기관들도 상당한 압박을 받았다. 그리스는 디레버리징이 필요했지만, 오른쪽의 결정 요인 차트에서 볼

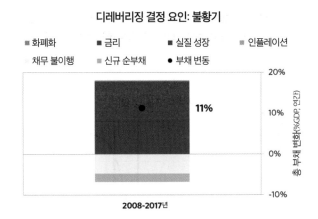

디레버리징 결정 요인: 불황기

2008-2017년

수 있듯이 기존 부채의 이자 지급을 위한 신규 부채의 증가, 실질 소득의 감소로 GDP 대비 부채 비율이 101%(연간 11%) 증가했다.

---

* 앞의 두 도표는 각각 버블/불황 상태와 통화 및 신용의 긴축/완화를 측정한 지수를 보여준다. 각 측정값과 기준선 0 사이의 차이는 버블의 정도를 나타내는 한편, 기준선 위아래를 교차하는 지점은 버블 국면으로의 진입과 탈출을 나타낸다.

그리스 2005~2018년 사례 자동 요약 3

리플레이션 국면

그리스는 적절한 통화 완화 정책으로 명목 금리 이상으로 명목 성장률을 달성하는 데 실패했다. 때문에 아직까지도 '아름다운' 디레버리징 국면으로 들어서지 못했다.

이 위기는 포퓰리스트 지도자로 잘 알려진 알렉시스 치프라스Alexis Tsipras 총리가 권력을 잡는 발판으로 작용하면서 그리스 정세에 지대한 영향을 미쳤다.

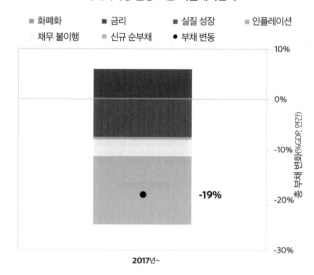

디레버리징 결정 요인: 리플레이션기

■ 화폐화　　■ 금리　　■ 실질 성장　　■ 인플레이션
　채무 불이행　■ 신규 순부채　● 부채 변동

-19%

2017년~

그리스 2005~2018년 통계 도표 모음 1

부채

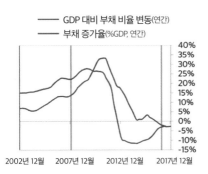

통화 및 재정 정책

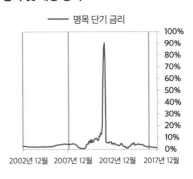

경제 상황

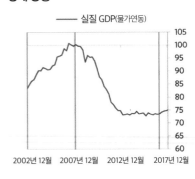

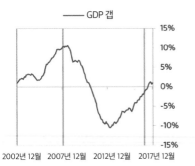

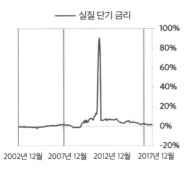

그리스 2005~2018년 통계 도표 모음 2

시장

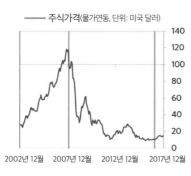

주식가격(물가연동, 단위: 미국 달러)

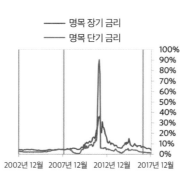

명목 장기 금리
명목 단기 금리

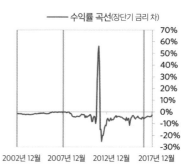

수익률 곡선(장단기 금리 차)

실질 환율 vs. 무역가중지수(TWI)

외국인 투자자 FX수익률(물가연동)

금 가격(현지 환율, 물가 연동)

대외 포지션

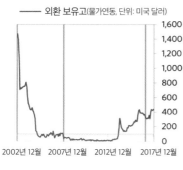

외환 보유고(물가연동, 단위: 미국 달러)

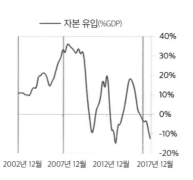

자본 유입(%GDP)

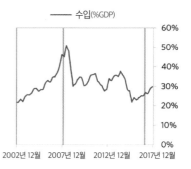

수입(%GDP)

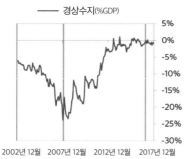

경상수지(%GDP)

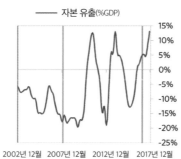

자본 유출(%GDP)

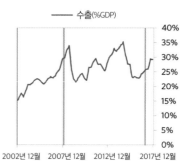

수출(%GDP)

헝가리 2005~2017년 사례 자동 요약 1

오른쪽의 도표에서 볼 수 있듯이 헝가리는 2005~2017년 사이에 전형적인 디플레이션 유발형 디레버리징 사이클을 경험했다.

다음의 측정지수들은 그 뒤에 나올 통계 도표들을 요약하여 구성한 것이다. 이것은 개괄적인 수치임을 유념하기 바란다.

버블 국면

당시 헝가리의 버블 국면은 2005년부터 2008년까지 지속되었다. 버블 국면이 조성된 원인은 부채 증가, 경제 성장률 증가, 자산 수익률 증가가 맞물리며 자기 강화적 상승 국면이 만들어진 데 있다. 버블이 발생하는 동안 부채는 GDP 대비 45% 증가하여 위기 이전 최고치인 GDP의 214%에 달했다. 부채는 자국 통화 표시 부채였지만 외국인 소유분 비중이 컸다. 때문에 헝가리는 외국 자본의 철수 가능성이 다소 존재했다. 버블 국면에서 평균 투자 유입은 GDP의 약 6%로 적당히 활발하여, GDP의 8%에 해당하는 경상 수지 적자를 메우는 데 도움이 되었다. 이러한 부채와 자본 증가로 인해 높은 경제 성장률(3%)을 보였고, 경제 활동 수준도 높았다(GDP 갭 최고 5%). 게다가 높은 자산 수익률(버블 기간 동안 주식 연평균 수익률 14%)은 더 많은 대출을 자극하고 성장을 촉진했다. 버블 압력에 높은 외국 자본 의존도가 높은 상황에서 관련국들의 경기 위축이 더해져 결국 버블 국면은 지속 불

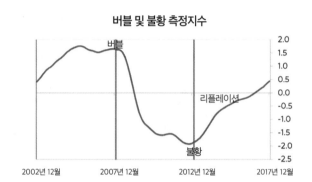

버블 및 불황 측정지수

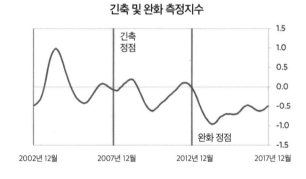

긴축 및 완화 측정지수

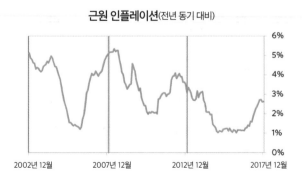

근원 인플레이션(전년 동기 대비)

헝가리 2005~2017년 사례 자동 요약 2

가능한 상황이 되었다.

불황 국면

부채 사이클의 방향이 바뀌면서 결국 버블은 자기 강화적 특성상 터질 수밖에 없었다. 그리고 '추악한 디레버리징'이 고개를 들었다. 이것은 2008년부터 2013년까지 지속되었다. 헝가리의 부채 상환은 위기 이전 최고치로 GDP의 31%에 달하며 2008년 세계 금융 위기와 같은 충격에 취약해졌다. 헝가리는 외국 자본의 감소(포트폴리오 유입 GDP의 12% 감소)로 인해 긴축(정책 입안자들은 단기 금리를 5% 인상)을 단행했으며, 그 결과 GDP(7% 하락)와 주가(73% 하락), 주택가격(16% 하락)은 자기 강화적 하강 국면에 들어섰다. 실업률은 3% 증가했으며, 금융기관들도 상당한 압박을 받았다. 헝가리는 디레버리징이 필요했지만, 오른쪽의 결정 요인 차트에서 볼 수 있듯이 위기 대응을 위한 정부 채무의 증가(추악한 디레버리징 국면에서 재정 적자가 GDP의 5%로 최고치에 달했다)와 소득의 감소

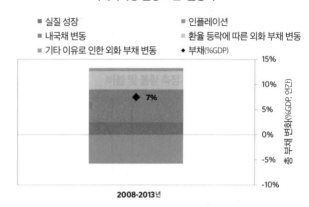

디레버리징 결정 요인: 불황기

- 실질 성장
- 인플레이션
- 내국채 변동
- 환율 등락에 따른 외화 부채 변동
- 기타 이유로 인한 외화 부채 변동
- ◆ 부채(%GDP)

◆ 7%

2008-2013년

로 GDP 대비 부채 비율은 37%(연간 7%) 증가했다.

---

* 앞의 두 도표는 각각 버블/불황 상태와 통화 및 신용의 긴축/완화를 측정한 지수를 보여준다. 각 측정값과 기준선 0 사이의 차이는 버블의 정도를 나타내는 한편, 기준선 위아래를 교차하는 지점은 버블 국면으로의 진입과 탈출을 나타낸다.

리플레이션 국면

헝가리는 비교적 긴 불황 국면을 거친 후, 정책 입안자들의 강력한 부양책 덕에 아름다운 디레버리징으로 전환될 수 있었다. 그리고 2013년을 기점으로 리플레이션 국면으로 들어섰다. 통화 정책을 살펴보면, 경기 부양 단계에서 본원통화는 GDP 대비 4% 증가하고, 금리는 0%까지 하락했으며, 실질 환율은 평균 −6%를 기록했다. 리플레이션 국면에서 헝가리는 부채 문제 해결의 전형적인 9가지 정책 수단 중 4개를 활용하며 적극적으로 금융기관과 악성 부채를 관리했다. 또한 IMF의 지원도 받았다. 이 경기 부양책은 명목 성장률을 명목 금리보다 훨씬 높이는 데 도움이 되었다(이 기간 동안 성장률 평균 5% 기록, 장기 국채 금리 2%로 하락). 이 과정에서 실업률은 7% 감소했으며, 오른쪽 도표에서 볼 수 있듯이 부채 비율은 GDP 대비 51%(연간 12%) 감소했다. '아름다운' 디레버리징 국면에서 소득 대비 부채 비율의 감소에 이바지한 가장 큰 요인은 실질 성장률의 증가에 따른 소득의 증가였다. 실질 GDP는 과거 최고치로 복귀하기까지 6년이 걸렸지만, 주가(미 달러 기준)는 아직 완전히 회

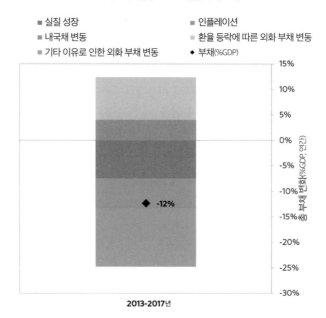

디레버리징 결정 요인: 리플레이션기

- 실질 성장
- 인플레이션
- 내국채 변동
- 환율 등락에 따른 외화 부채 변동
- 기타 이유로 인한 외화 부채 변동
- ◆ 부채(%GDP)

2013-2017년

복되지 않았다.

이 위기는 포퓰리스트 지도자로 잘 알려진 빅토르 오르반Viktor Orban 총리가 권력을 잡는 발판으로 작용하면서 헝가리 정세에 지대한 영향을 미쳤다.

헝가리 2005~2017년 통계 도표 모음 1

부채

통화 및 재정 정책

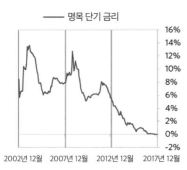

경제 상황

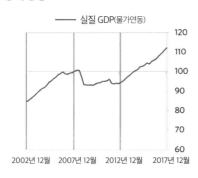

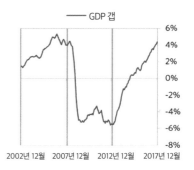

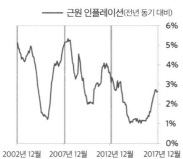

헝가리 2005~2017년 통계 도표 모음 2

시장

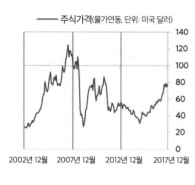

주식가격(물가연동, 단위: 미국 달러)

명목 장기 금리 ── 명목 단기 금리

수익률 곡선(장단기 금리 차)

실질 환율 vs. 무역가중지수(TWI)

외국인 투자자 FX수익률(물가연동)

금 가격(현지 환율, 물가 연동)

대외 포지션

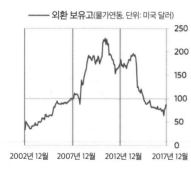

외환 보유고(물가연동, 단위: 미국 달러)

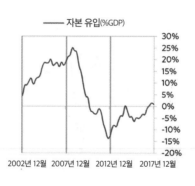

자본 유입(%GDP)

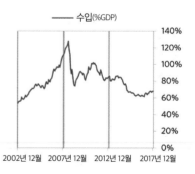

수입(%GDP)

경상수지(%GDP)

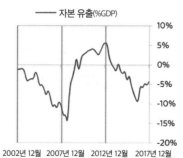

자본 유출(%GDP)

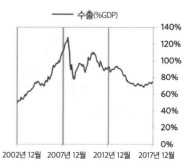

수출(%GDP)

아일랜드 2005~2017년 사례 자동 요약 1

오른쪽의 도표에서 볼 수 있듯이 아일랜드는 2005~2017년 사이에 전형적인 디플레이션 유발형 디레버리징 사이클을 경험했다.

다음의 측정지수들은 그 뒤에 나올 통계 도표들을 요약하여 구성한 것이다. 이것은 개괄적인 수치임을 유념하기 바란다.

버블 국면

당시 아일랜드의 버블 국면은 2005년부터 2008년까지 지속되었다. 버블 국면이 조성된 원인은 부채 증가, 경제 성장률 증가, 주택 수익률 증가가 맞물리며 자기 강화적 상승 국면이 만들어진 데 있다. 버블이 발생하는 동안 부채는 GDP 대비 94% 증가하여 위기 이전 최고치로 GDP의 271%에 달했다. 이때 부채는 유로 표시 부채여서 형식상으로는 자국 통화였지만 아일랜드가 통제할 수 없었다. 또한 외국인 소유분 비중이 컸기 때문에 외국 자본의 철수 가능성이 다소 존재했다. 버블 국면에서 평균 투자 유입은 GDP의 약 95%로 꽤 활발하여, GDP의 5%에 해당하는 경상수지 적자를 메우는 데 도움이 되었다. 이러한 부채와 자본의 증가로 높은 경제 성장률(5%)을 보였고, 경제 활동 수준도 높았다(GDP 갭 최고 8%). 게다가 완만한 자산 수익률(버블 기간 동안 주식 연평균 수익률 5%)은 더 많은 대출을 자극하고 성장을 촉진했다. 이 버블 기간 동안 정책 입안자들은 적정한 수준의

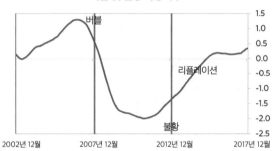

버블 및 불황 측정지수

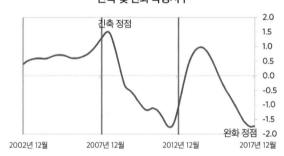

긴축 및 완화 측정지수

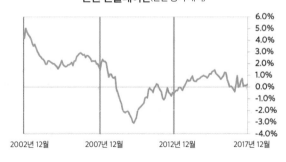

근원 인플레이션(전년 동기 대비)

아일랜드 2005~2017년 사례 자동 요약 2

긴축 정책을 단행했다(단기 금리 약 220bps 상승). 실질 환율은 최고 +17%에 달하면서, 경쟁력 문제가 불거졌다. 그리고 버블 압력에 높은 외국 자본 의존도가 높은 상황에서 통화/신용 긴축 정책, 관련국들의 경기 위축까지 더해져 결국 버블 국면은 지속 불가능한 상황이 되었다.

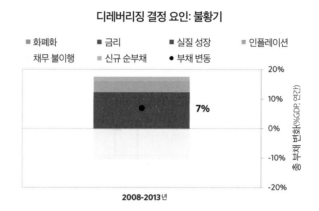

디레버리징 결정 요인: 불황기

불황 국면

부채 사이클의 방향이 바뀌면서 결국 버블은 자기 강화적 특성상 터질 수밖에 없었고 '추악한 디레버리징'이 고개를 들었다. 이것은 2008년부터 2013년까지 지속되었다. 아일랜드의 부채 상환은 위기 이전 최고치로 GDP의 77%에 달하며 유럽 부채 위기와 같은 충격에 취약해졌다. 그리고 GDP(9% 하락)와 주가(73% 하락), 주택가격(53% 하락)은 자기 강화적 하강 국면에 들어섰다. 실업률은 9% 증가했고, 금융기관들도 상당한 압박을 받았다. 아일랜드는 디레버리징이 필요했지만, 오른쪽의 결정 요인 차트에서 볼 수 있

듯이 디플레이션과 기존 부채의 이자 지급을 위한 신규 부채의 증가로 GDP 대비 부채 비율이 35%(연간 7%) 증가했다. GDP 대비 부채 비율의 감소 요인이 없었던 것은 아니지만, 채무 불이행 같은 요인에 의해 상쇄되었다.

---

* 앞의 두 도표는 각각 버블/불황 상태와 통화 및 신용의 긴축/완화를 측정한 지수를 보여준다. 각 측정값과 기준선 0 사이의 차이는 버블의 정도를 나타내는 한편, 기준선 위아래를 교차하는 지점은 버블 국면으로의 진입과 탈출을 나타낸다.

아일랜드 2005~2017년 사례 자동 요약 3

리플레이션 국면

아일랜드는 비교적 긴 불황 국면을 거친 후, 유럽 중앙은행의 정책 입안자들의 강력한 부양책 덕에 아름다운 디레버리징으로 전환될 수 있었고, 2013년을 기점으로 리플레이션 국면으로 들어섰다. 통화 정책을 살펴보면, 경기 부양 단계에서 본원통화는 GDP 대비 14% 증가하고, 금리는 0%까지 하락했으며, 실질 환율은 평균 −19%를 기록했다. 리플레이션 국면에서 아일랜드는 부채 문제 해결의 전형적인 9가지 정책 수단 중 7개를 활용하며 매우 적극적으로 금융기관과 악성 부채를 관리했다. 특히 은행을 국유화하고, 유동성을 공급했으며, 부실 자산을 직접 인수했다. 또한 IMF의 지원을 받고, 노동시장의 유연성을 높이기 위해 구조 개혁도 시행했다. 이 경기 부양책은 명목 성장률을 명목 금리보다 훨씬 높이는 데 도움이 되었다(이 기간 동안 성장률 평균 6% 기록, 장기 국채 금리 0%로 하락). 이 과정에서 실업률은 8% 감소했으며, 부채 비율은 오른쪽 도표에서 볼 수 있듯이 GDP 대비 116%(연간 25%) 감소했다. '아름다운' 디레버리징 국면에서 소득 대비 부채 비율 감소에 이바지

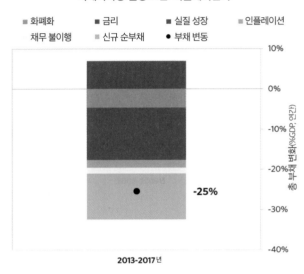

디레버리징 결정 요인: 리플레이션기

■ 화폐화   ■ 금리   ■ 실질 성장   ■ 인플레이션
  채무 불이행   ■ 신규 순부채   ● 부채 변동

2013-2017년

한 요인은 실질 소득 증가와 기존 부채의 상환이었다. 실질 GDP는 과거 최고치로 복귀하기까지 6년이 걸렸지만, 주가(미 달러 기준)는 아직 완전히 회복되지 않았다.

아일랜드 2005~2017년 통계 도표 모음 1

부채

통화 및 재정 정책

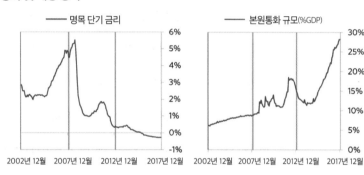

경제 상황

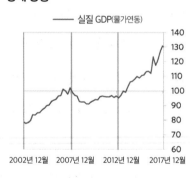

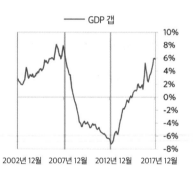

아일랜드 2005~2017년 통계 도표 모음 2

시장

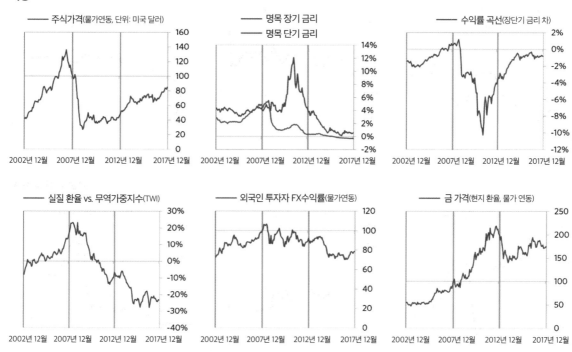

대외 포지션

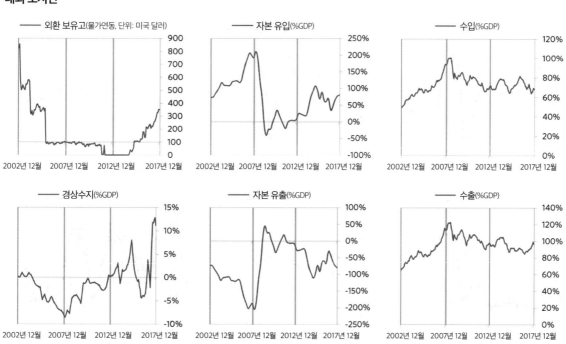

이탈리아 2005~2017년 사례 자동 요약 1

오른쪽의 도표에서 볼 수 있듯이 이탈리아는 2005~2017년 사이에 전형적인 디플레이션 유발형 디레버리징 사이클을 경험했다.

다음의 측정지수들은 그 뒤에 나올 통계 도표들을 요약하여 구성한 것이다. 이것은 개괄적인 수치임을 유념하기 바란다.

버블 국면

당시 이탈리아의 버블 국면은 2005년부터 2008년까지 지속되었다. 버블 국면이 조성된 원인은 부채의 증가, 경제 성장률의 증가가 맞물리며 자기 강화적 상승 국면이 만들어진 데 있다. 버블이 발생하는 동안 부채는 GDP 대비 29% 증가하여 위기 이전 최고치인 GDP의 270%에 달했다. 이때 부채는 유로 표시 부채여서 형식상으로는 자국 통화였지만, 이탈리아가 통제할 수 없었다. 또한 외국인 소유분 비중이 컸기 때문에 외국 자본의 철수 가능성이 다소 존재했다. 버블 국면에서 평균 투자 유입은 GDP의 약 7%로 적절히 활발하여, GDP의 1%에 해당하는 경상수지 적자를 메우는 데 도움이 되었다. 이러한 부채 증가와 자본으로 인해 완만한 경제 성장률(2%)을 보였고, 경제 활동 수준은 높았다(GDP 갭 최고 4%). 게다가 높은 자산 수익률(버블 기간 동안 주식 연평균 수익률 7%)은 더 많은 대출을 자극하고 성장을 촉진했다. 버블 기간 동안 정책 입안자들은 적정한 수준의 긴축 정책을

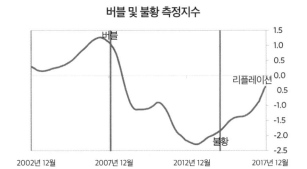

버블 및 불황 측정지수

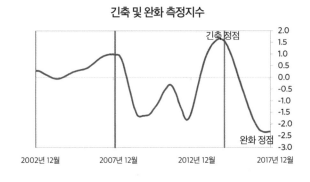

긴축 및 완화 측정지수

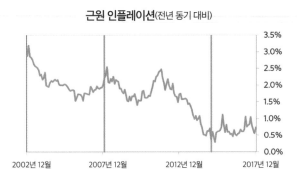

근원 인플레이션(전년 동기 대비)

이탈리아 2005~2017년 사례 자동 요약 2

단행했다(단기 금리 약 200bps 인상). 버블 압력에 외국 자본 의존도가 높은 상황에서 통화/신용 긴축 정책과 관련국들의 경기 위축까지 더해져 결국 버블 국면은 지속 불가능한 상황이 되었다.

불황 국면

부채 사이클의 방향이 바뀌면서 결국 버블은 자기 강화적 특성상 터질 수밖에 없었고 '추악한 디레버리징'이 고개를 들었다. 이것은 2008년부터 2015년까지 지속되었다. 이탈리아의 부채 상환은 위기 이전 최고치인 GDP의 58%에 달하며, 유럽 부채 위기와 같은 충격에 취약해졌다. 이탈리아는 외국 자본의 감소(포트폴리오 유입 GDP의 14%로 감소)로 인해, GDP(9% 하락)와 주식가격(67% 하락), 주택가격(15% 하락)은 자기 강화적 하강 국면에 들어섰다. 실업률은 6% 증가했고, 금융기관들도 상당한 압박을 받았다. 이탈리아는 디레버리징이 필요했지만, 오른쪽의 결정 요인 차트에서 볼 수 있듯이 실질 소득의 감소, 기존 부채의 이자

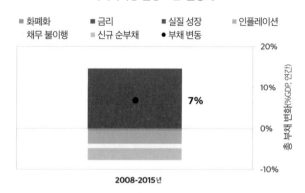

디레버리징 결정 요인: 불황기

■ 화폐화 채무 불이행　■ 금리　■ 실질 성장　■ 인플레이션
■ 신규 순부채　● 부채 변동

7%

종부채 변화(%GDP, 연간)

20%　10%　0%　-10%

2008-2015년

지급을 위한 신규 부채의 증가로 GDP 대비 부채 비율이 48%(연간 7%) 증가했다.

---

* 앞의 두 도표는 각각 버블/불황 상태와 통화 및 신용의 긴축/완화를 측정한 지수를 보여준다. 각 측정값과 기준선 0 사이의 차이는 버블의 정도를 나타내는 한편, 기준선 위아래를 교차하는 지점은 버블 국면으로의 진입과 탈출을 나타낸다.

이탈리아 2005~2017년 사례 자동 요약 3

리플레이션 국면

이탈리아는 비교적 긴 불황 국면을 거친 후, 유럽 중앙은행 정책 입안자들의 강력한 부양책 덕에 아름다운 디레버리징으로 전환될 수 있었고, 2015년을 기점으로 리플레이션 국면으로 들어섰다. 통화 정책을 살펴보면, 부양 단계에서 본원통화는 GDP 대비 16% 증가하고, 금리는 0%까지 하락했으며, 실질 환율은 평균 −1%를 기록했다. 리플레이션 국면에서 이탈리아는 부채 문제 해결의 전형적인 9가지 정책 수단 중 4개를 활용하며 적극적으로 금융기관과 악성 부채를 관리했다. 또한 노동시장의 유연성을 높이기 위해 구조 개혁을 시행했다. 이 경기 부양책은 명목 성장률을 명목 금리보다 높이는 데 도움이 되었다(이 기간 동안 성장률 평균 1.8% 기록, 장기 국채 금리 1.2%로 하락). 이 과정에서 실업률은 1% 감소했으며, 오른쪽 도표에서 보듯이 부채 비율은 GDP 대비 36%(연간 14%) 감소했다. '아름다운 디레버리징' 국면에서 소득 대비 부채 비율의 감소에 이바지한 요인은 화폐화와 기존 부채의 상환이었다. 실질 GDP는 아직 과거 최고치로 회복하지 못했고, 주가(미 달러 기준)도 완전히

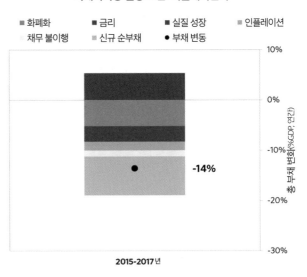

디레버리징 결정 요인: 리플레이션기

■ 화폐화 ■ 금리 ■ 실질 성장 ■ 인플레이션
■ 채무 불이행 ■ 신규 순부채 ● 부채 변동

−14%

총 부채 변화(%GDP, 연간)

2015-2017년

회복되지 않았다.

이 위기는 포퓰리스트 지도자로 잘 알려진 주세페 콘테Giuseppe Conte 총리가 2018년 권력을 잡을 수 있는 발판으로 작용하면서 이탈리아 정세에 지대한 영향을 미쳤다.

이탈리아 2005~2017년 통계 도표 모음 1

부채

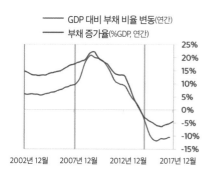

통화 및 재정 정책

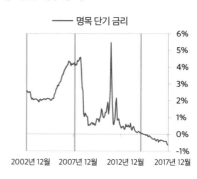

경제 상황

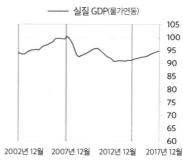

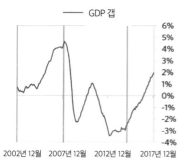

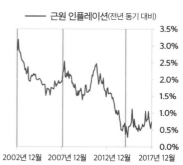

이탈리아 2005~2017년 통계 도표 모음 2

시장

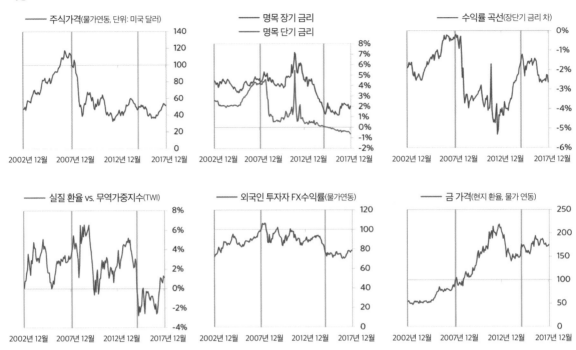

주식가격(물가연동, 단위: 미국 달러)

명목 장기 금리
명목 단기 금리

수익률 곡선(장단기 금리 차)

실질 환율 vs. 무역가중지수(TWI)

외국인 투자자 FX수익률(물가연동)

금 가격(현지 환율, 물가 연동)

대외 포지션

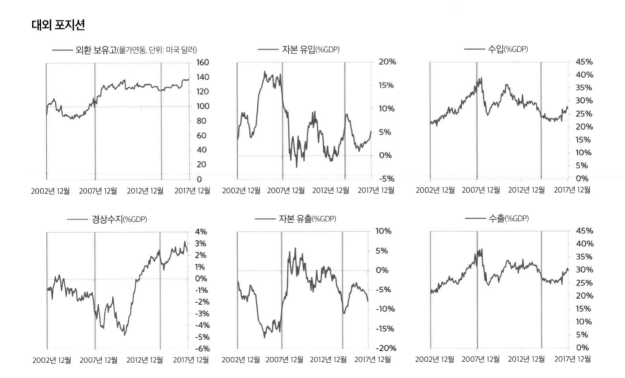

외환 보유고(물가연동, 단위: 미국 달러)

자본 유입(%GDP)

수입(%GDP)

경상수지(%GDP)

자본 유출(%GDP)

수출(%GDP)

네덜란드 2006~2017년 사례 자동 요약 1

오른쪽의 도표에서 볼 수 있듯이 네덜란드는 2006~2017년 사이에 전형적인 디플레이션 유발형 디레버리징 사이클을 경험했다.

다음의 측정지수들은 그 뒤에 나올 통계 도표들을 요약하여 구성한 것이다. 이것은 개괄적인 수치임을 유념하기 바란다.

버블 국면

당시 네덜란드의 버블 국면은 2006년부터 2008년까지 지속되었다. 버블 국면이 조성된 원인은 부채 증가, 자기자본 수익률 증가, 경제 성장률 증가가 맞물리며 자기 강화적 상승 국면이 만들어진 데 있다. 버블이 발생하는 동안 부채는 GDP 대비 10% 증가하여 위기 이전 최고치인 GDP의 355%에 달했다. 이때 부채는 유로 표시 부채여서 형식상으로는 자국 통화였지만, 네덜란드가 통제할 수 없었다. 또한 외국인 소유분 비중이 컸기 때문에 외국 자본의 철수 가능성이 다소 존재했다. 버블 국면에서 평균 투자 유입은 GDP의 약 14%로 꽤 활발했다. 이러한 부채와 자본 증가로 인해 높은 경제 성장률(3%)을 보였고, 경제 활동 수준도 높았다(GDP 갭 최고 5%). 게다가 높은 자산 수익률(버블 기간 동안 주식 연평균 수익률 11%)은 더 많은 대출을 자극하고 성장을 촉진했다. 버블 기간 동안 정책 입안자들은 적정한 수준의 긴축 정책을 단행하기에 이른다(단기 금리 약 200bps 인상). 버블 압력에 외

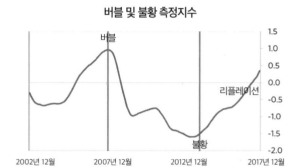

버블 및 불황 측정지수

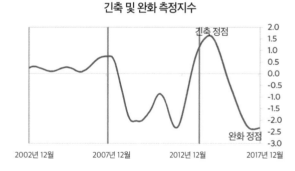

긴축 및 완화 측정지수

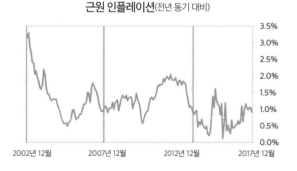

근원 인플레이션(전년 동기 대비)

네덜란드 2006~2017년 사례 자동 요약 2

국 자본 의존도가 높은 상황에서 통화/신용 긴축 정책과 관련국들의 경기 위축까지 더해지면서 결국 버블 국면은 지속 불가능한 상황이 되었다.

불황 국면

부채 사이클의 방향이 바뀌면서 결국 버블은 자기 강화적 특성상 터질 수밖에 없었다. 그리고 '추악한 디레버리징'이 고개를 들었다. 이것은 2008년부터 2014년까지 지속되었다. 네덜란드의 부채 상환은 위기 이전 최고치로 GDP의 68%에 달하며, 2008년 세계 금융 위기와 같은 외부 충격에 취약해졌다. 그리고 GDP(4% 하락)와 주가(57% 하락), 주택가격(20% 하락)은 자기 강화적 하강 국면에 들어섰다. 실업률은 4% 증가했고, 금융기관들도 상당한 압박을 받았다. 네덜란드는 디레버리징이 필요했지만, 오른쪽의 결정 요인 차트에서 볼 수 있듯이 소득 감소의 영향으로 GDP 대비 부채 비율이 74%(연간 12%) 증가했다.

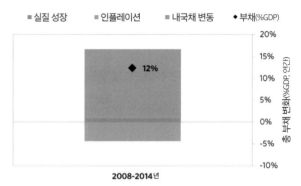

디레버리징 결정 요인: 불황기

■ 실질 성장   ■ 인플레이션   ■ 내국채 변동   ◆ 부채(%GDP)

◆ 12%

2008-2014년

---

* 앞의 두 도표는 각각 버블/불황 상태와 통화 및 신용의 긴축/완화를 측정한 지수를 보여준다. 각 측정값과 기준선 0 사이의 차이는 버블의 정도를 나타내는 한편, 기준선 위아래를 교차하는 지점은 버블 국면으로의 진입과 탈출을 나타낸다.

네덜란드 2006~2017년 사례 자동 요약 3

리플레이션 국면

네덜란드는 비교적 긴 불황 국면을 거친 후, 유럽 중앙은행 정책 입안자들의 강력한 부양책 덕에 아름다운 디레버리징으로 전환될 수 있었으며, 2014년을 기점으로 리플레이션 국면으로 들어섰다. 통화 정책을 살펴보면, 부양 단계에서 본원통화는 GDP의 16%로 증가하고, 금리는 −1%까지 하락했으며, 실질 환율은 평균 −2%를 기록했다. 리플레이션 국면에서 네덜란드는 부채 문제 해결의 전형적인 9가지 정책 수단 중 5개를 활용하며 적극적으로 금융기관과 악성 부채를 관리했다. 특히 은행을 국유화하고, 유동성을 공급했다. 이 부양책은 명목 성장률을 명목 금리보다 훨씬 높이는 데 도움이 되었다(이 기간 동안 성장률 평균 3% 기록, 장기 국채 금리 0%로 하락). 이 과정에서 실업률은 3% 감소했으며, 부채 비율은 오른쪽 도표에서 볼 수 있듯이 GDP 대비 46%(연간 12%) 감소했다. '아름다운' 디레버리징 국면에서 소득 대비 부채 비율의 감소에 이바지한 가장 큰 요인은 실질 성장률의 증가에 따른 실질 소득 증가였다. 실질 GDP는 과거 최고치로 복귀하기까지 7년이 걸렸지만, 주가(미

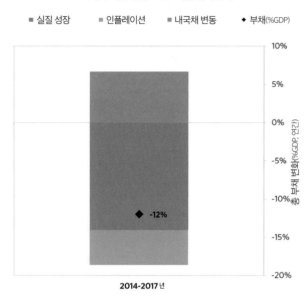

디레버리징 결정 요인: 리플레이션기

■ 실질 성장　　■ 인플레이션　　■ 내국채 변동　　◆ 부채(%GDP)

2014-2017년

달러 기준)는 아직 완전히 회복되지 않았다.

네덜란드 2006~2017년 통계 도표 모음 1

부채

총 부채(%GDP)
부채 상환율(%GDP)

외화 부채(%GDP)

GDP 대비 부채 비율 변동(연간)
부채 증가율(%GDP, 연간)

통화 및 재정 정책

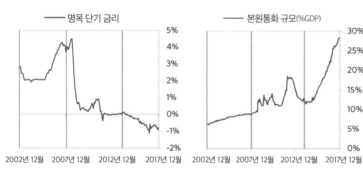

명목 단기 금리

본원통화 규모(%GDP)

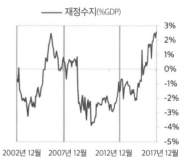

재정수지(%GDP)

경제 상황

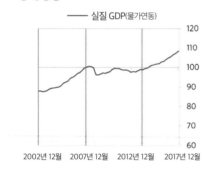

실질 GDP(물가연동)

실질 성장률(전년 동기 대비)

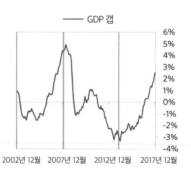

GDP 갭

근원 인플레이션(전년 동기 대비)

명목 장기 금리
명목 성장률

실질 단기 금리

네덜란드 2006~2017년 통계 도표 모음 2

시장

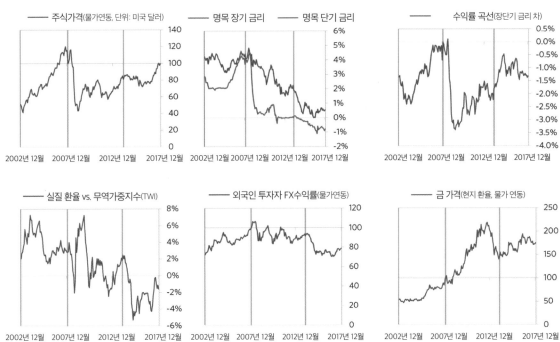

대외 포지션

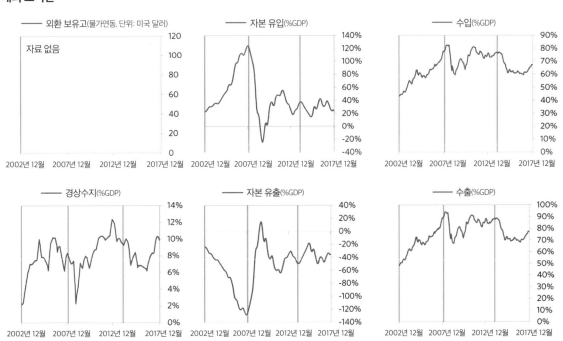

포르투갈 2007~2017년 사례 자동 요약 1

오른쪽의 도표에서 볼 수 있듯이 포르투갈은 2007~2017년 사이에 전형적인 디플레이션 유발형 디레버리징 사이클을 경험했다.

다음의 측정지수들은 그 뒤에 나올 통계 도표들을 요약하여 구성한 것이다. 이것은 개괄적인 수치임을 유념하기 바란다.

버블 국면

당시 포르투갈의 버블 국면은 2007년부터 2008년까지 지속되었다. 버블 국면이 조성된 원인은 부채 증가, 경제 성장률 증가, 자기자본 수익률 증가가 맞물리며 자기 강화적 상승 국면이 만들어진 데 있다. 버블이 발생하는 동안 부채는 GDP 대비 36% 증가하여 위기 이전 최고치인 GDP의 273%에 달했다. 이때 부채는 유로 표시 부채여서 형식상으로는 자국 통화였지만, 포르투갈이 통제할 수 없었다. 또한 외국인 소유분 비중이 컸기 때문에 외국 자본의 철수 가능성이 다소 존재했다. 버블 국면에서 평균 투자 유입은 GDP의 약 10%로 꽤 활발하여, GDP의 11%에 해당하는 경상수지 적자를 메우는 데 도움이 되었다. 이러한 부채와 자본 증가로 인해 완만한 경제 성장률(2%)을 보였고, 경제 활동 수준은 높았다(GDP 갭 최고 3%). 게다가 높은 자산 수익률(버블 기간 동안 주식 연평균 수익률 16%)은 더 많은 대출을 자극하고 성장을 촉진했다. 버블 기간 동안 정책 입안자들은 적정한 수

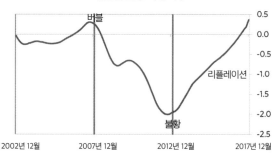

버블 및 불황 측정지수

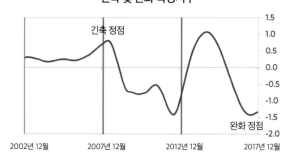

긴축 및 완화 측정지수

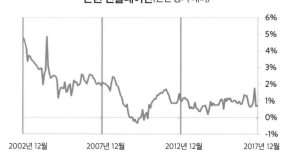

근원 인플레이션(전년 동기 대비)

포르투갈 2007~2017년 사례 자동 요약 2

준의 긴축 정책을 단행했다(단기 금리 약 220bps 인상). 버블 압력에 외국 자본 의존도가 높은 상황에 통화/신용 긴축 정책과 관련국들의 경기 위축까지 더해지면서 결국 버블 국면은 지속 불가능한 상황이 되었다.

불황 국면

부채 사이클의 방향이 바뀌면서 결국 버블은 자기 강화적 특성상 터질 수밖에 없었다. 그리고 '추악한 디레버리징'이 고개를 들었다. 이것은 2008년부터 2013년까지 지속되었다. 포르투갈의 부채 상환은 위기 이전 최고치로 GDP의 48%에 달하며, 유럽 부채 위기와 같은 충격에 취약해졌다. 포르투갈은 외국 자본의 감소(포트폴리오 유입 GDP 대비 40% 감소)로 인해, GDP(10% 하락)와 주가(65% 하락), 주택가격(18% 하락)은 자기 강화적 하강 국면에 들어섰고, 실업률은 9% 증가했다. 금융기관들도 상당한 압박을 받았다. 포르투갈은 디레버리징이 필요했지만, 오른쪽의 결정

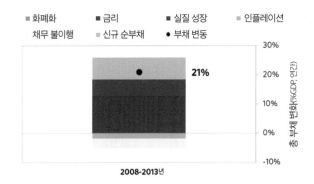

디레버리징 결정 요인: 불황기

■ 화폐화   ■ 금리   ■ 실질 성장   ■ 인플레이션
채무 불이행   ■ 신규 순부채   ● 부채 변동

21%

총 부채 변화(%GDP 연간)

2008-2013년

요인 차트에서 볼 수 있듯이 실질 소득 감소, 기존 부채의 이자 지급을 위한 신규 부채의 증가, 신규 채무의 증가 등이 복합적으로 작용하여 GDP 대비 부채 비율은 105%(연간 21%) 증가했다. 이렇게 새로운 부채는 위기 대응을 위한 정부 채무 증가(추악한 디레버리징 국면에서 재정 적자는 GDP의 8%로 최고치에 달함) 등의 이유로 생겨났다.

---

* 앞의 두 도표는 각각 버블/불황 상태와 통화 및 신용의 긴축/완화를 측정한 지수를 보여준다. 각 측정값과 기준선 0 사이의 차이는 버블의 정도를 나타내는 한편, 기준선 위아래를 교차하는 지점은 버블 국면으로의 진입과 탈출을 나타낸다.

리플레이션 국면

포르투갈은 비교적 긴 불황 국면을 거친 후, 유럽 중앙은행 정책 입안자들의 강력한 부양책 덕에 아름다운 디레버리징으로 전환될 수 있었으며, 2013년을 기점으로 리플레이션 국면으로 들어섰다. 통화 정책을 살펴보면, 경기 부양 단계에서 본원통화는 GDP 대비 15% 증가하고, 금리는 0%까지 하락했으며, 실질 환율은 평균 −1%를 기록했다. 리플레이션 국면에서 포르투갈은 부채 문제 해결의 전형적인 9가지 정책 수단 중 4개를 활용하며 적극적으로 금융기관과 악성 부채를 관리했다. 또한 IMF의 지원을 받고, 노동시장의 유연성을 높이기 위해 구조 개혁도 시행했다. 이 경기 부양책은 명목 성장률을 명목 금리보다 높이는 데 도움이 되었다(이 기간 동안 성장률 평균 2% 기록, 장기 국채 금리 1.7%로 하락). 이 과정에서 실업률은 9% 감소했으며, 오른쪽 도표에서 볼 수 있듯이 부채 비율은 GDP 대비 77%(연간 16%) 감소했다. '아름다운' 디레버리징 국면에서 소득 대비 부채 비율의 감소에 이바지한 요인은 채무 불이행과 기존 부채의 상환이었다. 실질 GDP는 과거 최고치로 복귀하기까지

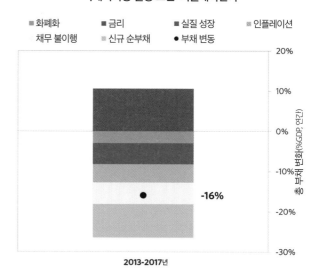

디레버리징 결정 요인: 리플레이션기

■ 화폐화 채무 불이행   ■ 금리   ■ 실질 성장   ■ 인플레이션   ■ 신규 순부채   ● 부채 변동

총 부채 변화(%GDP, 연간)

-16%

2013-2017년

9년이 걸렸지만, 주가(미 달러 기준)는 아직 완전히 회복되지 않았다.

포르투갈 2007~2017년 통계 도표 모음 1

부채

통화 및 재정 정책

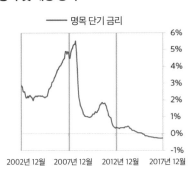

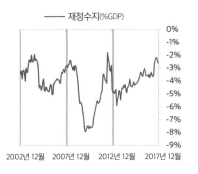

경제 상황

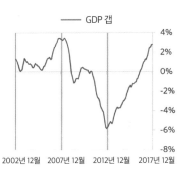

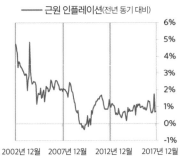

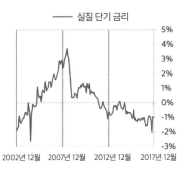

포르투갈 2007~2017년 통계 도표 모음 2

시장

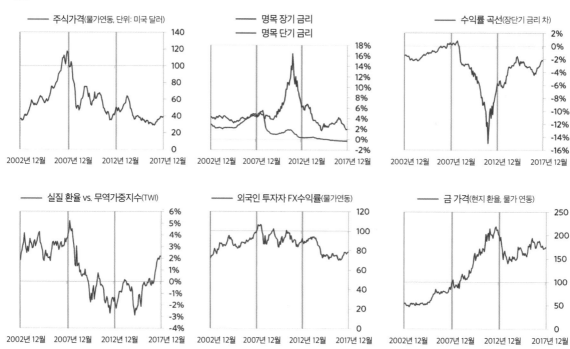

주식가격(물가연동, 단위: 미국 달러)

명목 장기 금리
명목 단기 금리

수익률 곡선(장단기 금리 차)

실질 환율 vs. 무역가중지수(TWI)

외국인 투자자 FX수익률(물가연동)

금 가격(현지 환율, 물가 연동)

대외 포지션

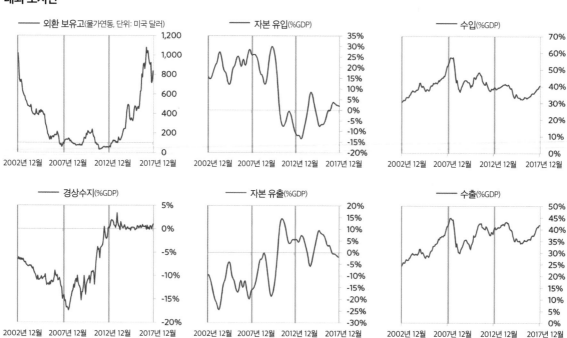

외환 보유고(물가연동, 단위: 미국 달러)

자본 유입(%GDP)

수입(%GDP)

경상수지(%GDP)

자본 유출(%GDP)

수출(%GDP)

스페인 2005~2017년 사례 자동 요약 1

오른쪽의 도표에서 볼 수 있듯이 스페인은 2005~2017년 사이에 전형적인 디플레이션 유발형 디레버리징 사이클을 경험했다.

다음의 측정지수들은 그 뒤에 나올 통계 도표들을 요약하여 구성한 것이다. 이것은 개괄적인 수치임을 유념하기 바란다.

버블 국면

당시 스페인의 버블 국면은 2005년부터 2008년까지 지속되었다. 버블 국면이 조성된 원인은 부채 증가, 경제 성장률 증가, 자산 수익률 증가가 맞물리며 자기 강화적 상승 국면이 만들어진 데 있다. 버블이 발생하는 동안 부채는 GDP 대비 93% 증가하여 위기 이전 최고치인 GDP의 313%에 달했다. 이때 부채는 유로 표시 부채여서 형식상으로는 자국 통화였지만, 스페인이 통제할 수 없었다. 또한 외국인 소유분 비중이 컸기 때문에 외국 자본의 철수 가능성이 다소 존재했다. 버블 국면에서 평균 투자 유입은 GDP의 약 27%로 꽤 활발하여, GDP의 10%에 해당하는 경상수지 적자를 메우는 데 도움이 되었다. 이러한 부채와 자본의 증가로 높은 경제 성장률(4%)을 보였고, 경제 활동 수준도 높았다(GDP 갭 최고 6%). 게다가 높은 자산 수익률(버블 기간 동안 주식 연평균 수익률 17%)은 더 많은 대출을 자극하고 성장을 촉진했다. 버블 기간 동안 정책 입안자들은 적정한 수준의 긴축 정책을 단

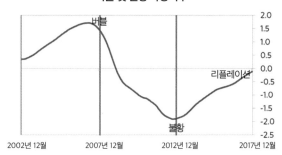

버블 및 불황 측정지수

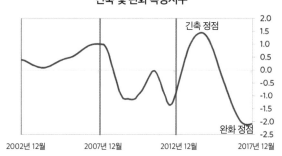

긴축 및 완화 측정지수

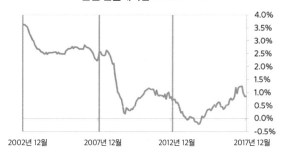

근원 인플레이션(전년 동기 대비)

스페인 2005~2017년 사례 자동 요약 2

행하기에 이른다(단기 금리 약 200bps 인상). 버블 압력에 외국 자본 의존도가 높은 상황에서 통화/신용 긴축 정책과 관련국들의 경기 위축까지 더해지면서 결국 버블 국면은 지속 불가능하게 되었다.

불황 국면

부채 사이클의 방향이 바뀌면서 결국 버블은 자기 강화적 특성상 터질 수밖에 없었다. 그리고 '추악한 디레버리징'이 고개를 들었다. 이것은 2008년부터 2013년까지 지속되었다. 스페인의 부채 상환은 위기 이전 최고치로 GDP의 64%에 달하며, 유럽 부채 위기와 같은 충격에 취약해졌다. 스페인은 외국 자본의 감소(자본 유입 GDP의 16% 감소)로 인해, GDP(9% 하락)와 주가(60% 하락), 주택가격(31% 하락)은 자기 강화적 하강 국면에 들어섰다. 실업률은 17% 증가했고, 금융기관들도 상당한 압박을 받았다. 스페인은 디레버리징이 필요했지만, 오른쪽의 결정 요인 차트에서 볼 수 있듯이 실질 소득의 감소와 기존 부채의 이자

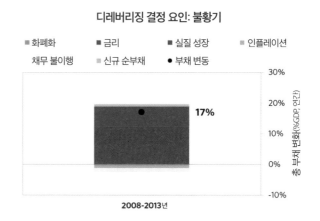

디레버리징 결정 요인: 불황기

지급을 위한 신규 부채의 증가로 GDP 대비 부채 비율은 86%(연간 17%) 증가했다.

---

* 앞의 두 도표는 각각 버블/불황 상태와 통화 및 신용의 긴축/완화를 측정한 지수를 보여준다. 각 측정값과 기준선 0 사이의 차이는 버블의 정도를 나타내는 한편, 기준선 위아래를 교차하는 지점은 버블 국면으로의 진입과 탈출을 나타낸다.

스페인 2005~2017년 사례 자동 요약 3

리플레이션 국면

스페인은 비교적 긴 불황 국면을 거친 후, 유럽 중앙은행 정책 입안자들의 강력한 부양책 덕에 아름다운 디레버리징으로 전환될 수 있었으며, 2013년을 기점으로 리플레이션 국면으로 들어섰다. 통화 정책을 살펴보면, 경기 부양 단계에서 본원통화는 GDP 대비 15% 증가하고, 금리는 -1%까지 하락했으며, 실질 환율은 평균 0%를 기록했다. 리플레이션 국면에서 스페인은 부채 문제 해결의 전형적인 9가지 정책 수단 중 5개를 활용하며 적극적으로 금융기관과 악성 부채를 관리했다. 특히 유동성을 공급하고, 부실 자산을 직접 인수했다. 또한 노동시장의 유연성을 높이기 위해 구조 개혁을 시행했다. 이 경기 부양책은 명목 성장률을 명목 금리보다 훨씬 높이는 데 도움이 되었다(이 기간 동안 성장률 평균 2% 기록, 장기 국채 금리 1%로 하락). 이 과정에서 실업률은 10% 감소했으며, 오른쪽 도표에서 볼 수 있듯이 부채는 GDP 대비 112%(연간 23%) 감소했다. '아름다운' 디레버리징 국면에서 소득 대비 부채 비율의 감소에 이바지한 요인은 실질 소득의 증가도 있지만, 기존 부채의 상환

이 주된 요인으로 작용했다. 실질 GDP는 과거 최고치로 복귀하기까지 9년이 걸렸지만, 주가(미 달러 기준)는 아직 완전히 회복되지 않았다.

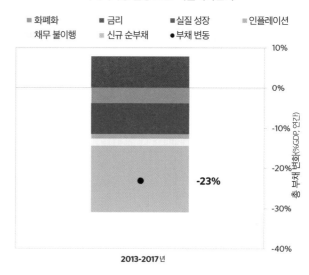

디레버리징 결정 요인: 리플레이션기

■ 화폐화 채무 불이행　■ 금리　■ 실질 성장　■ 인플레이션　■ 신규 순부채　● 부채 변동

-23%

2013-2017년

스페인 2005~2017년 통계 도표 모음 1

부채

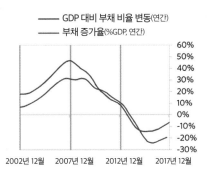

통화 및 재정 정책

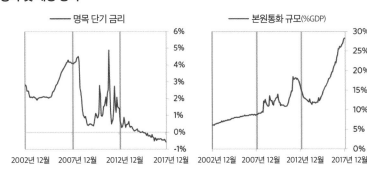

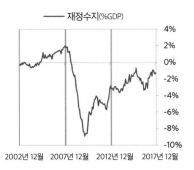

경제 상황

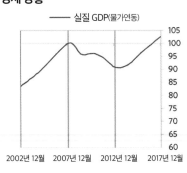

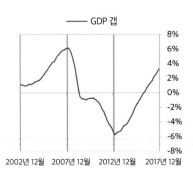

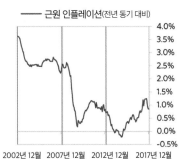

스페인 2005~2017년 통계 도표 모음 2

시장

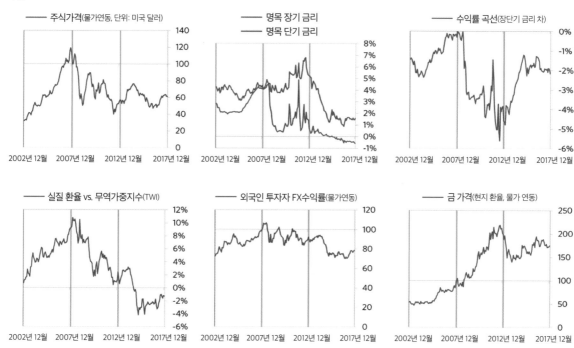

주식가격(물가연동, 단위: 미국 달러)

명목 장기 금리
명목 단기 금리

수익률 곡선(장단기 금리 차)

실질 환율 vs. 무역가중지수(TWI)

외국인 투자자 FX수익률(물가연동)

금 가격(현지 환율, 물가 연동)

대외 포지션

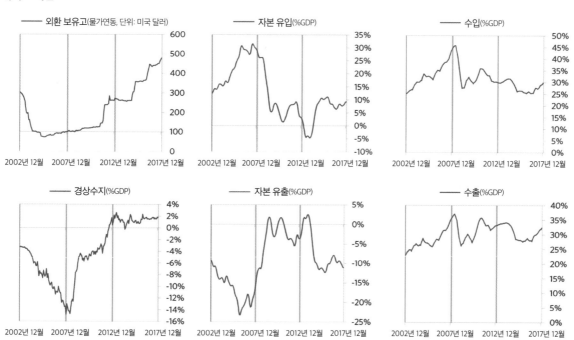

외환 보유고(물가연동, 단위: 미국 달러)

자본 유입(%GDP)

수입(%GDP)

경상수지(%GDP)

자본 유출(%GDP)

수출(%GDP)

영국 2005~2015년 사례 자동 요약 1

오른쪽의 도표에서 볼 수 있듯이 영국은 2005~2015년 사이에 전형적인 디플레이션 유발형 디레버리징 사이클을 경험했다.

다음의 측정지수들은 그 뒤에 나올 통계 도표들을 요약하여 구성한 것이다. 이것은 개괄적인 수치임을 유념하기 바란다.

버블 국면

당시 영국의 버블 국면은 2005년부터 2008년까지 지속되었다. 버블 국면이 조성된 원인은 부채 증가와 경제 성장률 증가가 맞물리며 자기 강화적 상승 국면이 만들어진 데 있다. 버블이 발생하는 동안 부채는 GDP 대비 89% 증가하여 위기 이전 최고치로 GDP의 437%에 달했다. 이때 부채는 대부분 자국 통화로 표시된 내국채였다. 버블 국면에서 평균 투자 유입은 GDP의 약 14%로 꽤 활발하여, GDP의 3%에 해당하는 경상수지 적자를 메우는 데 도움이 되었다. 이러한 부채와 자본의 증가로 높은 경제 성장률(3%)을 보였고 경제 활동 수준도 높았다(GDP 갭 최고 4%). 게다가 높은 자산 수익률(버블 기간 동안 주식 연평균 수익률 8%)은 더 많은 대출을 자극하고 성장을 촉진했다. 버블 압력에 통화/신용 긴축 정책과 관련국들의 경기 위축까지 더해지면서 버블 국면은 결국 지속 불가능한 상황이 되었다.

버블 및 불황 측정지수

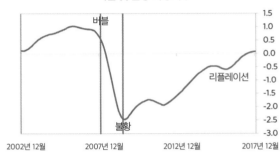

긴축 및 완화 측정지수

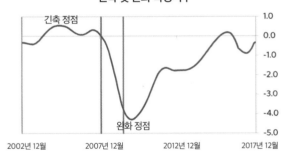

근원 인플레이션(전년 동기 대비)

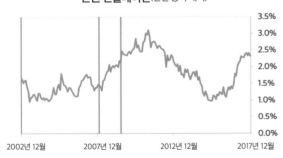

영국 2005~2015년 사례 자동 요약 2

불황 국면

부채 사이클의 방향이 바뀌면서 결국 버블은 자기 강화적 특성상 터질 수밖에 없었다. 그리고 '추악한 디레버리징'이 고개를 들었다. 이것은 2008년부터 2009년까지 지속되었다. 영국의 부채 상환은 위기 이전 최고치인 GDP의 82%에 달하며, 2008년 세계 금융 위기와 같은 충격에 취약해졌다. 그리고 GDP(6% 하락)와 주가(52% 하락), 주택가격(19% 하락)은 자기 강화적 하강 국면에 들어섰다. 실업률은 3% 증가했고, 금융기관들도 상당한 압박을 받았다. 영국은 디레버리징이 필요했지만, 오른쪽의 결정 요인 차트에서 볼 수 있듯이 실질 소득의 감소와 기존 부채의 이자 지급을 위한 신규 부채의 증가로 GDP 대비 부채 비율은 34%(연간 24%) 증가했다.

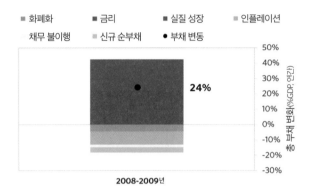

디레버리징 결정 요인: 불황기

■ 화폐화 ■ 금리 ■ 실질 성장 ■ 인플레이션
채무 불이행 ■ 신규 순부채 ● 부채 변동

24%

총 부채 변화(%GDP, 연간)

2008-2009년

---

* 앞의 두 도표는 각각 버블/불황 상태와 통화 및 신용의 긴축/완화를 측정한 지수를 보여준다. 각 측정값과 기준선 0 사이의 차이는 버블의 정도를 나타내는 한편, 기준선 위아래를 교차하는 지점은 버블 국면으로의 진입과 탈출을 나타낸다.

영국 2005~2015년 사례 자동 요약 3

리플레이션 국면

영국은 평균보다 약간 짧은 불황 국면을 거친 후, 정책 입안자들의 강력한 부양책 덕에 아름다운 디레버리징으로 전환될 수 있었으며, 2009년을 기점으로 리플레이션 국면으로 들어섰다. 통화 정책을 살펴보면, 부양 단계에서 본원통화는 GDP 대비 10% 증가하고, 금리는 0%까지 하락했으며, 실질 환율은 평균 −5%를 기록했다. 리플레이션 국면에 영국은 부채 문제 해결의 전형적인 9가지 정책 수단 중 6개를 활용하며 매우 적극적으로 금융기관과 악성 부채를 관리했다. 특히 은행을 국유화하고, 유동성을 공급했으며, 부실 자산을 직접 인수했다. 이 부양책은 명목 성장률을 명목 금리보다 훨씬 높이는 데 도움이 되었다(이 기간 동안 성장률 평균 4% 기록, 장기 국채 금리 1%로 하락). 이 과정에서 실업률은 2% 감소했으며, 오른쪽 도표에서 볼 수 있듯이 부채 비율은 GDP 대비 73%(연간 12%) 감소했다. '아름다운' 디레버리징 국면에서 소득 대비 부채 비율은 실질 소득의 증가와 인플레이션으로 감소했다. 기존 부채의 이자 지급을 위한 신규 부채의 증가 등 소득 대비 부채 비율의 증가로 이

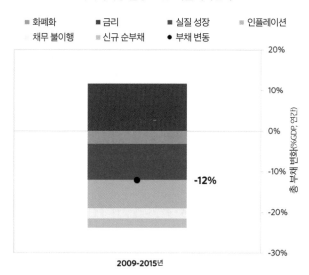

디레버리징 결정 요인: 리플레이션기

■ 화폐화   ■ 금리   ■ 실질 성장   ▨ 인플레이션
■ 채무 불이행   ▨ 신규 순부채   ● 부채 변동

2009-2015년

끌 요인이 없었던 건 아니지만 이런 감소 요인에 의해 상쇄되었다. 실질 GDP는 과거 최고치로 복귀하기까지 5년이 걸렸지만, 주가(미 달러 기준)는 아직 완전히 회복되지 않았다.

영국 2005~2015년 통계 도표 모음 1

부채

통화 및 재정 정책

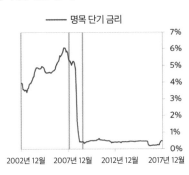

경제 상황

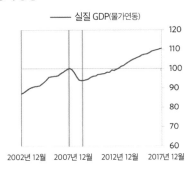

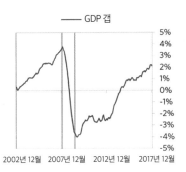

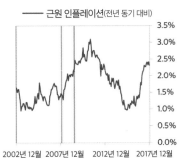

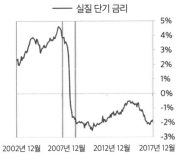

영국 2005~2015년 통계 도표 모음 2

시장

주식가격(물가연동, 단위: 미국 달러)

명목 장기 금리
명목 단기 금리

수익률 곡선(장단기 금리 차)

실질 환율 vs. 무역가중지수(TWI)

외국인 투자자 FX수익률(물가연동)

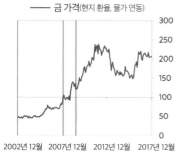

금 가격(현지 환율, 물가 연동)

대외 포지션

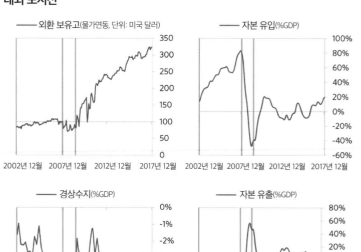

외환 보유고(물가연동, 단위: 미국 달러)

자본 유입(%GDP)

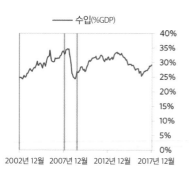

수입(%GDP)

경상수지(%GDP)

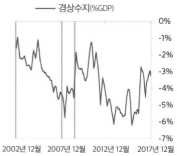

자본 유출(%GDP)

수출(%GDP)

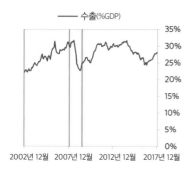

독일 1918~1925년 사례 자동 요약 1

오른쪽의 도표에서 볼 수 있듯이 독일은 1918~1925년 사이에 전형적인 전시 하이퍼인플레이션 유발형 디레버리징 사이클을 경험했다. 대규모 전쟁의 패전국들이라면 전형적으로 거치는 과정인데, 독일 경제도 산업 기반에 광범위한 피해를 입으면서 장기간의 불황과 더욱 고통스러운 디레버리징을 겪어야 했다.

다음의 측정지수들은 그 뒤에 나올 통계 도표들을 요약하여 구성한 것이다. 이것은 개괄적인 수치임을 유념하기 바란다.

전쟁 국면

버블에서 비롯되는 다른 전형적인 사례와 달리, 이 부채 위기는 제1차 세계대전 때문에 시작되었다. 전쟁 기간 동안 독일은 거액의 재정 적자를 충당하기 위해 많은 돈을 차입했고, 전시 경제체제로 이행했다. 그리고 많은 노동력을 병력과 군수물자 생산으로 재배치했다. 따라서 당시의 경제 통계는 일반적인 경제 상황과 부합하지 않는다. 전쟁을 치르는 동안 부채 비율은 GDP 대비 158%로 상승했다. 그중 상당 부분이 외화 표시 부채(GDP 대비 64%)였다. 전쟁 피해로 이 기간 경제 성장률은 −6%로 미약했다.

전후 국면

전쟁이 끝난 후, 독일은 1918~1923년에 전후 불황과 국제수지 위기를 겪었다. 패전국인데다 거액의 외화 부채를 짊어졌기 때문에 고통은 승전국보다 훨씬 심각했다. 그리고 GDP(5% 하락)와 주가(97% 하락)

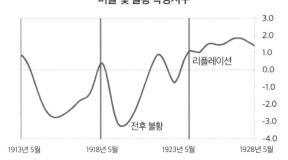

버블 및 불황 측정지수

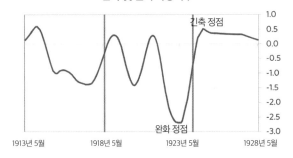

긴축 및 완화 측정지수

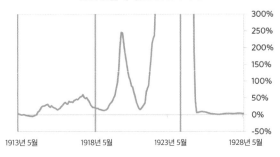

근원 인플레이션(전년 동기 대비)

독일 1918~1925년 사례 자동 요약 2

는 자기 강화적 하강 국면에 들어섰다. 실업률은 16% 증가했고, 금융기관들도 상당한 압박을 받았다. 독일은 디레버리징이 필요했지만, 오른쪽 결정 요인 차트에서 볼 수 있듯이 계속된 전비 지출(추악한 디레버리징 국면에서 재정 적자는 GDP 대비 7%로 최고치에 달함)과 소득 감소 등의 이유로 GDP 대비 부채 비율이 165%(연간 31%) 증가했다.

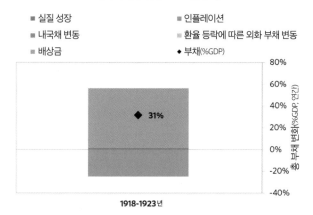

디레버리징 결정 요인: 불황기

- 실질 성장
- 내국채 변동
- 배상금
- 인플레이션
- 환율 등락에 따른 외화 부채 변동
- ◆ 부채(%GDP)

◆ 31%

1918-1923년

---

* 앞의 두 도표는 각각 버블/불황 상태와 통화 및 신용의 긴축/완화를 측정한 지수를 보여준다. 각 측정값과 기준선 0 사이의 차이는 버블의 정도를 나타내는 한편, 기준선 위아래를 교차하는 지점은 버블 국면으로의 진입과 탈출을 나타낸다.

독일 1918~1925년 사례 자동 요약 3

리플레이션 국면

국제수지 위기와 통화 위기가 어떤 양상으로 전개될지는 자본 흐름의 역전 현상에 대한 정책 입안자의 대응 방식에 따라 크게 달라진다. 구체적으로 말해, (고통스럽지만 위기 해결을 위해 필요한) 긴축 정책을 시행하고 그에 따른 여파가 시장에 그대로 전해지도록 허용하는 방식으로 대응할 것인가, 혹은 자본 이탈로 인한 공백을 메우기 위해 (인플레이션 유발 가능성을 무릅쓰고서라도) 다량의 화폐를 찍어내는 방안으로 대응할 것인가 등에 따라 달라질 수 있다. 당시 독일은 긴축 정책이 충분한 조정 효과를 내기도 전에 환율 폭락과 하이퍼인플레이션이라는 소용돌이에 휩싸이고 말았다. 인플레이션은 최고 10,000%에 달했다. 독일에 심각한 악성 인플레이션의 전형적인 '위험 요인' 대부분이 존재했다는 점을 고려하면 납득이 가는 수준이었다(가장 큰 위험 요인은 재정 적자). 독일은 부채 문제 해결의 전형적인 9가지 정책 수단 중 5개를 활용하며 적극적으로 금융기관과 악성 부채를 관리했다. 그러나 당연하게도 악성 인플레이션을 막기 위해, 결국 극심하게 폭등한 마르크 지폐Papiermark를 포

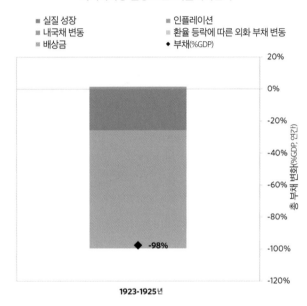

디레버리징 결정 요인: 리플레이션기

- 실질 성장
- 내국채 변동
- 배상금
- 인플레이션
- 환율 등락에 따른 외화 부채 변동
- ◆ 부채(%GDP)

◆ -98%

1923-1925년

기하고 1924년 라이히스마르크를 채택하는 등 더욱 중대한 구조적 변화를 겪어야 했다. 실질 GDP는 과거 최고치로 복귀하기까지 15년이 걸렸다.

독일 1918~1925년 통계 도표 모음 1

부채

독일 정부 부채(추정치, %GDP)

■ 내국채 우위   ■ 외화 부채 우위   ◇ 도스안(Dawes Plan)으로 유예된 부채 조정분

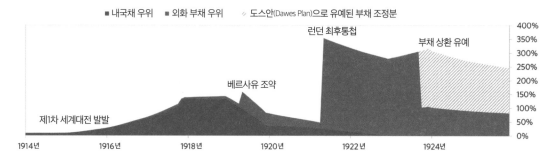

통화 및 재정 정책

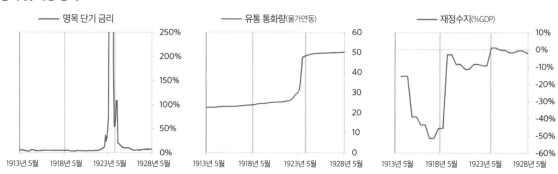

경제 상황

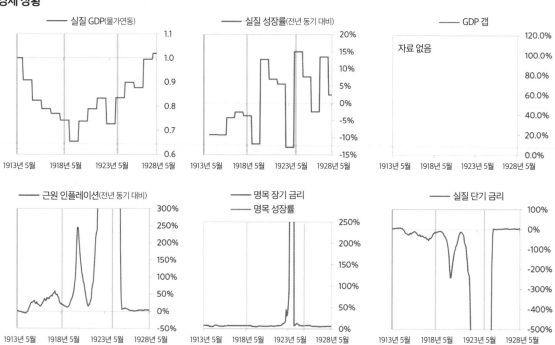

독일 1918~1925년 통계 도표 모음 2

시장

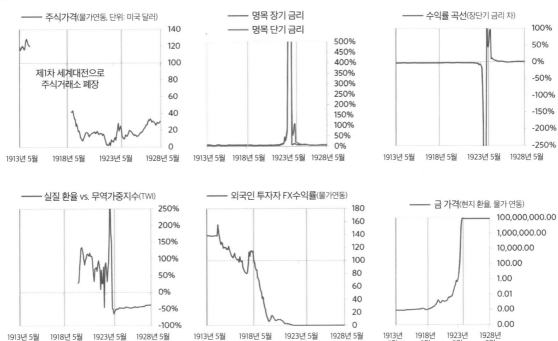

대외 포지션

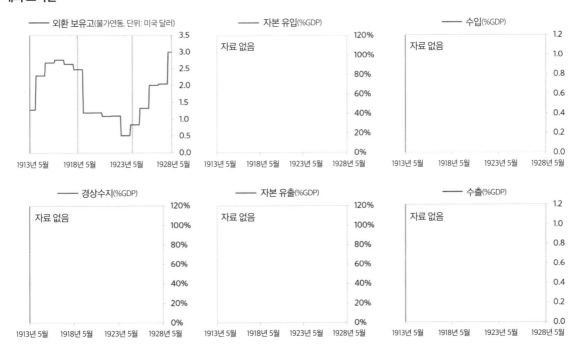

독일 1918~1925년 통계 도표 모음 3

재정 및 국방

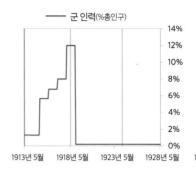

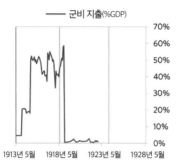

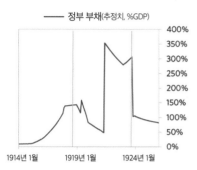

아르헨티나 1977~1988년 사례 자동 요약 1

오른쪽의 도표에서 볼 수 있듯이 아르헨티나는 1977~1988년 사이에 전형적인 하이퍼인플레이션 유발형 디레버리징 사이클을 경험했다.

다음의 측정지수들은 그 뒤에 나올 통계 도표들을 요약하여 구성한 것이다. 이것은 개괄적인 수치임을 유념하기 바란다.

버블 국면

당시 아르헨티나의 버블 국면은 1977년부터 1980년까지 지속되었다. 버블 국면이 조성된 원인은 부채 증가, 자기자본 수익률의 증가, 경제 성장률 증가가 맞물리며 자기 강화적 상승 국면이 만들어진 데 있다. 버블이 끝날 무렵, 부채는 위기 이전 최고치로 GDP의 39%에 이르렀다. 그중 상당 부분이 외화 표시 부채(GDP 대비 15%)였기 때문에 외국 자본의 철수 가능성이 상당히 존재했다. 버블 국면에서 평균 투자 유입은 GDP의 약 2%로, 저조하게나마 지속되었다. 이러한 부채와 자본의 증가로 인해 완만한 경제 성장률(2%)을 보였고, 경제 활동 수준은 높았다(GDP 갭 최고 8%). 게다가 높은 자산 수익률(버블 기간 동안 주식 연평균 수익률 52%)은 더 많은 대출을 자극하고 성장을 촉진했다. 실질 환율은 최고 +70%에 달하면서, 경쟁력 문제가 불거졌다. 버블의 압력에 외국 자본 의존도가 높은 상황이었던 아르헨티나는 관련국의 경기 위축까지 맞물리며 버블 국면은 결국 지속 불가능한

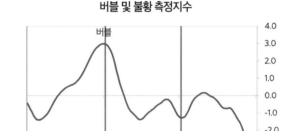

버블 및 불황 측정지수

긴축 및 완화 측정지수

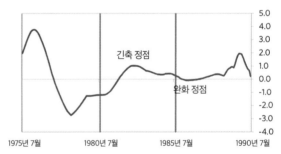

근원 인플레이션(전년 동기 대비)

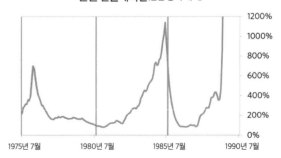

상황이 되었다.

불황 국면

부채 사이클의 방향이 바뀌면서 결국 버블은 자기 강화적 특성상 터질 수밖에 없었다. 그리고 국제수지 위기와 통화 위기가 발생하며 불황 국면으로 진입하게 되었다. 이 국면은 1980년부터 1985년까지 지속되었다. 아르헨티나는 높은 부채 수준으로 인해 1980년대 남미 부채 위기와 같은 충격에 취약해졌다. 아르헨티나는 외국 자본의 감소(자본 유입 GDP 대비 9% 감소)로 인해 긴축을 단행하고(정책 입안자들은 단기 금리를 250% 이상 인상), 큰 폭의 통화 가치 하락을 감수해야 했다(실질 환율 93% 하락). 동시에 GDP(14% 하락)와 주가(91% 하락)는 자기 강화적 하강 국면에 들어섰다. 실업률은 3% 증가한 한편, 통화 약세로 높은 인플레이션을 초래했다. 금융기관들도 상당한 압박을 받았다. 한편 중앙은행은 외환 보유고를 이용해(외환 보유고 83% 감소) 환율을 방어했으나, 나중에는 포기했다.

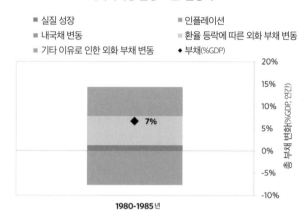

디레버리징 결정 요인: 불황기

- ■ 실질 성장
- ■ 인플레이션
- ■ 내국채 변동
- ■ 환율 등락에 따른 외화 부채 변동
- ■ 기타 이유로 인한 외화 부채 변동
- ◆ 부채(%GDP)

◆ 7%

1980-1985년

아르헨티나는 디레버리징이 필요했지만, 위쪽의 결정 요인 차트에서 볼 수 있듯이 통화 가치 하락(이로 인해 외화 부채 부담 증가)과 위기에 대응하기 위한 정부 채무의 증가(재정 적자는 GDP 대비 5%로 최고치에 달함)로 인해 GDP 대비 부채 비율이 33%(연간 7%) 증가했다.

---

* 앞의 두 도표는 각각 버블/불황 상태와 통화 및 신용의 긴축/완화를 측정한 지수를 보여준다. 각 측정값과 기준선 0 사이의 차이는 버블의 정도를 나타내는 한편, 기준선 위아래를 교차하는 지점은 버블 국면으로의 진입과 탈출을 나타낸다.

아르헨티나 1977~1988년 사례 자동 요약 3

리플레이션 국면

국제수지 위기와 통화 위기가 어떤 양상으로 전개될지는 자본 흐름의 역전 현상에 대한 정책 입안자의 대응 방식에 따라 크게 달라진다. 구체적으로 말해, (고통스럽지만 위기 해결을 위해 필요한) 긴축 정책을 시행하고 그에 따른 여파가 시장에 그대로 전해지도록 허용하는 방식으로 대응할 것인가, 혹은 자본 이탈로 인한 공백을 메우기 위해 (인플레이션 유발 가능성을 무릅쓰고서라도) 다량의 화폐를 찍어내는 방안으로 대응할 것인가 등에 따라 달라질 수 있다. 당시 아르헨티나는 긴축 정책이 충분히 조정 효과를 내기도 전에 환율 폭락과 하이퍼인플레이션이라는 소용돌이에 휩싸이고 말았다. 실질 환율은 최저 -138%, 인플레이션은 최고 1,000%까지 기록했다. 아르헨티나에 심각한 악성 인플레이션의 전형적인 '위험 요인'이 적잖게 존재했다는 점을 고려하면 납득이 가는 수준이었다(가장 큰 위험 요인은 낮은 단기 실질 금리). 아르헨티나는 부채 문제 해결의 전형적인 9가지 정책 수단 중 3개를 활용하며 다소 적극적으로 금융기관과 악성 부채를 관리했다. 특히 은행을 국유화하고, 유동성을

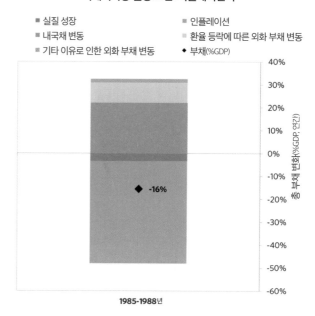

디레버리징 결정 요인: 리플레이션기

- 실질 성장
- 인플레이션
- 내국채 변동
- 환율 등락에 따른 외화 부채 변동
- 기타 이유로 인한 외화 부채 변동
- ◆ 부채(%GDP)

총 부채 변화(%GDP, 연간)

◆ -16%

1985-1988년

공급했다. 또한 IMF의 지원도 받았다. 그러나 당연하게도 결국 악성 인플레이션을 막기 위해, 극도로 폭등한 페소 레이Peso ley를 포기하고 1983년 페소 아르헨티노Peso argentino를 채택하는 등 더 중대한 구조적 변화를 겪어야 했다. 실질 GDP는 과거 최고치로 복귀하기까지 7년이 걸렸다.

아르헨티나 1977~1988년 통계 도표 모음 1

부채

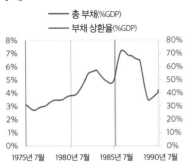

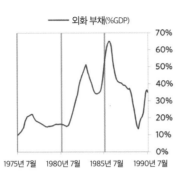

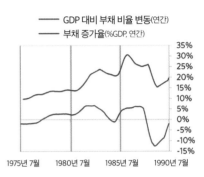

통화 및 재정 정책

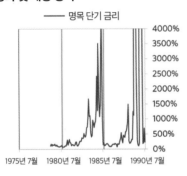

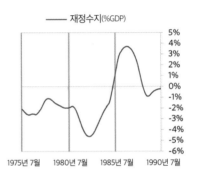

경제 상황

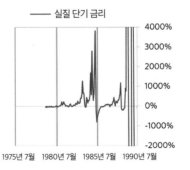

아르헨티나 1977~1988년 통계 도표 모음 2

시장

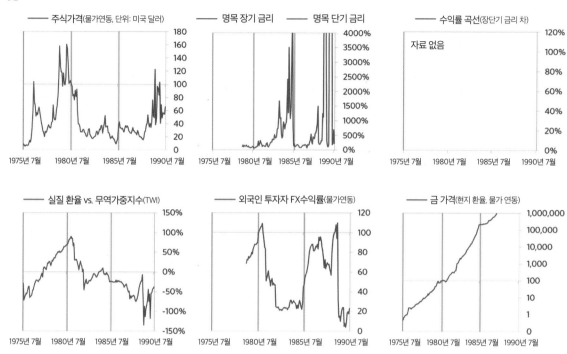

대외 포지션

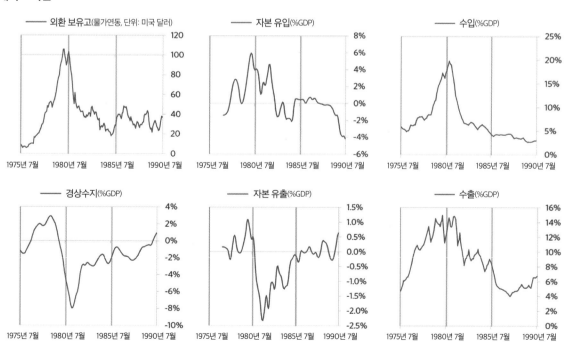

브라질 1977~1987년 사례 자동 요약 1

오른쪽의 도표에서 볼 수 있듯이 브라질은 1977~1987년 사이에 전형적인 인플레이션 유발형 디레버리징 사이클을 경험했다.

아래의 측정지수들은 그 뒤에 나올 통계 도표들을 요약하여 구성한 것이다. 이것은 개괄적인 수치임을 유념하기 바란다.

버블 국면

브라질은 다른 사례들과 달리 위기 이전 몇 년 동안 버블을 광범위하게 경험하지 않았다. 하지만 버블 혹은 그에 준하는 상황에 처해 있던 다른 국가나 경제권, 금융시장과 밀접한 관련을 맺고 있었다. 그리고 지속 불가능한 자본의 대거 유입으로 부채는 위기 이전 GDP 대비 158%에 달하면서, 부채가 상당히 누적된 상태였다. 그중 상당 부분이 외화 표시 부채(GDP 대비 70%)였기 때문에 외국 자본의 철수 가능성이 상당히 존재했다. 또한 경상수지 적자가 GDP의 5%를 기록하고, 꾸준한 투자 유입으로 외국 자본 의존도가 높아졌다(위기 이전 투자 유입은 수년간 평균 6%). 이처럼 브라질은 부채 비율이 높고 외국 자본 의존도가 높은 상황에서 관련국의 경기 위축까지 맞물리며 버블 국면은 결국 지속 불가능한 상황이 되었다.

버블 및 불황 측정지수

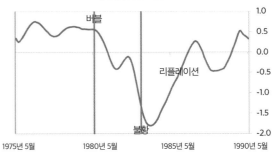

긴축 및 완화 측정지수

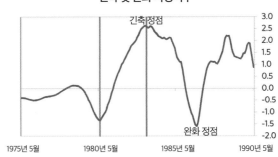

근원 인플레이션(전년 동기 대비)

브라질 1977~1987년 사례 자동 요약 2

불황 국면

사이클의 방향이 바뀌면서 결국 버블은 자기 강화적 특성상 터질 수밖에 없었다. 그리고 국제수지 위기와 통화 위기가 발생하며 불황 국면으로 진입하게 되었다. 이 국면은 1980년부터 1983년까지 지속되었다. 브라질은 높은 부채 수준으로 인해 1980년대 남미 부채 위기와 같은 충격에 취약해졌다. 브라질은 외국 자본의 감소(자본 유입 GDP 대비 5% 감소)로 인해 긴축을 단행하고(정책 입안자들은 단기 금리를 234% 인상), 큰 폭의 통화 가치 하락을 감수해야 했다(실질 환율 20% 하락). 동시에 GDP(6% 하락)와 주가(51% 하락)는 자기 강화적 하강 국면에 들어섰다. 게다가 통화 약세로 초래된 인플레이션은 불황기 동안 최고 124%의 수준을 기록하여, 다른 유사 사례에 비해 높은 편이었다. 브라질에 심각한 악성 인플레이션의 전형적인 '위험 요인' 대부분이 존재했다는 점을 고려하면 납득이 가는 수준이었다(가장 큰 위험 요인은 낮은 단기 실질 금리). 금융기관들도 상당한 압박을 받았다. 한편 중

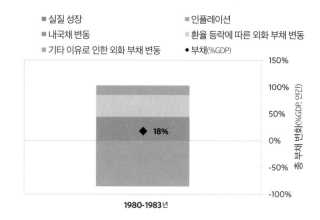

디레버리징 결정 요인: 불황기

- 실질 성장
- 인플레이션
- 내국채 변동
- 환율 등락에 따른 외화 부채 변동
- 기타 이유로 인한 외화 부채 변동
- ◆ 부채(%GDP)

◆ 18%

1980-1983년

앙은행은 외환 보유고를 헐어(외환 보유고 70% 감소) 환율을 방어했으나, 나중에는 포기했다. 브라질은 디레버리징이 필요했지만, 위쪽의 결정 요인 차트에서 볼 수 있듯이 통화 가치의 하락(외화 부채 부담이 증가함)과 위기 대응을 위한 정부 차입 증가(재정 적자는 GDP 대비 11%의 최고치에 달함) 등의 이유로 GDP 대비 부채 비율이 54%(연간 18%) 증가했다.

---

* 앞의 두 도표는 각각 버블/불황 상태와 통화 및 신용의 긴축/완화를 측정한 지수를 보여준다. 각 측정값과 기준선 0 사이의 차이는 버블의 정도를 나타내는 한편, 기준선 위아래를 교차하는 지점은 버블 국면으로의 진입과 탈출을 나타낸다.

브라질 1977~1987년 사례 자동 요약 3

리플레이션 국면

국제 수지 위기와 통화 위기가 어떤 양상으로 전개될지는 자본 흐름의 역전 현상에 대한 정책 입안자의 대응 방식에 따라 크게 달라진다. 구체적으로 말해, (고통스럽지만 위기 해결을 위해 필요한) 긴축 정책을 시행하고 그에 따른 긴축의 여파가 시장에 그대로 전해지도록 허용하는 방식으로 대응할 것인가, 혹은 자본 이탈에 의한 공백을 해결하기 위해 (인플레이션 유발 가능성을 무릅쓰고서라도) 다량의 화폐를 찍어내는 방안으로 대응할 것인가 등에 따라 달라질 수 있다. 당시 정책 입안자들은 고정 환율제Currency peg를 포기하고, 평균보다 약간 긴 '추악한' 디레버리징 국면을 거친 후 긴축 재정에 돌입하여 수입 규모를 줄였다 (경상수지 GDP 대비 3% 개선). 그리고 자국 통화의 보유 매력도를 올리려고 했다. 브라질은 부채 문제 해결의 전형적인 9가지 정책 수단 중 4개를 활용하며 적극적으로 금융기관과 악성 부채를 관리했다. 특히 은행을 국유화하고, 유동성을 공급했다. 또한 IMF의 지원도 받았다. 오른쪽의 결정 요인 차트에서 볼 수 있듯이 조정 기간 동안 부채 비율은 GDP 대비 121%

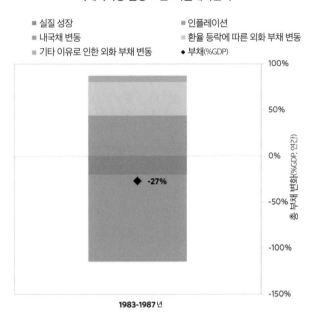

디레버리징 결정 요인: 리플레이션기

■ 실질 성장 ■ 인플레이션
■ 내국채 변동 ■ 환율 등락에 따른 외화 부채 변동
■ 기타 이유로 인한 외화 부채 변동 ◆ 부채(%GDP)

◆ -27%

1983-1987년

(연간 27%) 감소했다. 소득 대비 부채 비율이 감소한 가장 큰 요인은 명목 소득의 증가였다. 한편 브라질의 통화 가치는 상당히 하락(아름다운 디레버리징 기간 실질 환율의 -33%로 최저치 기록)한 후 다시 가격 경쟁력을 갖추게 되었다. 실질 GDP가 과거 최고치로 복귀하기까지 4년, 주가(미 달러 기준)가 회복되기까지는 1.9년이 걸렸다(미 달러 기준).

브라질 1977~1987년 통계 도표 모음 1

부채

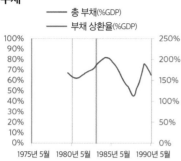

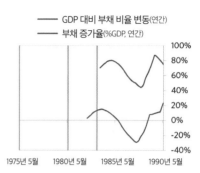

통화 및 재정 정책

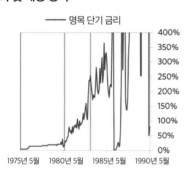

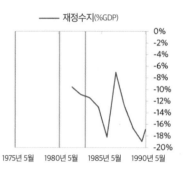

경제 상황

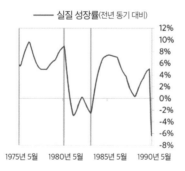

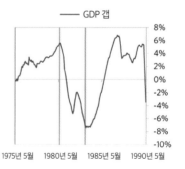

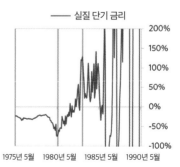

브라질 1977~1987년 통계 도표 모음 2

시장

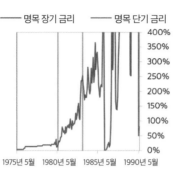

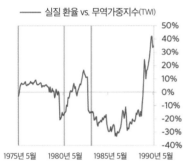

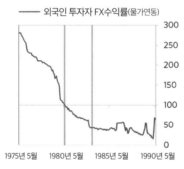

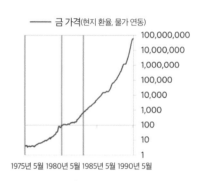

대외 포지션

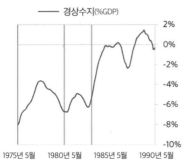

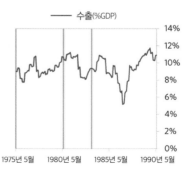

칠레 1978~1995년 사례 자동 요약 1

오른쪽의 도표에서 볼 수 있듯이 칠레는 1978~1995년 사이에 전형적인 인플레이션 유발형 디레버리징 사이클을 경험했다.

다음의 측정지수들은 그 뒤에 나올 통계 도표들을 요약하여 구성한 것이다. 이것은 개괄적인 수치임을 유념하기 바란다.

버블 국면

당시 칠레의 버블 국면은 1978년부터 1981년까지 지속되었다. 버블 국면이 조성된 원인은 자본 유입의 과도한 증가, 부채 증가, 자기자본 수익률 증가, 경제 성장률 증가가 맞물리며 자기 강화적 상승 국면이 만들어진 데 있다. 버블이 발생하는 동안 부채는 GDP 대비 86% 증가하여 위기 이전 최고치로 GDP의 145%에 달했다. 그중 상당 부분이 외화 부채(GDP 대비 32%)였기 때문에 외국 자본의 철수 가능성이 상당히 존재했다. 버블 국면에서 평균 투자 유입은 GDP 대비 약 14%로 꽤 활발하여, GDP 대비 11%에 해당하는 경상 수지 적자를 메우는 데 도움이 되었다. 부채와 자본의 증가로 인해 높은 경제 성장률(7%)을 보였고, 경제 활동 수준도 높았다(GDP 갭 최고 11%). 게다가 높은 자산 수익률(버블 기간 동안 주식 연평균 수익률 36%)은 더 많은 대출을 자극하고 성장을 촉진했다. 실질 환율은 최고 +36%에 달하면서, 경쟁력 문제가 불거졌다. 버블 압력에 외국 자본 의존도가 높은 상황이었던 칠레

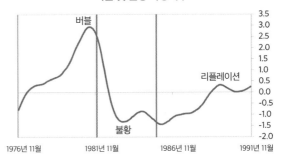

버블 및 불황 측정지수

버블

리플레이션

불황

1976년 11월   1981년 11월   1986년 11월   1991년 11월

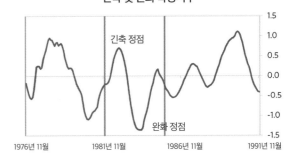

긴축 및 완화 측정지수

긴축 정점

완화 정점

1976년 11월   1981년 11월   1986년 11월   1991년 11월

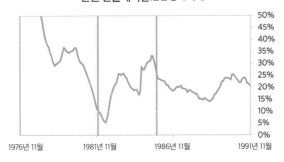

근원 인플레이션(전년 동기 대비)

1976년 11월   1981년 11월   1986년 11월   1991년 11월

칠레 1978~1995년 사례 자동 요약 2

는 관련국의 경기 위축까지 맞물리며 버블 국면은 결국 지속 불가능한 상황이 되었다.

불황 국면

사이클의 방향이 바뀌면서 결국 버블은 자기 강화적 특성상 터질 수밖에 없었다. 그리고 국제수지 위기와 통화 위기가 발생하며 불황 국면으로 진입하게 되었다. 이 국면은 1981년부터 1985년까지 지속되었다. 칠레의 부채 상환은 위기 이전 최고치로 GDP의 45%에 달하며 1980년대 남미 부채 위기와 같은 충격에 취약해졌다. 칠레는 외국 자본의 감소(자본 유입이 GDP 대비 40% 감소)로 인해 긴축을 단행하고(정책 입안자들은 단기 금리를 31% 인상), 큰 폭의 통화 가치 하락을 감수해야 했다(실질 환율 50% 하락). 동시에 GDP(14% 하락)와 주가(74% 하락)는 자기 강화적 하강 국면에 들어섰다. 게다가 통화 약세로 초래된 인플레이션은 불황기 동안 최고 33%로 높은 수준을 기록하여, 다른 유사 사례와 비슷한 편이었다. 칠레에 심각한 악성

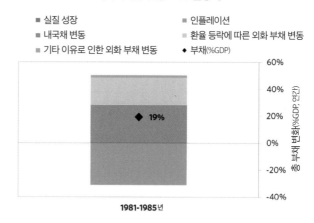

디레버리징 결정 요인: 불황기

- 실질 성장
- 인플레이션
- 내국채 변동
- 환율 등락에 따른 외화 부채 변동
- 기타 이유로 인한 외화 부채 변동
- ◆ 부채(%GDP)

1981-1985년

인플레이션의 전형적인 '위험 요인' 대부분이 존재했다는 점을 고려하면 의외였다(가장 큰 위험 요인은 인플레이션 통제력의 결여). 금융기관들도 상당한 압박을 받았다. 한편 중앙은행은 외환 보유고를 이용해(외환 보유고 53% 감소) 환율을 방어했으나, 나중에는 포기했다. 칠레는 디레버리징이 필요하지만, 위쪽의 결정 요인 차트에서 볼 수 있듯이 통화 가치의 하락(외화 부채 부담이 증가함)과 위기 대응을 위한 정부 차입 증가(재정 적자 GDP 대비 4%로 최고치)로 GDP 대비 부채 비율이 73%(연간 19%) 증가했다.

---

* 앞의 두 도표는 각각 버블/불황 상태와 통화 및 신용의 긴축/완화를 측정한 지수를 보여준다. 각 측정값과 기준선 0 사이의 차이는 버블의 정도를 나타내는 한편, 기준선 위아래를 교차하는 지점은 버블 국면으로의 진입과 탈출을 나타낸다.

칠레 1978~1995년 사례 자동 요약 3

리플레이션 국면

국제수지 위기와 통화 위기가 어떤 양상으로 전개될지는 자본 흐름의 역전 현상에 대한 정책 입안자의 대응 방식에 따라 크게 달라진다. 구체적으로 말해, (고통스럽지만 위기 해결을 위해 필요한) 긴축 정책을 시행하고 그에 따른 여파가 시장에 그대로 전해지도록 허용하는 방식으로 대응할 것인가, 혹은 자본 이탈에 따른 공백을 해결하기 위해 (인플레이션 유발 가능성을 무릅쓰고서라도) 다량의 화폐를 찍어내는 방안으로 대응할 것인가 등에 따라 달라질 수 있다. 당시 정책 입안자들은 고정 환율제를 포기하고, 평균보다 약간 긴 추악한 디레버리징 국면을 거친 후, 긴축 재정에 돌입하여 수입 규모를 줄였으며(경상수지가 GDP 대비 11% 개선), 자국 통화의 보유 매력도를 올리려 했다. 칠레는 부채 문제 해결의 전형적인 9가지 정책 수단 중 5개를 활용하며 적극적으로 금융기관과 악성 부채를 관리했다. 특히 유동성을 공급하고, 부실 자산을 직접 인수했다. 또한 IMF의 지원을 받고, 노동시장의 유연성을 높이기 위해 구조 개혁도 시행했다. 오른쪽의 결정 요인 차트에서 볼 수 있듯이 조정 기

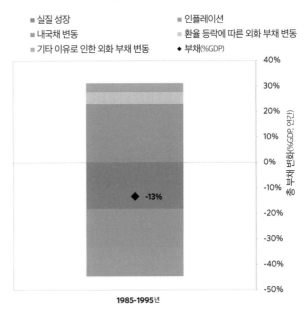

디레버리징 결정 요인: 리플레이션기

- ■ 실질 성장
- ■ 인플레이션
- ■ 내국채 변동
- ■ 환율 등락에 따른 외화 부채 변동
- ■ 기타 이유로 인한 외화 부채 변동
- ◆ 부채(%GDP)

1985-1995년

간 동안 부채 비율은 GDP 대비 129%(연간 13%) 감소했다. 소득 대비 부채 비율이 감소한 가장 큰 요인은 명목 소득의 증가였다. 한편 칠레의 통화 가치는 상당히 하락(아름다운 디레버리징 기간의 실질 환율의 −32% 최저치 기록)한 후, 다시 가격 경쟁력을 갖추게 되었다. 실질 GDP가 과거 최고치로 복귀하기까지 5년, 주가(미 달러 기준)가 회복되기까지는 9년이 걸렸다.

칠레 1978~1995년 통계 도표 모음 1

부채

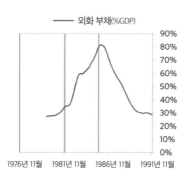

통화 및 재정 정책

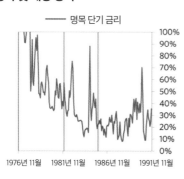

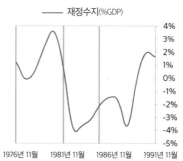

경제 상황

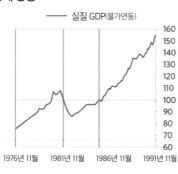

칠레 1978~1995년 통계 도표 모음 2

시장

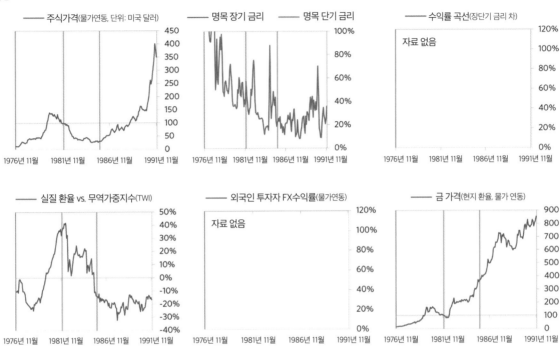

주식가격(물가연동, 단위: 미국 달러)

명목 장기 금리 · 명목 단기 금리

수익률 곡선(장단기 금리 차)
자료 없음

실질 환율 vs. 무역가중지수(TWI)

외국인 투자자 FX수익률(물가연동)
자료 없음

금 가격(현지 환율, 물가 연동)

대외 포지션

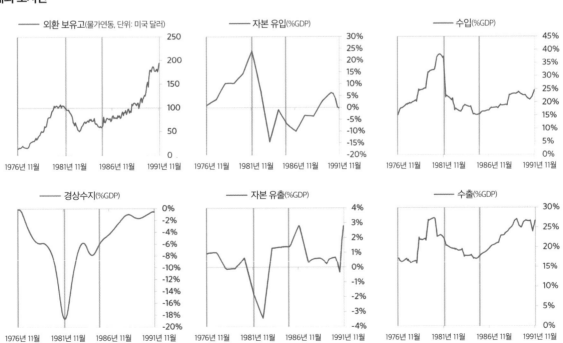

외환 보유고(물가연동, 단위: 미국 달러)

자본 유입(%GDP)

수입(%GDP)

경상수지(%GDP)

자본 유출(%GDP)

수출(%GDP)

멕시코 1979~1991년 사례 자동 요약 1

오른쪽의 도표에서 볼 수 있듯이 멕시코는 1979~1991년 사이에 전형적인 인플레이션 유발형 디레버리징 사이클을 경험했다.

다음의 측정지수들은 그 뒤에 나올 통계 도표들을 요약하여 구성한 것이다. 이것은 개괄적인 수치임을 유념하기 바란다.

버블 국면

당시 멕시코의 버블 국면은 1979년부터 1991년까지 지속되었다. 버블 국면이 조성된 원인은 자본 유입의 과도한 증가, 부채 증가, 경제 성장률 증가가 맞물리며 자기 강화적 상승 국면이 만들어진 데 있다. 버블이 끝날 무렵, 부채는 위기 이전 최고치로 GDP 대비 65%에 이르렀다. 그중 상당 부분이 외화 부채(GDP 대비 26%)였기 때문에 외국 자본의 철수 가능성이 상당히 존재했다. 버블 국면에서 평균 투자 유입은 GDP 대비 약 8%로 꽤 활발하여, GDP의 6%에 해당하는 경상수지 적자를 메우는 데 도움이 되었다. 이러한 부채와 자본의 증가로 인해 높은 경제 성장률(9%)을 보였고, 경제 활동 수준도 높았다(GDP 갭 최고 9%). 실질 환율은 최고 +30%에 달하면서, 경쟁력 문제가 대두되었다. 버블 압력에 외국 자본 의존도가 매우 높은 상황이었던 멕시코는 관련국의 경기 위축까지 맞물리며 버블 국면은 결국 지속 불가능한 상황이 되었다.

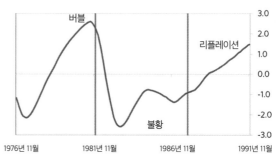

버블 및 불황 측정지수

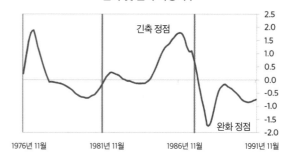

긴축 및 완화 측정지수

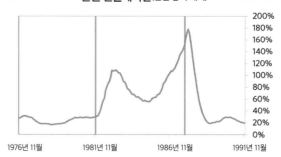

근원 인플레이션(전년 동기 대비)

멕시코 1979~1991년 사례 자동 요약 2

불황 국면

사이클의 방향이 바뀌면서 결국 버블은 자기 강화적 특성상 터질 수밖에 없었다. 그리고 국제수지 위기와 통화 위기가 발생하며 불황 국면으로 진입하게 되었다. 이 국면은 1981년부터 1987년까지 지속되었다. 부채 상환은 위기 이전 최고치로 GDP의 31%에 달한 멕시코는 1980년대 남미 부채 위기와 유가 하락이라는 충격에 취약해졌다. 멕시코는 외국 자본의 감소(자본 유입이 GDP 대비 17% 감소)로 인해 긴축을 단행하고(정책 입안자들은 단기 금리를 128% 인상), 큰 폭의 통화 가치 하락을 감수해야 했다(실질 환율 74% 하락). 동시에 GDP(7% 하락)와 주가(86% 하락)는 자기 강화적 하강 국면에 들어섰다. 게다가 높은 통화 약세로 초래된 인플레이션 상승은 불황기 동안 151%로 정점을 찍으며, 다른 유사 사례에 비해 높은 편이었다. 멕시코에 심각한 악성 인플레이션의 전형적인 '위험 요인'이 대부분 존재했다는 점을 고려하면 납득이 가는 수준이었다(가장 큰 위험 요인은 재정 적자). 금융기관들

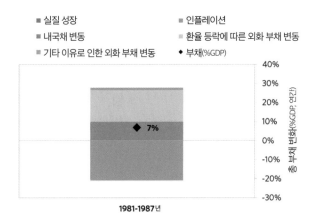

디레버리징 결정 요인: 불황기

- 실질 성장
- 내국채 변동
- 기타 이유로 인한 외화 부채 변동
- 인플레이션
- 환율 등락에 따른 외화 부채 변동
- ◆ 부채(%GDP)

◆ 7%

1981-1987년

도 상당한 압박을 받았다. 한편 중앙은행은 외환 보유고를 이용해(외환 보유고 66% 감소) 환율을 방어했으나, 나중에는 포기했다. 멕시코는 디레버리징이 필요했지만, 위쪽의 결정 요인 차트에서 볼 수 있듯이 통화 가치의 하락(외화 부채 부담 증가)과 위기 대응을 위한 정부 차입 증가(재정 적자 GDP 대비 13%로 최고치에 달함) 등의 이유로 GDP 대비 부채 비율이 41%(연간 7%) 증가했다.

---

* 앞의 두 도표는 각각 버블/불황 상태와 통화 및 신용의 긴축/완화를 측정한 지수를 보여준다. 각 측정값과 기준선 0 사이의 차이는 버블의 정도를 나타내는 한편, 기준선 위아래를 교차하는 지점은 버블 국면으로의 진입과 탈출을 나타낸다.

멕시코 1979~1991년 사례 자동 요약 3

리플레이션 국면

국제수지 위기와 통화 위기가 어떤 양상으로 전개될지는 자본 흐름의 역전 현상에 대한 정책 입안자의 대응 방식에 따라 크게 달라진다. 구체적으로 말해, (고통스럽지만 위기 해결을 위해 필요한) 긴축 정책을 시행하고 그에 따른 여파가 시장에 그대로 전해지도록 허용하는 방식으로 대응할 것인가, 혹은 자본 이탈에 의한 공백을 해결하기 위해 (인플레이션 유발 가능성을 무릅쓰고서라도) 다량의 화폐를 찍어내는 방안으로 대응할 것인가 등에 따라 달라질 수 있다. 당시 정책 입안자들은 고정 환율제를 포기하고, 비교적 긴 추악한 디레버리징 국면을 거친 후 긴축 재정에 돌입하여 수입 규모를 줄였다(GDP 대비 경상수지 10% 개선). 그리고 자국 통화의 보유 매력도를 올리려 했다. 멕시코는 부채 문제 해결의 전형적인 9가지 정책 수단 중 2개만 활용하며 소극적으로 금융기관과 악성 부채를 관리했다. 또한 IMF의 지원을 받고, 노동시장의 유연성을 높이기 위해 구조 개혁도 시행했다. 오른쪽의 결정 요인 차트에서 볼 수 있듯이 조정 기간 동안 부채 비율은 GDP 대비 31%(연간 8%) 감소했다.

디레버리징 결정 요인: 리플레이션기

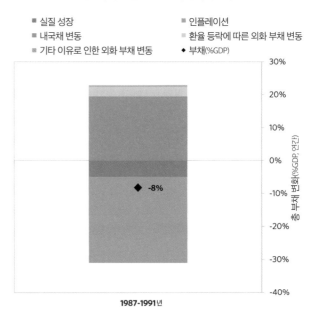

■ 실질 성장　　　　　　　　■ 인플레이션
■ 내국채 변동　　　　　　　■ 환율 등락에 따른 외화 부채 변동
■ 기타 이유로 인한 외화 부채 변동　　◆ 부채(%GDP)

1987-1991년

소득 대비 부채 비율이 감소한 가장 큰 요인은 명목 소득의 증가였다. 한편 멕시코의 통화 가치는 상당히 하락(아름다운 디레버리징 기간 실질 환율의 −44%로 최저치 기록)한 후 다시 가격 경쟁력을 갖추게 되었다. 실질 GDP가 과거 최고치로 복귀하기까지 7년, 주가(미 달러 기준)가 회복되기까지는 6년이 걸렸다.

멕시코 1979~1991년 통계 도표 모음 1

부채

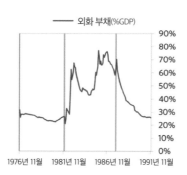

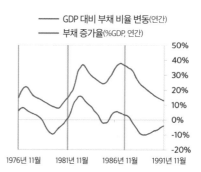

통화 및 재정 정책

경제 상황

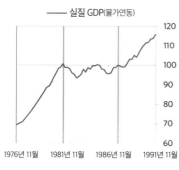

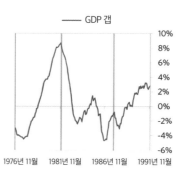

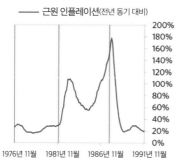

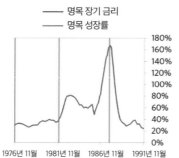

멕시코 1979~1991년 통계 도표 모음 2

시장

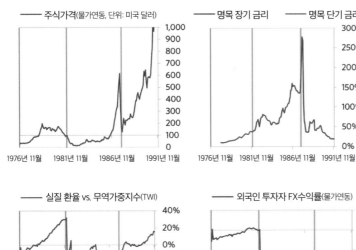

주식가격(물가연동, 단위: 미국 달러)

명목 장기 금리 　명목 단기 금리

수익률 곡선(장단기 금리 차)

자료 없음

실질 환율 vs. 무역가중지수(TWI)

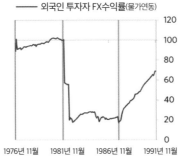

외국인 투자자 FX수익률(물가연동)

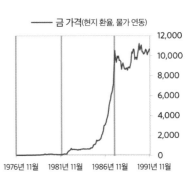

금 가격(현지 환율, 물가 연동)

대외 포지션

외환 보유고(물가연동, 단위: 미국 달러)

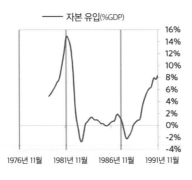

자본 유입(%GDP)

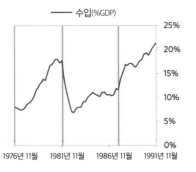

수입(%GDP)

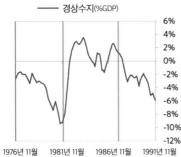

경상수지(%GDP)

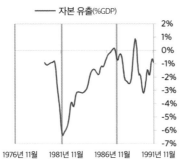

자본 유출(%GDP)

수출(%GDP)

페루 1980~1986년 사례 자동 요약 1

오른쪽의 도표에서 볼 수 있듯이 페루는 1980~1986년 사이에 전형적인 인플레이션 유발형 디레버리징 사이클을 경험했다.

다음의 측정지수들은 그 뒤에 나올 통계 도표들을 요약하여 구성한 것이다. 이것은 개괄적인 수치임을 유념하기 바란다.

버블 국면

페루는 다른 사례들과 달리 위기 이전 몇 년 동안 버블을 광범위하게 경험하지 않았지만, 버블 혹은 그에 준하는 상황에 처해 있던 다른 국가나 경제권, 금융시장과 밀접한 관련을 맺고 있었다. 그리고 위기 이전 부채 비율이 GDP의 107%에 달하면서, 부채가 상당히 누적된 상태였다. 그중 상당 부분이 외화 부채(GDP 대비 106%)였기 때문에 외국 자본의 철수 가능성이 상당히 존재했다. 또한 경상수지 적자가 GDP 대비 4%를 기록하고, 꾸준한 투자 유입으로 외국 자본 의존도가 높아졌다. 이처럼 페루는 부채 비율이 높고 외국 자본 의존도가 높은 상황에서 관련국의 경기 위축까지 맞물리며 버블 국면은 결국 지속 불가능한 상황이 되었다.

불황 국면

부채 사이클의 방향이 바뀌면서 결국 버블은 자기 강화적 특성상 터질 수밖에 없었다. 그리고 국제수지

버블 및 불황 측정지수

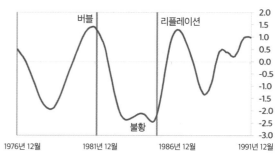

긴축 및 완화 측정지수

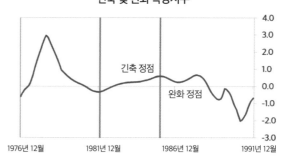

근원 인플레이션(전년 동기 대비)

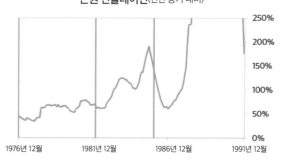

위기와 통화 위기가 발생하며 불황 국면으로 진입하게 되었다. 이 국면은 1982년부터 1985년까지 지속되었다. 높은 부채를 보유한 페루는 1980년 남미 부채 위기와 같은 충격에 취약해졌다. 그리고 GDP(13% 하락)와 주가(56% 하락)는 자기 강화적 하강 국면에 들어섰다. 실업률은 5% 증가한 한편, 통화 약세로 초래된 인플레이션 상승은 불황기에 최고 190% 수준을 기록하여, 다른 유사 사례에 비해 높은 편이었다. 페루에 심각한 악성 인플레이션의 전형적인 '위험 요인' 대부분이 존재했다는 점을 고려하면 납득이 가는 수준이었다(가장 큰 위험 요인은 낮은 단기 실질 금리). 금융기관들도 상당한 압박을 받았다. 한편 중앙은행은 외환 보유고를 이용해(외환 보유고 44% 감소) 환율을 방어했으나, 나중에는 포기하면서 통화 가치가 53% 하락했다. 페루는 디레버리징이 필요했지만, 오른쪽의 결정 요인 차트에서 볼 수 있듯이 통화 가치의 하락(외화 부채 부담이 증가함)과 위기 대응을 위한 정부 차입 증가(재정 적자 GDP 대비 5%로 최고치) 등으로 GDP

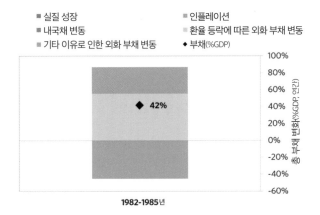

디레버리징 결정 요인: 불황기

■ 실질 성장　　　　　　■ 인플레이션
■ 내국채 변동　　　　　■ 환율 등락에 따른 외화 부채 변동
■ 기타 이유로 인한 외화 부채 변동　◆ 부채(%GDP)

◆ 42%

1982-1985년

대비 부채 비율이 163%(연간 42%) 증가했다.

---

* 앞의 두 도표는 각각 버블/불황 상태와 통화 및 신용의 긴축/완화를 측정한 지수를 보여준다. 각 측정값과 기준선 0 사이의 차이는 버블의 정도를 나타내는 한편, 기준선 위아래를 교차하는 지점은 버블 국면으로의 진입과 탈출을 나타낸다.

페루 1980~1986년 사례 자동 요약 3

리플레이션 국면

국제수지 위기와 통화 위기가 어떤 양상으로 전개될지는 자본 흐름의 역전 현상에 대한 정책 입안자의 대응 방식에 따라 크게 달라진다. (고통스럽지만 위기 해결을 위해 필요한) 긴축 정책을 시행하고 그 여파가 시장에 그대로 전해지도록 허용하는 방식, 혹은 자본 이탈에 의한 공백을 해결하기 위해 (인플레이션 유발 가능성을 무릅쓰고) 다량의 화폐를 찍어내는 방안으로 대응할 것인가에 따라 달라질 수 있다. 당시 정책 입안자들은 고정 환율제를 포기하고, 평균보다 약간 긴 '추악한' 디레버리징 국면을 거친 후 긴축 재정에 돌입하여 수입 규모를 줄였다(경상수지가 GDP 대비 13% 개선). 그리고 자국 통화의 보유 매력도를 올리려 했다. 페루는 부채 문제 해결의 전형적인 9가지 정책 수단 중 3개를 활용하며 다소 적극적으로 금융기관과 악성 부채를 관리했다. 특히 은행을 국유화하고, 유동성을 공급했다. 또한 IMF의 지원을 받고, 노동 시장의 유연성을 높이기 위해 구조 개혁도 시행했다. 오른쪽의 결정 요인 차트에서 볼 수 있듯이 조정 기간 동안 GDP 대비 부채 비율은 88%(연간 88%) 감소했

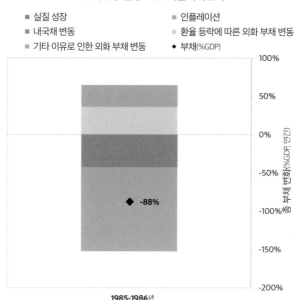

디레버리징 결정 요인: 리플레이션기

- 실질 성장
- 내국채 변동
- 기타 이유로 인한 외화 부채 변동
- 인플레이션
- 환율 등락에 따른 외화 부채 변동
- ◆ 부채(%GDP)

◆ -88%

1985-1986년

다. 소득 대비 부채 비율이 감소한 가장 큰 요인은 명목 소득의 증가였다. 한편 페루의 통화 가치는 상당히 하락(아름다운 디레버리징 기간 실질 환율의 -46%로 최저치 기록)한 후, 다시 가격 경쟁력을 갖추게 되었다. 실질 GDP가 과거 최고치로 복귀하기까지 4년, 주가 (미 달러 기준)가 회복되기까지는 6년이 걸렸다.

이 위기는 포퓰리스트 지도자로 잘 알려진 알란 가르시아 페레즈Alan Garcia Perez 대통령이 권력을 잡을 수 있는 발판으로 작용하면서 페루 정세에 지대한 영향을 미쳤다.

페루 1980~1986년 통계 도표 모음 1

부채

통화 및 재정 정책

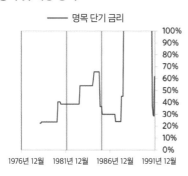

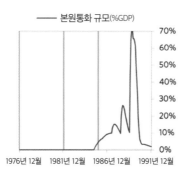

경제 상황

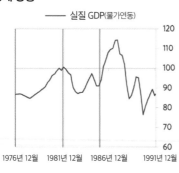

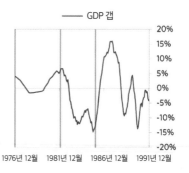

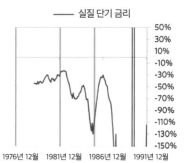

페루 1980~1986년 통계 도표 모음 2

시장

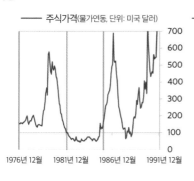

주식가격(물가연동, 단위: 미국 달러)

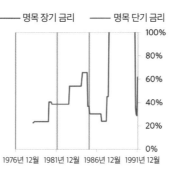

명목 장기 금리 — 명목 단기 금리

수익률 곡선(장단기 금리 차)

자료 없음

실질 환율 vs. 무역가중지수(TWI)

외국인 투자자 FX수익률(물가연동)

금 가격(현지 환율, 물가 연동)

대외 포지션

외환 보유고(물가연동, 단위: 미국 달러)

자본 유입(%GDP)

자료 없음

수입(%GDP)

경상수지(%GDP)

자본 유출(%GDP)

자료 없음

수출(%GDP)

필리핀 1979~1992년 사례 자동 요약 1

오른쪽의 도표에서 볼 수 있듯이 필리핀은 1979~1992년 사이에 전형적인 인플레이션 유발형 디레버리징 주기를 경험했다. 이는 외부 압력에 직면한 상황에서 '환율 방어를 포기한' 전형적인 사례이다. 환율 방어를 포기하면 일시적인 인플레이션이 유발되지만, 정책 입안자들은 유연하게 금리를 조정할 수 있게 된다.

다음의 측정지수들은 그 뒤에 나올 통계 도표들을 요약하여 구성한 것이다. 이것은 개괄적인 수치임을 유념하기 바란다.

버블 국면

당시 필리핀의 버블 국면은 1979년부터 1982년까지 지속되었다. 버블 국면이 조성된 원인은 자본 유입의 과도한 증가, 통화 수익률 증가에 따라 자기 강화적 상승 국면이 만들어진 데 있다. 버블이 발생하는 동안 부채는 GDP 대비 16% 증가하여 위기 이전 최고치로 GDP의 77%에 달했다. 그중 상당 부분이 외화 부채(GDP 대비 56%)였기 때문에 외국 자본의 철수 가능성이 상당히 존재했다. 버블 국면에서 평균 투자 유입은 GDP 대비 약 9%로 꽤 활발하여, GDP 대비 7%의 경상수지 적자를 메우는 데 도움이 되었다. 이러한 부채와 자본의 증가로 인해 높은 경제 성장률을(4%) 보였고, 경제 활동 수준도 높았다(GDP 갭 최고 9%). 실질 환율은 최고 +18%에 달하면서, 경쟁력 문제가 대두되었다. 버블 압력에 필리핀의 외국 자본 의존도가 높은 상황까지 맞물리며 버블 국면은 결국 지속 불가능한 상황이 되었다.

버블 및 불황 측정지수

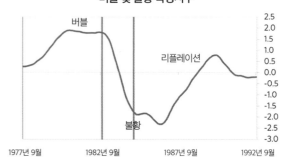

긴축 및 완화 측정지수

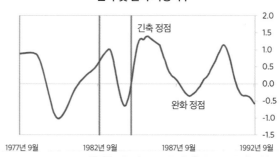

근원 인플레이션(전년 동기 대비)

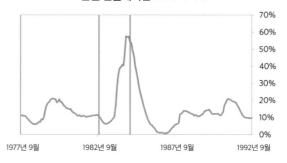

필리핀 1979~1992년 사례 자동 요약 2

불황 국면

부채 사이클의 방향이 바뀌면서 결국 버블은 자기 강화적 특성상 터질 수밖에 없었다. 그리고 국제수지 위기와 통화 위기가 발생하며 불황 국면으로 진입하게 되었다. 이 국면은 1982년부터 1984년까지 지속되었다. 높은 부채 수준을 보인 필리핀은 급격한 원자재 가격 하락과 정치적 폭력 등 외부 충격에 취약해졌다. 필리핀은 외국 자본의 감소(자본 유입이 GDP 대비 9% 감소)로 인해 긴축을 단행하고(정책 입안자들은 단기 금리를 34% 인상), 큰 폭의 통화 가치 하락을 감수해야 했다(실질 환율 16% 하락). 동시에 GDP(11% 하락)와 주가(71% 하락)는 자기 강화적 하강 국면에 들어섰다. 게다가 통화 약세로 초래된 인플레이션은 불황기 동안 최고 58%의 높은 수준을 기록하여, 다른 유사 사례와 비슷한 편이었다. 필리핀에 심각한 악성 인플레이션의 전형적인 '위험 요인'이 적잖게 존재했다는 점을 고려하면 납득이 가는 수준이었다(가장 큰 위험 요인은 높은 외화 부채 비중). 금융기관들도 상당한

디레버리징 결정 요인: 불황기

- 실질 성장
- 내국채 변동
- 기타 이유로 인한 외화 부채 변동
- 인플레이션
- 환율 등락에 따른 외화 부채 변동
- ◆ 부채(%GDP)

1982-1984년

압박을 받았다. 한편 중앙은행은 외환 보유고를 헐어(외환 보유고 100% 감소) 환율을 방어했으나, 나중에는 포기했다. 필리핀은 디레버리징이 필요했지만, 위쪽의 결정 요인 차트에서 볼 수 있듯이 GDP 대비 부채 비율은 거의 변동이 없었다.

---

* 앞의 두 도표는 각각 버블/불황 상태와 통화 및 신용의 긴축/완화를 측정한 지수를 보여준다. 각 측정값과 기준선 0 사이의 차이는 버블의 정도를 나타내는 한편, 기준선 위아래를 교차하는 지점은 버블 국면으로의 진입과 탈출을 나타낸다.

필리핀 1979~1992년 사례 자동 요약 3

리플레이션 국면

국제수지 위기와 통화 위기가 어떤 양상으로 전개될지는 자본 흐름의 역전 현상에 대한 정책 입안자의 대응 방식에 따라 크게 달라진다. 구체적으로 말해, (고통스럽지만 위기 해결을 위해 필요한) 긴축 정책을 시행하고 그에 따른 여파가 시장에 그대로 전해지도록 허용하는 방식으로 대응할 것인가, 혹은 자본 이탈에 의한 공백을 해결하기 위해 (인플레이션 유발 가능성을 무릅쓰고서라도) 다량의 화폐를 찍어내는 방안으로 대응할 것인가 등에 따라 달라질 수 있다. 당시 정책 입안자들은 고정 환율제를 포기하고, 평균보다 약간 짧은 추악한 디레버리징 국면을 거친 후 긴축 재정에 돌입하여 수입 규모를 줄였다(경상수지가 GDP 대비 7%로 개선). 그리고 자국 통화의 보유 매력도를 올리려 했다. 필리핀은 부채 문제 해결의 전형적인 9가지 정책 수단 중 7개를 활용하며 매우 적극적으로 금융기관과 악성 부채를 관리했다. 특히 은행을 국유화하고, 유동성을 공급했으며, 부실 자산을 직접 인수했다. 또한 IMF의 지원을 받고, 노동시장의 유연성을 높이기 위해 구조 개혁도 시행했다. 오른쪽의 결정

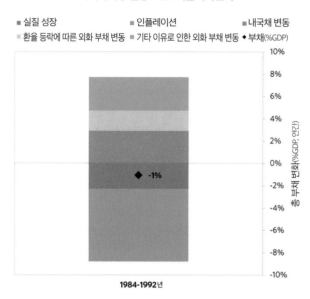

디레버리징 결정 요인: 리플레이션기

■ 실질 성장　　■ 인플레이션　　■ 내국채 변동
■ 환율 등락에 따른 외화 부채 변동　■ 기타 이유로 인한 외화 부채 변동　◆ 부채(%GDP)

1984-1992년

요인 차트에서 볼 수 있듯이 조정 기간 동안 GDP 대비 부채 비율은 9%(연간 1%) 감소했다. 소득 대비 부채 비율이 감소한 가장 큰 요인은 명목 소득의 증가였다. 한편 필리핀의 통화 가치는 상당히 하락(아름다운 디레버리징 기간 실질 환율의 –19%로 최저치 기록)한 후, 다시 가격 경쟁력을 갖추게 되었다. 실질 GDP가 과거 최고치로 복귀하기까지 6년, 주가(미 달러 기준)가 회복되기까지는 5년이 걸렸다.

필리핀 1979~1992년 통계 도표 모음 1

부채

통화 및 재정 정책

경제 상황

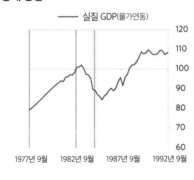

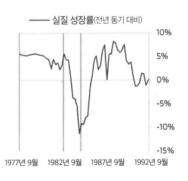

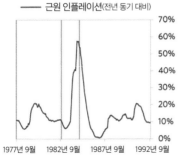

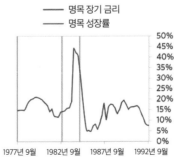

필리핀 1979~1992년 통계 도표 모음 2

시장

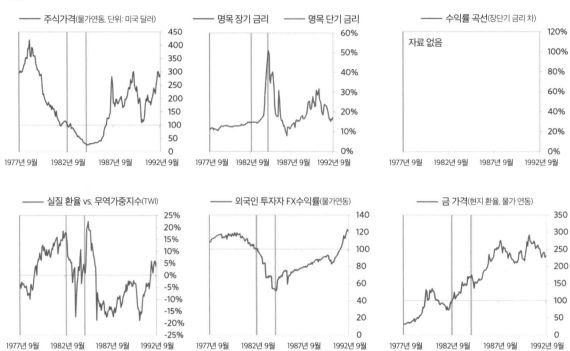

대외 포지션

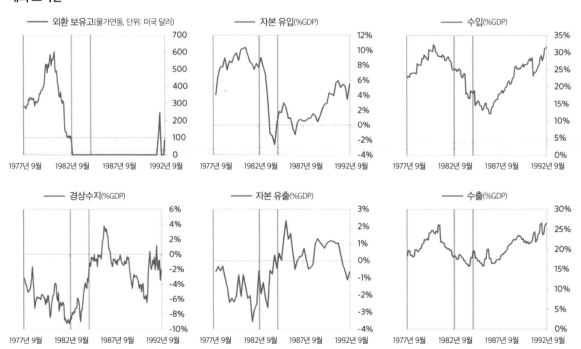

말레이시아 1981~1990년 사례 자동 요약 1

오른쪽의 도표에서 볼 수 있듯이 말레이시아는 1981~1990년 사이에 일시적으로 전형적인 인플레이션 유발형 디레버리징 사이클을 경험했다. 이 사례는 대외 압력에 직면한 상황에서 '환율 방어를 포기한' 전형적인 사례이다. 환율 방어를 포기하면 일시적으로 인플레이션이 유발되지만, 정책 입안자들은 유연하게 금리를 조정할 수 있게 된다.

다음의 측정지수들은 그 뒤에 나올 통계 도표들을 요약하여 구성한 것이다. 이것은 개괄적인 수치임을 유념하기 바란다.

버블 국면

당시 말레이시아의 버블 국면은 1981년부터 1984년까지 지속되었다. 버블 국면이 조성된 원인은 자본 유입의 과도한 증가, 부채 증가, 경제 성장률 증가가 맞물리며 자기 강화적 상승 국면이 만들어진 데 있다. 버블이 발생하는 동안 부채는 GDP 대비 40% 증가하여 위기 이전 최고치로 GDP의 153%에 달했다. 그중 상당 부분이 외화 부채(GDP 대비 42%)였기 때문에 외국 자본의 철수 가능성이 상당히 존재했다. 버블 국면에서 평균 투자 유입은 GDP 대비 약 14%로 꽤 활발하여, GDP의 10%에 해당하는 경상수지 적자를 메우는 데 도움이 되었다. 이러한 부채와 자본의 증가로 인해 높은 경제 성장률(7%)을 보였고, 경제 활동 수준도 높았다(GDP 갭 최고 3%). 실질 환율은 최고 +20%에 달하면서, 경쟁력 문제가 대두되었다. 말레이시아는 버블 압력과 외국 자본 의존도가 높은 상황에서 관련국의 경기 위축까지 맞물리며 버블 국면은

버블 및 불황 측정지수

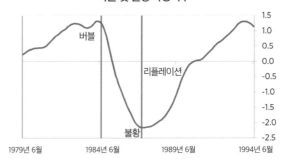

긴축 및 완화 측정지수

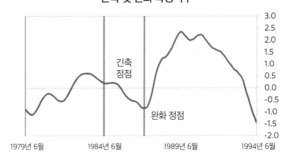

근원 인플레이션(전년 동기 대비)

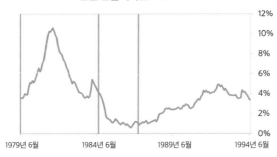

말레이시아 1981~1990년 사례 자동 요약 2

결국 지속 불가능한 상황이 되었다.

불황 국면

부채 사이클의 방향이 바뀌면서 결국 버블은 자기 강화적 특성상 터질 수밖에 없었다. 그리고 국제수지 위기와 통화 위기가 발생하며 불황 국면으로 진입하게 되었다. 이 국면은 1984년부터 1987년까지 지속되었다. 많은 부채를 보유한 말레이시아는 원자재 가격 하락으로 인한 수출 부진 등 충격에 취약해졌다. 말레이시아는 외국 자본의 감소(자본 유입이 GDP 대비 11% 감소)로 인해 큰 폭의 통화 가치 하락을 감수해야 했다(실질 환율 19% 하락). 동시에 주가(56% 하락)는 자기 강화적 하강 국면에 들어섰다. 실업률은 2% 증가했고, 금융기관들도 상당한 압박을 받았다. 한편 중앙은행은 외환 보유고를 이용해(외환 보유고 26% 감소) 환율을 방어했으나, 나중에는 포기했다. 말레이시아는 디레버리징이 필요했지만, 오른쪽의 결정 요인 차트에서 볼 수 있듯이 통화 가치의 하락(외화 부

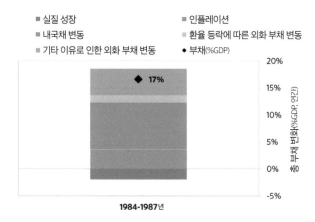

디레버리징 결정 요인: 불황기

- 실질 성장
- 인플레이션
- 내국채 변동
- 환율 등락에 따른 외화 부채 변동
- 기타 이유로 인한 외화 부채 변동
- ◆ 부채(%GDP)

◆ 17%

1984-1987년

채 부담이 증가함)과 위기 대응을 위한 정부 차입 증가(재정 적자는 GDP 대비 10%로 최고치에 달함) 등의 이유로 GDP 대비 부채 비율이 43%(연간 17%) 증가했다.

---

* 앞의 두 도표는 각각 버블/불황 상태와 통화 및 신용의 긴축/완화를 측정한 지수를 보여준다. 각 측정값과 기준선 0 사이의 차이는 버블의 정도를 나타내는 한편, 기준선 위아래를 교차하는 지점은 버블 국면으로의 진입과 탈출을 나타낸다.

말레이시아 1981~1990년 사례 자동 요약 3

리플레이션 국면

국제수지 위기와 통화 위기가 어떤 양상으로 전개될지는 자본 흐름의 역전 현상에 대한 정책 입안자의 대응 방식에 따라 크게 달라진다. 구체적으로 말해, (고통스럽지만 위기 해결을 위해 필요한) 긴축 정책을 시행하고 그에 따른 여파가 시장에 그대로 전해지도록 허용하는 방식으로 대응할 것인가, 혹은 자본 이탈에 의한 공백을 해결하기 위해 (인플레이션 유발 가능성을 무릅쓰고서라도) 다량의 화폐를 찍어내는 방안으로 대응할 것인가 등에 따라 달라질 수 있다. 당시 정책 입안자들은 고정 환율제를 포기하고, 평균보다 약간 짧은 추악한 디레버리징 국면을 거친 후 긴축 재정에 돌입하여 수입 규모를 줄였다(경상수지가 GDP 대비 9%로 개선). 그리고 자국 통화의 보유 매력도를 올리려 했다. 말레이시아는 부채 문제 해결의 전형적인 9가지 정책 수단 중 5개를 활용하며 적극적으로 금융기관과 악성 부채를 관리했다. 특히 은행을 국유화하고, 유동성을 공급했다. 오른쪽의 결정 요인 차트에서 볼 수 있듯이 조정 기간 동안 GDP 대비 부채 비율은 74%(연간 21%) 감소했다. 소득 대비 부채 비율의

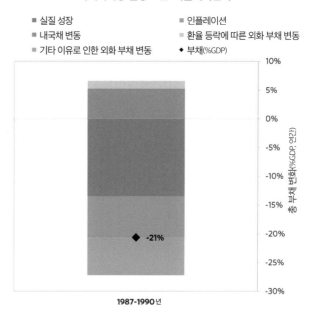

디레버리징 결정 요인: 리플레이션기

- 실질 성장
- 인플레이션
- 내국채 변동
- 환율 등락에 따른 외화 부채 변동
- 기타 이유로 인한 외화 부채 변동
- ◆ 부채(%GDP)

◆ -21%

1987-1990년

감소에 이바지한 가장 큰 요인은 실질 성장률의 증가에 따른 명목 소득이 증가였다. 한편 말레이시아의 통화 가치는 이제 상당히 하락해(아름다운 디레버리징 기간 실질 환율은 -12%로 최저치 기록) 다시 가격 경쟁력을 갖추게 되었다. 실질 GDP가 과거 최고치로 복귀하기까지 1.8년, 주가(미 달러 기준)가 회복되기까지는 6년이 걸렸다.

말레이시아 1981~1990년 통계 도표 모음 1

부채

통화 및 재정 정책

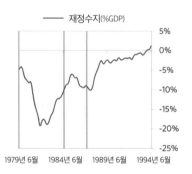

경제 상황

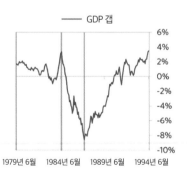

말레이시아 1981~1990년 통계 도표 모음 2

시장

주식가격(물가연동, 단위: 미국 달러)

명목 장기 금리 ── 명목 단기 금리

수익률 곡선(장단기 금리 차)

실질 환율 vs. 무역가중지수(TWI)

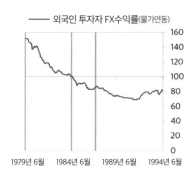

외국인 투자자 FX수익률(물가연동)

금 가격(현지 환율, 물가 연동)

대외 포지션

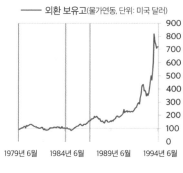

외환 보유고(물가연동, 단위: 미국 달러)

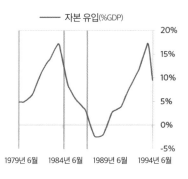

자본 유입(%GDP)

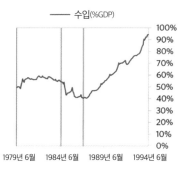

수입(%GDP)

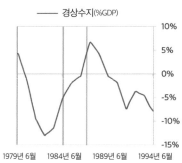

경상수지(%GDP)

자본 유출(%GDP)

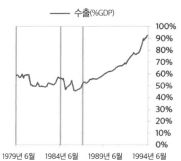

수출(%GDP)

페루 1986~1995년 사례 자동 요약 1

오른쪽의 도표에서 볼 수 있듯이 페루는 1986~1995년 사이에 전형적인 하이퍼인플레이션 유발형 디레버리징 사이클을 경험했다.

다음의 측정지수들은 그 뒤에 나올 통계 도표들을 요약하여 구성한 것이다. 이것은 개괄적인 수치임을 유념하기 바란다.

버블 국면

당시 페루의 버블 국면은 1986년부터 1987년까지 지속되었다. 버블 국면이 조성된 원인은 부채 증가, 자기자본 수익률 증가, 경제 성장률 증가가 맞물리며 자기 강화적 상승 국면이 만들어진 데 있다. 버블이 발생하는 동안 부채는 GDP 대비 55% 증가하여 위기 이전 최고치로 GDP의 184%에 달했다. 그중 상당 부분이 외화 부채(GDP 대비 182%)였기 때문에 외국 자본의 철수 가능성이 상당히 존재했다. GDP의 3%에 해당하는 경상수지 적자는 거의 변동이 없었다. 이 부채 증가로 인해 높은 경제 성장률(5%)을 보였고, 경제 활동 수준도 높았다(GDP 갭 최고 11%). 게다가 높은 자산 수익률(버블 기간 동안 주식 연평균 수익률 124%)은 더 많은 대출을 자극하고 성장을 촉진했다. 페루는 버블 압력과 외국 자본 의존도가 높은 상황까지 맞물리며 버블 국면은 결국 지속 불가능한 상황이 되었다.

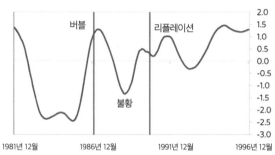

버블 및 불황 측정지수

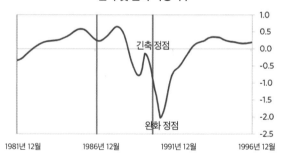

긴축 및 완화 측정지수

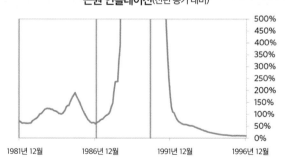

근원 인플레이션(전년 동기 대비)

페루 1986~1995년 사례 자동 요약 2

불황 국면

부채 사이클의 방향이 바뀌면서 결국 버블은 자기 강화적 특성상 터질 수밖에 없었다. 그리고 국제 수지 위기와 통화 위기가 발생하며 불황 국면으로 진입하게 되었다. 이 국면은 1987년부터 1990년까지 지속되었다. 높은 부채 수준의 페루는 페루 정권에 대한 국제 채권자의 비협조적인 자세 등으로 충격에 취약했다. 그리고 GDP(30% 하락)와 주가(91% 하락)는 자기 강화적 하강 국면에 들어섰다. 금융기관들도 상당한 압박을 받았다. 비록 페루는 추악한 디레버리징 국면에 맞닥뜨렸지만, 오른쪽의 결정 요인 차트에서 볼 수 있듯이 GDP 대비 부채 비율을 106%(연간 30%) 감축할 수 있었다. 소득 대비 부채 비율이 감소한 가장 큰 요인은 인플레이션 상승에 따른 소득 증가였다.

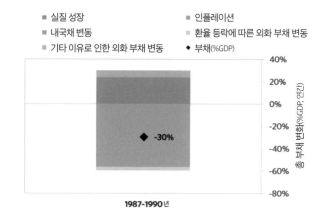

디레버리징 결정 요인: 불황기

■ 실질 성장　　　　　■ 인플레이션
■ 내국채 변동　　　　■ 환율 등락에 따른 외화 부채 변동
■ 기타 이유로 인한 외화 부채 변동　　◆ 부채(%GDP)

1987-1990년

---

* 앞의 두 도표는 각각 버블/불황 상태와 통화 및 신용의 긴축/완화를 측정한 지수를 보여준다. 각 측정값과 기준선 0 사이의 차이는 버블의 정도를 나타내는 한편, 기준선 위아래를 교차하는 지점은 버블 국면으로의 진입과 탈출을 나타낸다.

페루 1986~1995년 사례 자동 요약 3

리플레이션 국면

국제수지 위기와 통화 위기가 어떤 양상으로 전개될지는 자본 흐름의 역전 현상에 대한 정책 입안자의 대응 방식에 따라 크게 달라진다. 구체적으로 말해, (고통스럽지만 위기 해결을 위해 필요한) 긴축 정책을 시행하고 그에 따른 여파가 시장에 그대로 전해지도록 허용하는 방식으로 대응할 것인가, 혹은 자본 이탈에 따른 공백을 해결하기 위해 (인플레이션 유발 가능성을 무릅쓰고서라도) 다량의 화폐를 찍어내는 방안으로 대응할 것인가 등에 따라 달라질 수 있다는 말이다. 당시 페루는 긴축 정책이 충분히 조정 효과를 내기도 전에 환율 폭락과 하이퍼인플레이션의 소용돌이 속으로 빠져들고 말았다. 실질 환율은 최저 −115%, 인플레이션은 최고 10,000%를 넘어섰다. 페루에 심각한 악성 인플레이션의 전형적인 '위험 요인' 대부분이 존재했다는 점을 고려하면 납득이 가는 수준이었다 (가장 큰 위험 요인은 낮은 단기 실질 금리). 페루는 부채 문제 해결의 전형적인 9가지 정책 수단 중 3개를 활용하며 다소 적극적으로 금융기관과 악성 부채를 관리했다. 특히 은행을 국유화하고, 유동성을 공급했다. 또

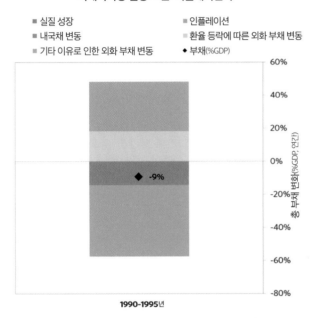

디레버리징 결정 요인: 리플레이션기

■ 실질 성장   ■ 인플레이션
■ 내국채 변동   ■ 환율 등락에 따른 외화 부채 변동
■ 기타 이유로 인한 외화 부채 변동   ◆ 부채(%GDP)

◆ -9%

1990-1995년

한 노동시장의 유연성을 높이기 위해 구조 개혁을 시행했다. 그러나 당연하게도 결국 악성 인플레이션을 막기 위해 극도로 폭등한 인티Inti를 포기하고 1991년에 솔Sol을 채택하는 등 더 중대한 구조적 변화를 겪어야 했다. 실질 GDP는 과거 최고치로 복귀하기까지 9년이 걸렸다.

페루 1986~1995년 통계 도표 모음 1

부채

통화 및 재정 정책

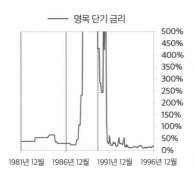

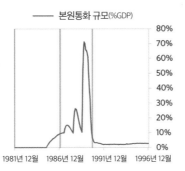

경제 상황

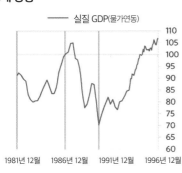

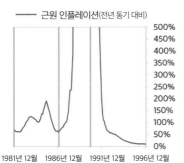

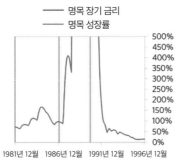

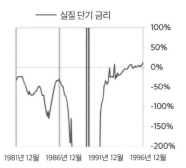

페루 1986~1995년 통계 도표 모음 2

시장

주식가격(물가연동, 단위: 미국 달러)
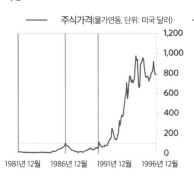

명목 장기 금리 — 명목 단기 금리
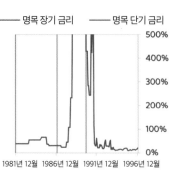

수익률 곡선(장단기 금리 차)

자료 없음

실질 환율 vs. 무역가중지수(TWI)

외국인 투자자 FX수익률(물가연동)

금 가격(현지 환율, 물가 연동)
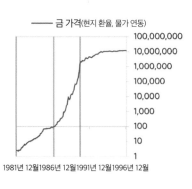

대외 포지션

외환 보유고(물가연동, 단위: 미국 달러)
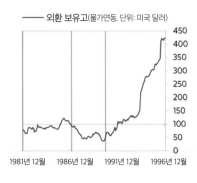

자본 유입(%GDP)
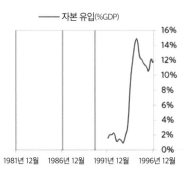

수입(%GDP)

경상수지(%GDP)
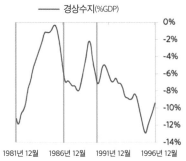

자본 유출(%GDP)
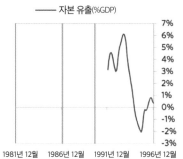

수출(%GDP)
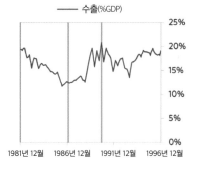

아르헨티나 1987~1993년 사례 자동 요약 1

오른쪽의 도표에서 볼 수 있듯이 아르헨티나는 1987~1993년 사이에 전형적인 하이퍼인플레이션 유발형 디레버리징 사이클을 경험했다.

다음의 측정지수들은 그 뒤에 나올 통계 도표들을 요약하여 구성한 것이다. 이것은 개괄적인 수치임을 유념하기 바란다.

버블 국면

아르헨티나는 다른 사례들과 달리 위기 이전 몇 년 동안 버블을 광범위하게 경험하지 않았다. 하지만 버블 혹은 그에 준하는 상황에 처해 있던 다른 국가나 경제권, 금융시장과 밀접한 관련을 맺고 있었다. 그리고 버블이 발생하는 동안 부채는 GDP 대비 15% 증가하여 위기 이전 최고치로 GDP의 70%에 도달하면서, 부채가 상당히 누적된 상태였다. 그중 상당 부분이 외화 부채(GDP 대비 39%)였기 때문에 외국 자본의 철수 가능성이 상당히 존재했다. 이처럼 부채 비율이 높은 데다가 아르헨티나 경제의 구조적 취약성까지 맞물리며 버블 국면은 결국 지속 불가능한 상황이 되었다.

불황 국면

부채 사이클의 방향이 바뀌면서 결국 버블은 자기 강화적 특성상 터질 수밖에 없었다. 그리고 국제수지 위기와 통화 위기가 발생하며 불황 국면으로 진입

버블 및 불황 측정지수

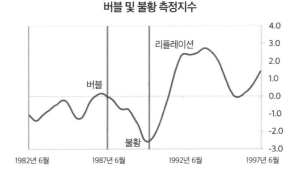

긴축 및 완화 측정지수

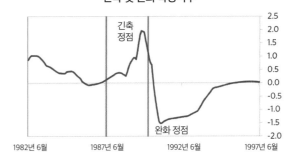

근원 인플레이션(전년 동기 대비)

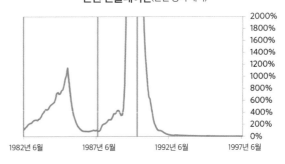

아르헨티나 1987~1993년 사례 자동 요약 2

하게 되었다. 이 국면은 1987년부터 1990년까지 지속되었다. 높은 부채 수준을 보인 아르헨티나는 원자재 가격 하락으로 인한 수출 부진으로 충격에 취약해졌다. 아르헨티나는 외국 자본의 감소(자본 유입이 GDP 대비 4%로 감소)로 인해 긴축 정책을 단행하고(정책 입안자들은 단기 금리를 250% 인상), 큰 폭의 통화 가치 하락을 감수해야 했다(실질 환율 60% 하락). 동시에 GDP(16% 하락)와 주가(33% 하락)는 자기 강화적 하강 국면에 들어섰다. 실업률은 3% 증가한 한편, 통화 약세로 높은 인플레이션 상승이 유발되었다. 금융기관들도 상당한 압박을 받았다. 한편 중앙은행은 외환 보유고를 이용해(외환 보유고 26% 감소) 환율을 방어했으나, 나중에는 포기했다. 비록 아르헨티나는 추악한 디레버리징 국면에 맞닥뜨렸지만, 오른쪽의 결정 요인 차트에서 볼 수 있듯이 GDP 대비 부채 비율을 30%(연간 11%) 감축할 수 있었다. 소득 대비 부채 비율이 감소한 가장 큰 요인은 높은 인플레이션에 의한 소득의 증가였다.

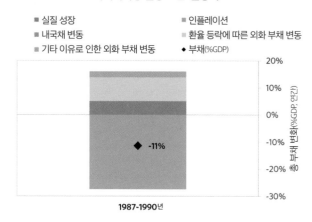

디레버리징 결정 요인: 불황기

- ■ 실질 성장
- ■ 인플레이션
- ■ 내국채 변동
- ■ 환율 등락에 따른 외화 부채 변동
- ■ 기타 이유로 인한 외화 부채 변동
- ◆ 부채(%GDP)

◆ -11%

1987-1990년

---

* 앞의 두 도표는 각각 버블/불황 상태와 통화 및 신용의 긴축/완화를 측정한 지수를 보여준다. 각 측정값과 기준선 0 사이의 차이는 버블의 정도를 나타내는 한편, 기준선 위아래를 교차하는 지점은 버블 국면으로의 진입과 탈출을 나타낸다.

아르헨티나 1987~1993년 사례 자동 요약 3

리플레이션 국면

국제수지 위기와 통화 위기가 어떤 양상으로 전개될지는 자본 흐름의 역전 현상에 대한 정책 입안자의 대응 방식에 따라 크게 달라진다. (고통스럽지만 위기 해결을 위해 필요한) 긴축 정책을 시행하고 그에 따른 여파가 시장에 그대로 전해지도록 허용하는 방식으로 대응할 것인가, 혹은 자본 이탈에 따른 공백을 해결하기 위해 (인플레이션 유발 가능성을 무릅쓰고) 다량의 화폐를 찍어내는 방안으로 대응할 것인가 등에 따라 달라질 수 있다. 당시 아르헨티나는 긴축 정책이 충분히 조정 효과를 내기도 전에 환율 폭락과 하이퍼인플레이션의 소용돌이 속으로 빠져들었다. 실질 환율은 최저 −135%, 인플레이션은 최고 10,000%를 넘어섰다. 아르헨티나에 심각한 악성 인플레이션의 전형적인 '위험 요인'이 적잖이 존재했다는 점을 고려하면 납득이 가는 수준이었다(가장 큰 위험 요인은 인플레이션 통제력의 결여). 아르헨티나는 부채 문제 해결의 전형적인 9가지 정책 수단 중 3개를 활용하며 다소 적극적으로 금융기관과 악성 부채를 관리했다. 또한 IMF의 지원을 받고, 노동시장의 유연성을 높이기 위해

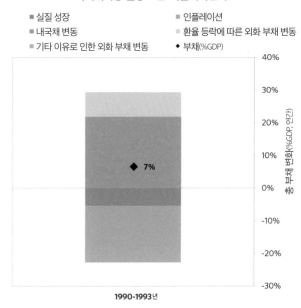

디레버리징 결정 요인: 리플레이션기

- 실질 성장
- 인플레이션
- 내국채 변동
- 환율 등락에 따른 외화 부채 변동
- 기타 이유로 인한 외화 부채 변동
- ◆ 부채(%GDP)

총 부채 변화(%GDP, 연간)

7%

1990-1993년

구조 개혁도 시행했다. 그러나 결국 악성 인플레이션을 막기 위해 극도로 폭등한 오스트랄Austral을 포기하고 달러 페그제하에서 아르헨티나 페소Argentine peso를 채택하는 등 중대한 구조적 변화를 겪어야 했다. 실질 GDP가 과거 최고치로 복귀하기까지 4년, 주가(미 달러 기준)가 회복되기까지는 2년이 걸렸다. 이 위기는 포퓰리스트 지도자로 잘 알려진 카를로스 메넴Carlos Menem 대통령이 권력을 잡을 수 있는 발판으로 작용하면서 아르헨티나 정세에 지대한 영향을 미쳤다.

아르헨티나 1987~1993년 통계 도표 모음 1

부채

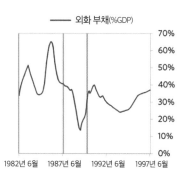

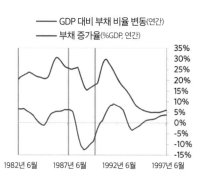

통화 및 재정 정책

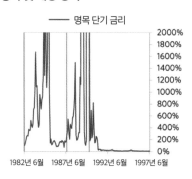

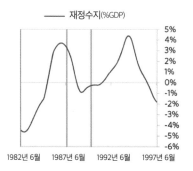

경제 상황

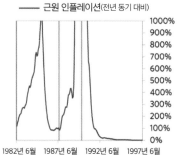

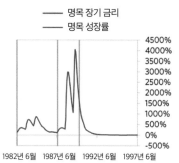

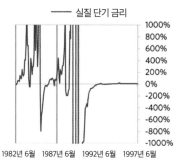

아르헨티나 1987~1993년 통계 도표 모음 2

시장

주식가격(물가연동, 단위: 미국 달러)

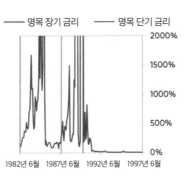

명목 장기 금리   명목 단기 금리

수익률 곡선(장단기 금리 차)

자료 없음

실질 환율 vs. 무역가중지수(TWI)

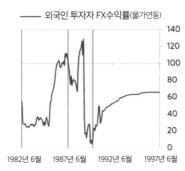

외국인 투자자 FX수익률(물가연동)

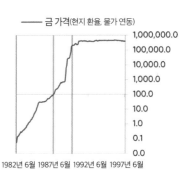

금 가격(현지 환율, 물가 연동)

대외 포지션

외환 보유고(물가연동, 단위: 미국 달러)

자본 유입(%GDP)

수입(%GDP)

경상수지(%GDP)

자본 유출(%GDP)

수출(%GDP)

브라질 1987~1995년 사례 자동 요약 1

오른쪽의 도표에서 볼 수 있듯이 브라질은 1987~1995년 사이에 전형적인 하이퍼인플레이션 유발형 디레버리징 사이클을 경험했다.

다음의 측정지수들은 그 뒤에 나올 통계 도표들을 요약하여 구성한 것이다. 이것은 개괄적인 수치임을 유념하기 바란다.

버블 국면

당시 브라질의 버블 국면은 1987년부터 1990년까지 지속되었다. 버블 국면이 조성된 원인은 부채 증가, 자기자본 수익률 증가, 경제 성장률 증가가 맞물리며 자기 강화적 상승 국면이 만들어진 데 있다. 버블이 발생하는 동안 부채는 GDP 대비 69% 증가하여 위기 이전 최고치로 GDP의 177%에 달했다. 그중 상당 부분이 외화 부채(GDP 대비 26%)였기 때문에 외국 자본의 철수 가능성이 상당히 존재했다. 버블 국면에서 평균 투자 유입은 GDP 대비 약 −3%로 저조했다. 이 부채 증가로 인해 높은 경제 성장률(3%)을 보였고, 경제 활동 수준도 높았다(GDP 갭 최고 7%). 게다가 높은 자산 수익률(버블 기간 동안 주식 연평균 수익률 16%)은 더 많은 대출을 자극하고 성장을 촉진했다. 실질 환율은 최고 +35%에 달하면서, 경쟁력 문제가 대두되었다. 버블 압력과 관련국의 경기 위축까지 맞물리며 버블 국면은 결국 지속 불가능한 상황이 되었다.

버블 및 불황 측정지수

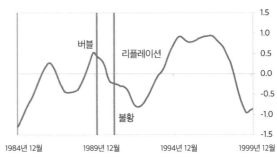

긴축 및 완화 측정지수

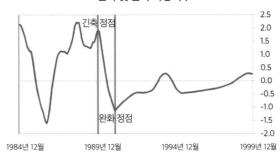

근원 인플레이션(전년 동기 대비)

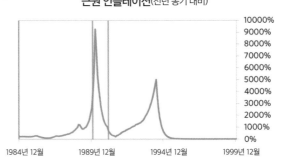

브라질 1987~1995년 사례 자동 요약 2

불황 국면

부채 사이클의 방향이 바뀌면서 결국 버블은 자기 강화적 특성상 터질 수밖에 없었다. 그리고 국제 수지 위기와 통화 위기가 발생하며 불황 국면으로 진입하게 되었다. 이 국면은 1990년부터 1991년까지 지속되었다. 높은 부채 수준을 보인 브라질은 가격 통제력의 상실과 인플레이션 등에 의해 충격에 취약해졌다. 그리고 GDP(7% 하락)와 주가(70% 하락)는 자기 강화적 하강 국면에 들어섰다. 실업률은 4% 증가한 한편, 통화 약세로 높은 인플레이션 상승이 초래되었다. 금융기관들도 상당한 압박을 받았다. 한편 중앙은행은 외환 보유고를 이용해(외환 보유고 28% 감소) 환율을 방어했으나, 나중에는 포기하면서 통화 가치가 19% 하락했다.

브라질은 디레버리징이 필요했지만, 오른쪽의 결정 요인 차트에서 볼 수 있듯이 통화 가치의 하락(외화 부채 부담이 증가함)과 위기 대응을 위한 정부 차입 증가(재정 적자 GDP 대비 19%로 최고치 기록) 등으로 GDP

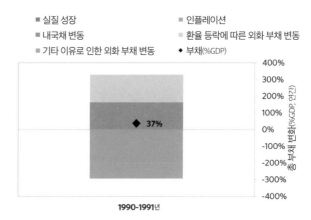

디레버리징 결정 요인: 불황기

- 실질 성장
- 인플레이션
- 내국채 변동
- 환율 등락에 따른 외화 부채 변동
- 기타 이유로 인한 외화 부채 변동
- ◆ 부채(%GDP)

37%

1990-1991년

대비 부채 비율은 40%(연간 37%) 증가했다.

---

* 앞의 두 도표는 각각 버블/불황 상태와 통화 및 신용의 긴축/완화를 측정한 지수를 보여준다. 각 측정값과 기준선 0 사이의 차이는 버블의 정도를 나타내는 한편, 기준선 위아래를 교차하는 지점은 버블 국면으로의 진입과 탈출을 나타낸다.

리플레이션 국면

국제수지 위기와 통화 위기가 어떤 양상으로 전개될지는 자본 흐름의 역전 현상에 대한 정책 입안자의 대응 방식에 따라 크게 달라진다. 구체적으로 말해, (고통스럽지만 위기 해결을 위해 필요한) 긴축 정책을 시행하고 그에 따른 여파가 시장에 그대로 전해지도록 허용하는 방식으로 대응할 것인가, 혹은 자본 이탈에 따른 공백을 해결하기 위해 (인플레이션 유발 가능성을 무릅쓰고서라도) 다량의 화폐를 찍어내는 방안으로 대응할 것인가 등에 따라 달라질 수 있다. 당시 브라질은 긴축 정책이 충분히 조정 효과를 내기도 전에 환율 폭락과 하이퍼인플레이션의 소용돌이 속으로 빠져들고 말았다. 실질 환율은 최저 -16%, 인플레이션은 최고 5,000%를 넘어섰다. 브라질에 심각한 악성 인플레이션의 전형적인 '위험 요인' 대부분이 존재했다는 점을 고려하면 납득이 가는 수준이었다(가장 큰 위험 요인은 인플레이션 통제력의 결여). 브라질은 부채 문제 해결의 전형적인 9가지 정책 수단 중 2개만 활용하며 소극적으로 금융기관과 악성 부채를 관리했다. 또한 IMF의 지원을 받고, 노동시장의 유연성을

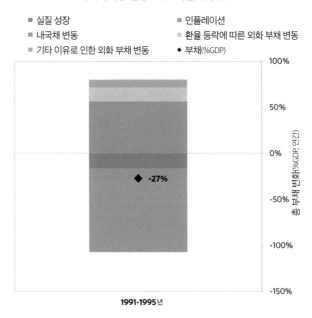

디레버리징 결정 요인: 리플레이션기

- 실질 성장
- 인플레이션
- 내국채 변동
- 환율 등락에 따른 외화 부채 변동
- 기타 이유로 인한 외화 부채 변동
- ◆ 부채(%GDP)

◆ -27%

총 부채 변화(%GDP, 연간)

100%
50%
0%
-50%
-100%
-150%

1991-1995년

높이기 위해 구조 개혁도 시행했다. 그러나 당연하게도 결국 악성 인플레이션을 막기 위해, 극도로 폭등한 크루자도Cruzado를 포기하고 크루제이루Cruzeiro를 채택했다가, 1994년 현재의 레알화Real를 채택하는 등 더 중대한 구조적 변화를 겪어야 했다. 실질 GDP가 과거 최고치로 복귀하기까지 1.4년, 주가(미 달러 기준)가 회복되기까지는 3년이 걸렸다.

브라질 1987~1995년 통계 도표 모음 1

부채

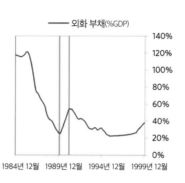

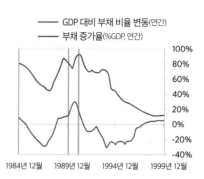

통화 및 재정 정책

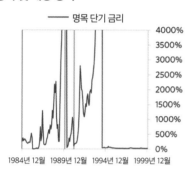

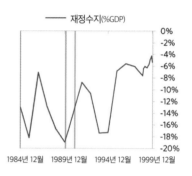

경제 상황

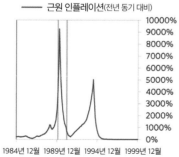

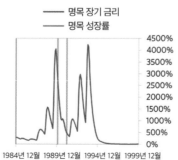

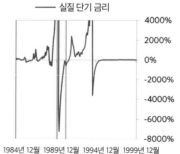

브라질 1987~1995년 통계 도표 모음 2

시장

주식가격(물가연동, 단위: 미국 달러)

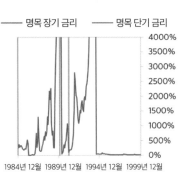

명목 장기 금리 ── 명목 단기 금리

수익률 곡선(장단기 금리 차)

자료 없음

실질 환율 vs. 무역가중지수(TWI)

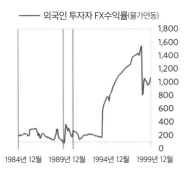

외국인 투자자 FX수익률(물가연동)

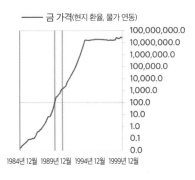

금 가격(현지 환율, 물가 연동)

대외 포지션

외환 보유고(물가연동, 단위: 미국 달러)

자본 유입(%GDP)

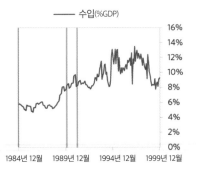

수입(%GDP)

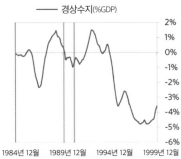

경상수지(%GDP)

자본 유출(%GDP)

수출(%GDP)

터키 1990~1995년 사례 자동 요약 1

오른쪽의 도표에서 볼 수 있듯이 터키는 1990~1995년 사이에 전형적인 인플레이션 유발형 디레버리징 사이클을 경험했다.

다음의 측정지수들은 그 뒤에 나올 통계 도표들을 요약하여 구성한 것이다. 이것은 개괄적인 수치임을 유념하기 바란다.

버블 국면

터키는 다른 사례들과 달리 위기 이전 몇 년 동안 버블을 광범위하게 경험하지 않았다. 하지만 부채가 위기 이전 GDP 대비 41%에 달하면서, 상당히 누적된 상태였다. 그중 상당 부분이 외화 부채(GDP 대비 26%)였기 때문에 외국 자본의 철수 가능성이 상당히 존재했다. 또한 위기 이전 투자 유입이 수년간 평균 2%에 이르면서, 외국 자본 의존도가 높아졌다. 이처럼 부채 비율이 높은 데다가 외국 자본 의존도가 높은 상황까지 맞물리며 버블 국면은 결국 지속 불가능한 상황이 되었다.

불황 국면

부채 사이클의 방향이 바뀌면서 결국 버블은 자기 강화적 특성상 터질 수밖에 없었다. 그리고 국제 수지 위기와 통화 위기가 발생하며 불황 국면으로 진입하게 되었다. 이 국면은 1993년부터 1994년까지 지속되었다. 터키는 높은 부채 수준과 중앙은행의 독립

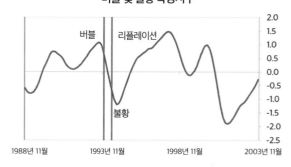

버블 및 불황 측정지수

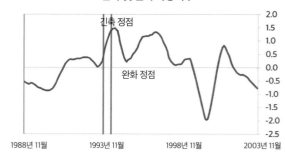

긴축 및 완화 측정지수

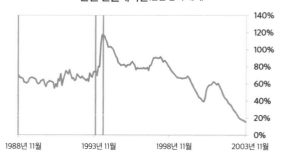

근원 인플레이션(전년 동기 대비)

터키 1990~1995년 사례 자동 요약 2

성을 훼손하는 정부의 정책에 의해 충격에 취약해졌다. 터키는 외국 자본의 감소(자본 유입이 GDP 대비 8%로 감소)로 인해 긴축 정책을 단행하고(정책 입안자들은 단기 금리를 203% 인상), 큰 폭의 통화 가치 하락을 감수해야 했다(실질 환율 26% 하락). 동시에 GDP(12% 하락)와 주가(70% 하락)는 자기 강화적 하강 국면에 들어섰다. 게다가 통화 약세로 초래된 높은 인플레이션 상승은 불황 국면 동안 최고 117% 수준을 기록하여, 다른 유사 사례에 비해 높은 편이었다.

터키에 심각한 악성 인플레이션의 전형적인 '위험 요인'이 약간만 존재했다는 점을 고려하면 의외였다(가장 큰 위험 요인은 인플레이션 통제력의 결여). 금융기관들도 상당한 압박을 받았다. 한편 중앙은행은 외환 보유고를 이용해(외환 보유고 99% 감소) 환율을 방어했으나, 나중에는 포기했다.

터키는 디레버리징이 필요했지만, 오른쪽의 결정 요인 차트에서 볼 수 있듯이 통화 가치의 하락(외화 부채 부담이 증가함) 등으로 GDP 대비 부채 비율이 9%(연

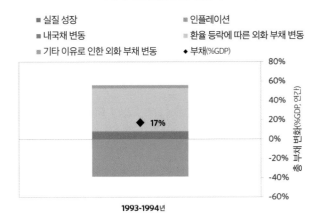

디레버리징 결정 요인: 불황기

- 실질 성장
- 내국채 변동
- 기타 이유로 인한 외화 부채 변동
- 인플레이션
- 환율 등락에 따른 외화 부채 변동
- ◆ 부채(%GDP)

총 부채 변화(%GDP, 연간)

17%

1993-1994년

간 17%) 증가했다.

---

* 앞의 두 도표는 각각 버블/불황 상태와 통화 및 신용의 긴축/완화를 측정한 지수를 보여준다. 각 측정값과 기준선 0 사이의 차이는 버블의 정도를 나타내는 한편, 기준선 위아래를 교차하는 지점은 버블 국면으로의 진입과 탈출을 나타낸다.

터키 1990∼1995년 사례 자동 요약 3

리플레이션 국면

국제수지 위기와 통화 위기가 어떤 양상으로 전개 될지는 자본 흐름의 역전 현상에 대한 정책 입안자의 대응 방식에 따라 크게 달라진다. 구체적으로 말해, (고통스럽지만 위기 해결을 위해 필요한) 긴축 정책을 시 행하고 그에 따른 여파가 시장에 그대로 전해지도록 허용하는 방식으로 대응할 것인가, 혹은 자본 이탈 에 따른 공백을 해결하기 위해 (인플레이션 유발 가능성 을 무릅쓰고서라도) 다량의 화폐를 찍어내는 방안으로 대응할 것인가 등에 따라 달라질 수 있다. 당시 정책 입안자들은 비교적 짧은 추악한 디레버리징 국면을 거친 후, 긴축 재정에 돌입하여 수입 규모를 줄였다 (경상수지가 GDP 대비 5%로 개선). 그리고 자국 통화의 보유 매력도를 올리려 했다. 터키는 부채 문제 해결 의 전형적인 9가지 정책 수단 중 3개를 활용하며 다 소 적극적으로 금융기관과 악성 부채를 관리했다. 또한 IMF의 지원도 받았다. 오른쪽의 결정 요인 차트 에서 볼 수 있듯이 조정 기간 동안 GDP 대비 부채 비 율은 11%(연간 7%) 감소했다. 소득 대비 부채 비율이 감소한 가장 큰 요인은 명목 소득의 증가였다. 한편

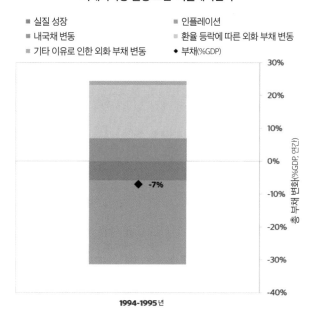

디레버리징 결정 요인: 리플레이션기

- ■ 실질 성장
- ■ 내국채 변동
- ■ 기타 이유로 인한 외화 부채 변동
- ■ 인플레이션
- ■ 환율 등락에 따른 외화 부채 변동
- ◆ 부채(%GDP)

1994-1995년

터키의 통화 가치는 이제 상당히 하락해(아름다운 디 레버리징 기간 실질 환율의 −21%로 최저치 기록) 다시 가격 경쟁력을 갖추게 되었다. 실질 GDP가 과거 최고치 로 복귀하기까지 1.6년, 주가(미 달러 기준)가 회복되 기까지는 4년이 걸렸다.

터키 1990~1995년 통계 도표 모음 1

부채

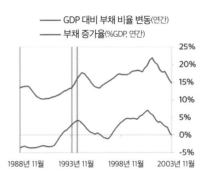

통화 및 재정 정책

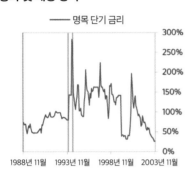

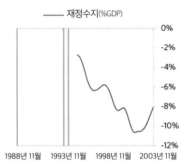

경제 상황

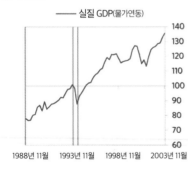

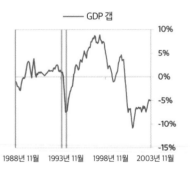

터키 1990~1995년 통계 도표 모음 2

시장

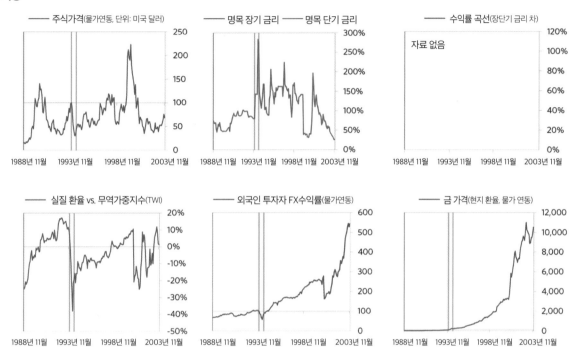

대외 포지션

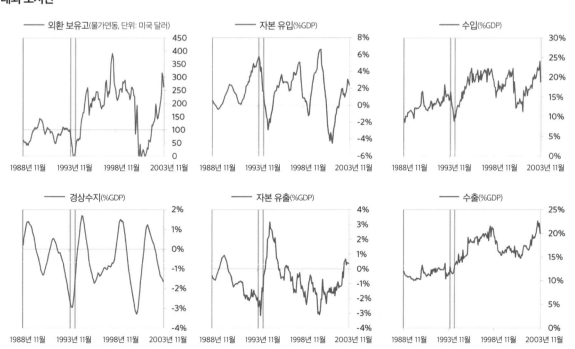

멕시코 1991~2005년 사례 자동 요약 1

오른쪽의 도표에서 볼 수 있듯이 멕시코는 1991~2005년 사이에 전형적인 인플레이션 유발형 디레버리징 사이클을 경험했다.

다음의 측정지수들은 그 뒤에 나올 통계 도표들을 요약하여 구성한 것이다. 이것은 개괄적인 수치임을 유념하기 바란다.

버블 국면

당시 멕시코의 버블 국면은 1991년부터 1994년까지 지속되었다. 버블 국면이 조성된 원인은 자본 유입의 과도한 증가, 부채 증가, 자기자본 수익률 증가, 경제 성장률 증가가 맞물리며 자기 강화적 상승 국면이 만들어진 데 있다. 버블이 발생하는 동안 부채는 GDP 대비 10% 증가하여 위기 이전 최고치로 GDP의 85%에 달했다. 그중 상당 부분이 외화 부채(GDP 대비 25%)였기 때문에 외국 자본의 철수 가능성이 상당히 존재했다. 버블 국면에서 평균 투자 유입은 GDP의 약 8%로 꽤 활발하여, GDP의 7%에 해당하는 경상수지 적자를 메우는 데 도움이 되었다. 이러한 부채와 자본의 증가로 인해 높은 경제 성장률(4%)을 보였고, 경제 활동 수준도 높았다(GDP 갭 최고 3%). 게다가 높은 자산 수익률(버블 기간 동안 주식 연평균 수익률 25%)은 더 많은 대출을 자극하고 성장을 촉진했다. 멕시코는 버블 압력과 외국 자본 의존도가 높은 상황까지 맞물리며 버블 국면은 결국 지속 불가능한 상황이 되었다.

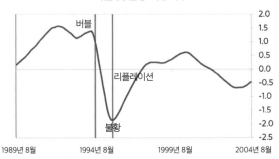

버블 및 불황 측정지수

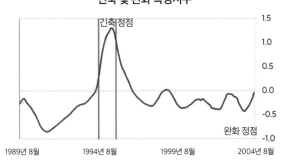

긴축 및 완화 측정지수

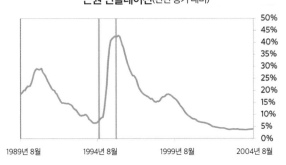

근원 인플레이션(전년 동기 대비)

멕시코 1991~2005년 사례 자동 요약 2

불황 국면

부채 사이클의 방향이 바뀌면서 결국 버블은 자기 강화적 특성상 터질 수밖에 없었다. 그리고 국제수지 위기와 통화 위기가 발생하며 불황 국면으로 진입하게 되었다. 이 국면은 1994년부터 1995년까지 지속되었다. 멕시코는 높은 부채 수준과 정치적 폭력이라는 형태로 발생한 충격에 취약했다. 그리고 GDP(10% 하락)와 주가(66% 하락)는 자기 강화적 하강 국면에 들어섰다. 실업률은 3% 증가한 한편, 통화 약세로 초래된 높은 인플레이션 상승은 불황 국면 동안 최고 43%의 높은 수준을 기록하여, 다른 유사 사례와 비슷한 편이었다. 멕시코에 심각한 악성 인플레이션의 전형적인 '위험 요인'이 적잖게 존재했다는 점을 고려하면 납득이 가는 수준이었다(가장 큰 위험 요인은 인플레이션 통제력의 결여). 금융기관들도 상당한 압박을 받았다. 한편 중앙은행은 외환 보유고를 이용해(외환 보유고 100% 감소) 환율을 방어했으나, 나중에는 포기하면서 통화 가치가 37% 하락했다. 멕시코는 디레버리징이

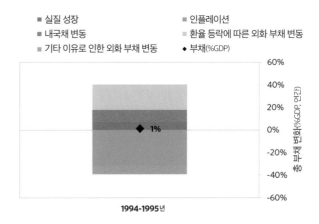

디레버리징 결정 요인: 불황기

■ 실질 성장 ■ 인플레이션
■ 내국채 변동 ■ 환율 등락에 따른 외화 부채 변동
■ 기타 이유로 인한 외화 부채 변동 ◆ 부채(%GDP)

◆ 1%

1994-1995년

필요했지만, 위쪽의 결정 요인 차트에서 볼 수 있듯이 GDP 대비 부채 비율은 거의 변동이 없었다.

---

* 앞의 두 도표는 각각 버블/불황 상태와 통화 및 신용의 긴축/완화를 측정한 지수를 보여준다. 각 측정값과 기준선 0 사이의 차이는 버블의 정도를 나타내는 한편, 기준선 위아래를 교차하는 지점은 버블 국면으로의 진입과 탈출을 나타낸다.

멕시코 1991~2005년 사례 자동 요약 3

리플레이션 국면

국제수지 위기와 통화 위기가 어떤 양상으로 전개될지는 자본 흐름의 역전 현상에 대한 정책 입안자의 대응 방식에 따라 크게 달라진다. 구체적으로 말해, (고통스럽지만 위기 해결을 위해 필요한) 긴축 정책을 시행하고 그에 따른 여파가 시장에 그대로 전해지도록 허용하는 방식으로 대응할 것인가, 혹은 자본 이탈에 따른 공백을 해결하기 위해 (인플레이션 유발 가능성을 무릅쓰고서라도) 다량의 화폐를 찍어내는 방안으로 대응할 것인가 등에 따라 달라질 수 있다. 당시 정책 입안자들은 고정 환율제를 포기하고, 비교적 짧은 추악한 디레버리징 국면을 거친 후, 긴축 재정에 돌입하여 수입 규모를 줄였다(경상수지가 GDP 대비 7%로 개선). 그리고 자국 통화의 보유 매력도를 올리려 했다. 멕시코는 부채 문제 해결의 전형적인 9가지 정책 수단 중 6개를 활용하며 매우 적극적으로 금융기관과 악성 부채를 관리했다. 특히 은행을 국유화하고, 유동성을 공급했으며, 부실 자산을 직접 인수했다. 또한 IMF의 지원을 받고, 노동시장의 유연성을 높이기 위해 구조 개혁도 시행했다. 오른쪽의 결정 요인

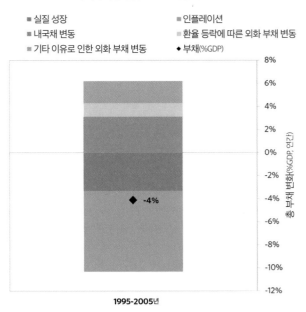

디레버리징 결정 요인: 리플레이션기

- 실질 성장
- 인플레이션
- 내국채 변동
- 환율 등락에 따른 외화 부채 변동
- 기타 이유로 인한 외화 부채 변동
- ◆ 부채(%GDP)

1995-2005년

차트에서 볼 수 있듯이 조정 기간 동안 GDP 대비 부채 비율은 41%(연간 4%) 감소했다. 소득 대비 부채 비율이 감소한 가장 큰 요인은 명목 소득의 증가였다. 한편 멕시코의 통화 가치는 이제 상당히 하락해(아름다운 디레버리징 기간 실질 환율의 −26%로 최저치 기록), 다시 가격 경쟁력을 갖추게 되었다. 실질 GDP가 과거 최고치로 복귀하기까지 2년, 주가(미 달러 기준)가 회복되기까지는 10년이 걸렸다.

멕시코 1991~2005년 통계 도표 모음 1

부채

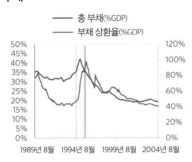

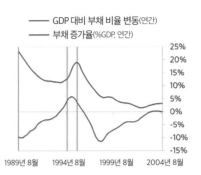

통화 및 재정 정책

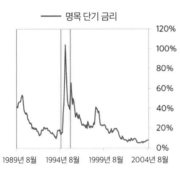

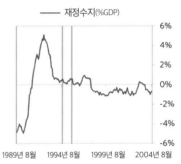

경제 상황

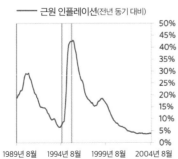

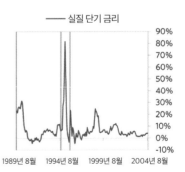

멕시코 1991~2005년 통계 도표 모음 2

시장

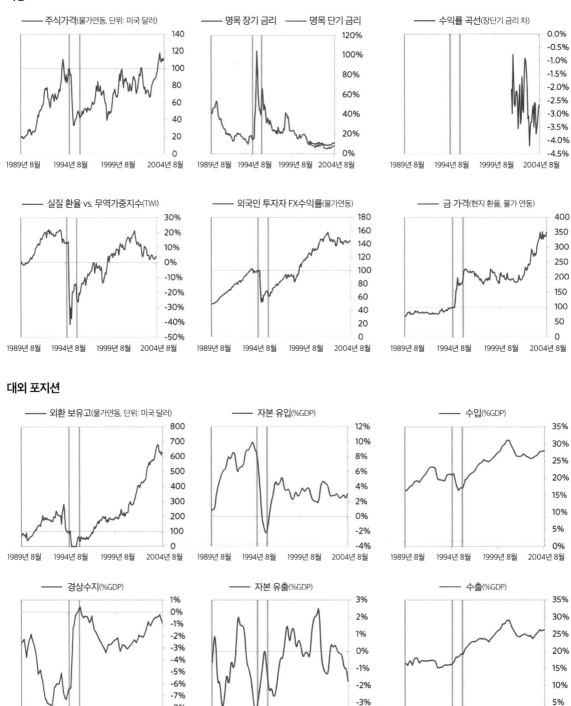

대외 포지션

불가리아 1995~2003년 사례 자동 요약 1

오른쪽의 도표에서 볼 수 있듯이 불가리아는 1995~2003년 사이에 전형적인 하이퍼인플레이션 유발형 디레버리징 사이클을 경험했다.

다음의 측정지수들은 그 뒤에 나올 통계 도표들을 요약하여 구성한 것이다. 이것은 개괄적인 수치임을 유념하기 바란다.

버블 국면

불가리아는 다른 사례들과 달리 위기 이전 몇 년 동안 버블을 광범위하게 경험하지 않았다. 하지만 부채가 상당히 누적된 상태였다. 그중 상당 부분이 외화 부채(GDP 대비 82%)였기 때문에 외국 자본의 철수 가능성이 상당히 존재했다. 또한 경상수지 적자가 GDP 대비 4%를 기록하고, 꾸준한 투자 유입으로 외국 자본 의존도가 높아졌다. 이처럼 부채 비율이 높은 데다가 외국 자본 의존도가 높은 상황까지 맞물리며 버블 국면은 결국 지속 불가능한 상황이 되었다.

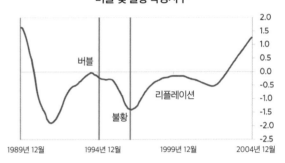

버블 및 불황 측정지수

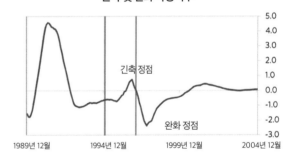

긴축 및 완화 측정지수

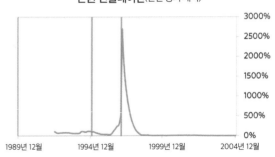

근원 인플레이션(전년 동기 대비)

불황 국면

부채 사이클의 방향이 바뀌면서 결국 버블은 자기 강화적 특성상 터질 수밖에 없었다. 그리고 국제 수지 위기와 통화 위기가 발생하며 불황 국면으로 진입하게 되었다. 이 국면은 1995년부터 1997년까지 지속되었다. 높은 부채 수준으로 불가리아는 부채가 과

불가리아 1995~2003년 사례 자동 요약 2

도한 기업/은행의 연이은 손실이라는 형태로 발생한 충격에 취약했다. 불가리아는 외국 자본의 감소(자본 유입이 GDP 대비 6%로 감소)로 인해 긴축 정책을 단행하고(정책 입안자들은 단기 금리를 228% 인상), 큰 폭의 통화 가치 하락을 감수해야 했다(실질 환율 96% 하락). 동시에 GDP(13% 하락)는 자기 강화적 하강 국면에 들어섰다. 게다가 통화 약세로 높은 인플레이션 상승이 유발되었다. 금융기관들도 상당한 압박을 받았다. 한편 중앙은행은 외환 보유고를 이용해(외환 보유고 75% 감소) 환율을 방어했으나, 나중에는 포기했다.

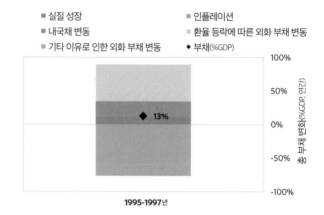

디레버리징 결정 요인: 불황기

- 실질 성장
- 내국채 변동
- 기타 이유로 인한 외화 부채 변동
- 인플레이션
- 환율 등락에 따른 외화 부채 변동
- ◆ 부채(%GDP)

◆ 13%

1995-1997년

* 앞의 두 도표는 각각 버블/불황 상태와 통화 및 신용의 긴축/완화를 측정한 지수를 보여준다. 각 측정값과 기준선 0 사이의 차이는 버블의 정도를 나타내는 한편, 기준선 위아래를 교차하는 지점은 버블 국면으로의 진입과 탈출을 나타낸다.

불가리아 1995~2003년 사례 자동 요약 3

리플레이션 국면

국제수지 위기와 통화 위기가 어떤 양상으로 전개될지는 자본 흐름의 역전 현상에 대한 정책 입안자의 대응 방식에 따라 크게 달라진다. 구체적으로 말해, (고통스럽지만 위기 해결을 위해 필요한) 긴축 정책을 시행하고 그에 따른 여파가 시장에 그대로 전해지도록 허용하는 방식으로 대응할 것인가, 혹은 자본 이탈에 따른 공백을 해결하기 위해 (인플레이션 유발 가능성을 무릅쓰고서라도) 다량의 화폐를 찍어내는 방안으로 대응할 것인가 등에 따라 달라질 수 있다. 당시 불가리아는 긴축 정책이 충분히 조정 효과를 내기도 전에 환율 폭락과 하이퍼인플레이션의 소용돌이 속으로 빠져들고 말았다. 실질 환율은 최저 -63%, 인플레이션은 최고 500%를 넘어섰다. 불가리아에 심각한 악성 인플레이션의 전형적인 '위험 요인' 대부분이 존재했다는 점을 고려하면 납득이 가는 수준이었다(가장 큰 위험 요인은 인플레이션 통제력의 결여). 불가리아는 부채 문제 해결의 전형적인 9가지 정책 수단 중 5개를 활용하며 적극적으로 금융기관과 악성 부채를 관리했다. 특히 은행을 국유화하고, 유동성을 공급했으며, 부실

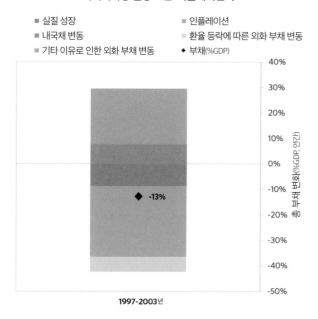

디레버리징 결정 요인: 리플레이션기

- ■ 실질 성장
- ■ 인플레이션
- ■ 내국채 변동
- ■ 환율 등락에 따른 외화 부채 변동
- ■ 기타 이유로 인한 외화 부채 변동
- ◆ 부채(%GDP)

1997-2003년

자산을 직접 인수했다. 또한 IMF의 지원도 받았다. 그러나 당연하게도 결국 악성 인플레이션을 막기 위해 레프Lev의 화폐 단위를 조정하는 리디노미네이션 Redenomination(한 나라에서 통용되는 모든 화폐에 대해 실질 가치는 그대로 두고, 액면가를 동일한 비율의 낮은 숫자로 변경하는 조치)을 실시하고, 이를 독일 마르크화에 연동한 후 외환 보유고로 방어하는 등 중대한 구조적 변화를 겪어야 했다. 실질 GDP는 과거 최고치로 복귀하기까지 8년이 걸렸다.

불가리아 1995~2003년 통계 도표 모음 1

부채

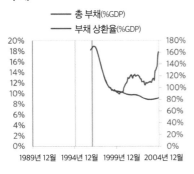

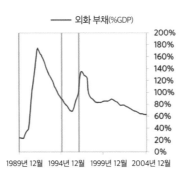

통화 및 재정 정책

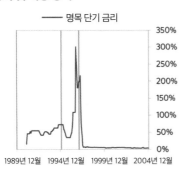

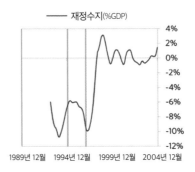

경제 상황

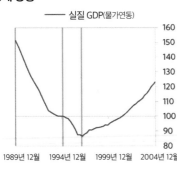

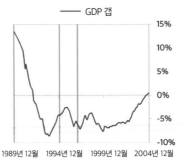

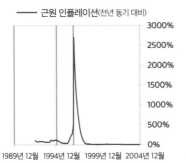

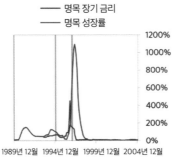

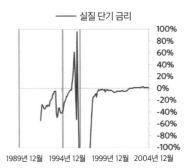

불가리아 1995~2003년 통계 도표 모음 2

시장

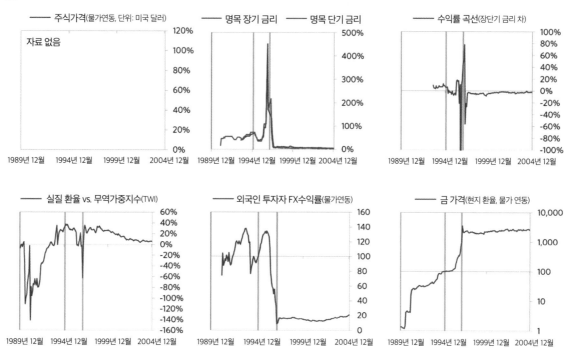

대외 포지션

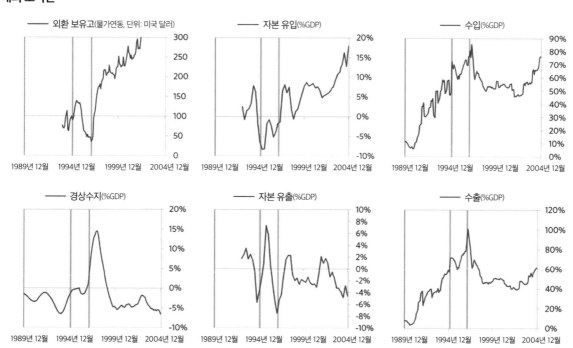

태국 1993~2004년 사례 자동 요약 1

오른쪽의 도표에서 볼 수 있듯이 태국은 1993년과 2004년 사이에 일시적인 인플레이션 유발형 디레버리징 사이클을 경험했다. 이는 대외 압력을 직면한 상황에서 '환율 방어를 포기한' 전형적인 사례이다. 환율 방어를 포기하면 일시적인 인플레이션이 유발되지만, 정책 입안자들이 유연하게 금리를 조정할 수 있게 된다.

다음의 측정지수들은 그 뒤에 나올 통계 도표들을 요약하여 구성한 것이다. 이것은 개괄적인 수치임을 유념하기 바란다.

버블 국면

당시 태국의 버블 국면은 1993년부터 1996년까지 지속되었다. 버블 국면이 조성된 원인은 자본 유입의 과도한 증가, 부채 증가, 자기자본 수익률 증가, 경제 성장률 증가가 맞물리며 자기 강화적 상승 국면이 만들어진 데 있다. 버블이 발생하는 동안 부채는 GDP 대비 44% 증가하여 위기 이전 최고치로 GDP의 183%에 달했다. 그중 상당 부분이 외화 부채(GDP 대비 51%)였기 때문에 외국 자본의 철수 가능성이 상당히 존재했다. 버블 국면에서 평균 투자 유입은 GDP의 약 15%로 꽤 활발하여, GDP의 9%에 해당하는 경상수지 적자를 메우는 데 도움이 되었다. 이러한 부채와 자본의 증가로 인해 높은 경제 성장률(8%)을 보였고, 경제 활동 수준도 높았다(GDP 갭 최고 8%). 게다가 높은 자산 수익률(버블 기간 동안 주식 연평균 수익률 12%)은 더 많은 대출을 자극하고 성장을 촉진했다. 태국은 버블 압력에 외국 자본 의존도가 높은 상황까

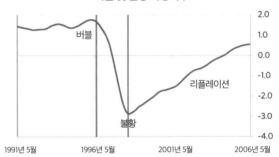

버블 및 불황 측정지수

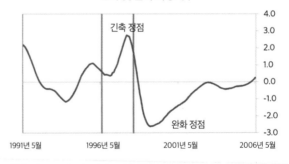

긴축 및 완화 측정지수

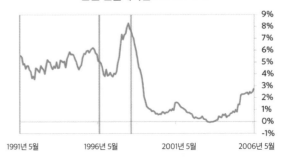

근원 인플레이션(전년 동기 대비)

태국 1993~2004년 사례 자동 요약 2

지 맞물리며 버블 국면은 결국 지속 불가능한 상황이 되었다.

불황 국면

부채 사이클의 방향이 바뀌면서 결국 버블은 자기 강화적 특성상 터질 수밖에 없었다. 그리고 국제수지 위기와 통화 위기가 발생하며 불황 국면으로 진입하게 되었다. 이 국면은 1996년부터 1998년까지 지속되었다. 태국의 부채 상환은 위기 이전 최고치로 GDP의 49%에 달하며, 부채가 과도한 기업/은행의 연이은 손실로 발생한 충격에 취약했다. 태국은 외국 자본의 감소(자본 유입이 GDP 대비 34% 감소)로 인해 긴축 정책을 단행하고(정책 입안자들은 단기 금리를 11% 인상) 큰 폭의 통화 가치 하락을 감수해야 했다(실질 환율 19% 하락). 동시에 GDP(14% 하락)와 주가(87% 하락)는 자기 강화적 하강 국면에 들어섰다. 게다가 통화 약세로 초래된 인플레이션 상승은 불황 국면 동안 최고 8%의 완만한 수준을 기록하여, 다른 유사 사례에 비

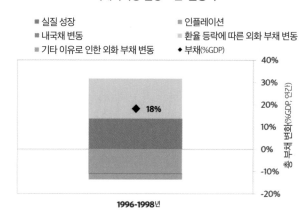

디레버리징 결정 요인: 불황기

- 실질 성장
- 내국채 변동
- 기타 이유로 인한 외화 부채 변동
- 인플레이션
- 환율 등락에 따른 외화 부채 변동
- ◆ 부채(%GDP)

◆ 18%

총 부채 변화(%GDP, 연간)

40% / 30% / 20% / 10% / 0% / -10% / -20%

1996-1998년

해 낮은 편이었다. 태국에 심각한 악성 인플레이션의 전형적인 '위험 요인'이 약간만 존재했다는 점을 고려하면 납득이 가는 수준이었다(가장 큰 위험 요인은 경상수지 적자). 금융기관들도 상당한 압박을 받았다. 한편 중앙은행은 외환 보유고를 이용해(외환 보유고 100% 감소) 환율을 방어했으나, 나중에는 포기했다. 태국은 디레버리징이 필요했지만, 위쪽의 결정 요인 차트에서 볼 수 있듯이 통화 가치의 하락(외화 부채 부담이 증가함) 등으로 GDP 대비 부채 비율이 36%(연간 18%) 증가했다.

---

* 앞의 두 도표는 각각 버블/불황 상태와 통화 및 신용의 긴축/완화를 측정한 지수를 보여준다. 각 측정값과 기준선 0 사이의 차이는 버블의 정도를 나타내는 한편, 기준선 위아래를 교차하는 지점은 버블 국면으로의 진입과 탈출을 나타낸다.

태국 1993~2004년 사례 자동 요약 3

리플레이션 국면

국제수지 위기와 통화 위기가 어떤 양상으로 전개될지는 자본 흐름의 역전 현상에 대한 정책 입안자의 대응 방식에 따라 크게 달라진다. (고통스럽지만 위기 해결을 위해 필요한) 긴축 정책을 시행하고 그 여파가 시장에 그대로 전해지도록 허용하는 방식으로 대응할 것인가, 혹은 자본 이탈에 따른 공백을 해결하기 위해 (인플레이션 유발 가능성을 무릅쓰고서라도) 다량의 화폐를 찍어내는 방안으로 대응할 것인가에 따라 달라질 수 있다. 당시 정책 입안자들은 고정 환율제를 포기하고, 평균보다 약간 짧은 추악한 디레버리징 국면을 거친 후, 긴축 재정에 돌입하여 수입 규모를 줄였다(경상수지가 GDP 대비 21%로 개선). 그리고 자국 통화의 보유 매력도를 올리려 했다. 태국은 부채 문제 해결의 전형적인 9가지 정책 수단 중 8개를 활용하며 매우 적극적으로 금융기관과 악성 부채를 관리했다. 은행을 국유화하고, 유동성을 공급했으며, 부실 자산을 직접 인수했다. 또한 IMF의 지원도 받았다. 오른쪽의 결정 요인 차트에서 볼 수 있듯이 조정 기간 동안 GDP 대비 부채 비율은 88%(연간 15%) 감소

디레버리징 결정 요인: 리플레이션기

- 실질 성장
- 내국채 변동
- 기타 이유로 인한 외화 부채 변동
- 인플레이션
- 환율 등락에 따른 외화 부채 변동
- ◆ 부채(%GDP)

총 부채 변화(%GDP, 연간)

◆ -15%

1998-2004년

했다. 소득 대비 부채 비율을 감소하게 한 가장 큰 요인은 실질 성장률의 증가에 따른 명목 소득의 증가였다. 한편 태국의 통화 가치는 상당히 하락해(아름다운 디레버리징 기간 실질 환율의 -16%로 최저치 기록) 다시 가격 경쟁력을 갖추게 되었다. 실질 GDP가 과거 최고치로 복귀하기까지 5년, 주식가격(미 달러 기준)이 회복되기까지는 23년이 걸렸다.

이 위기는 포퓰리스트 지도자로 잘 알려진 탁신 친나왓Thaksin Shinawatra 총리가 2001년 권력을 잡을 수 있는 발판으로 작용하면서 태국 정세에 지대한 영향을 미쳤다.

태국 1993~2004년 통계 도표 모음 1

부채

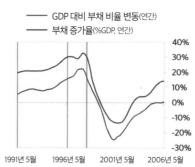

통화 및 재정 정책

경제 상황

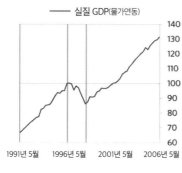

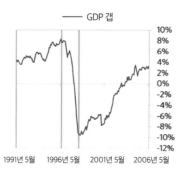

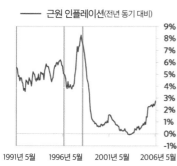

태국 1993~2004년 통계 도표 모음 2

시장

주식가격(물가연동, 단위: 미국 달러)

명목 장기 금리 ─ 명목 단기 금리

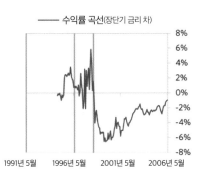

수익률 곡선(장단기 금리 차)

실질 환율 vs. 무역가중지수(TWI)

외국인 투자자 FX수익률(물가연동)

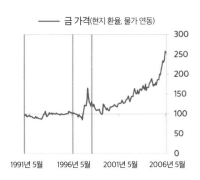

금 가격(현지 환율, 물가 연동)

대외 포지션

외환 보유고(물가연동, 단위: 미국 달러)

자본 유입(%GDP)

수입(%GDP)

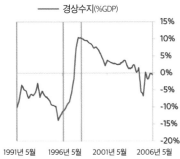

경상수지(%GDP)

자본 유출(%GDP)

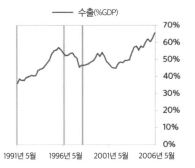

수출(%GDP)

인도네시아 1994~2012년 사례 자동 요약 1

오른쪽의 도표에서 볼 수 있듯이 인도네시아는 1994~2012년 사이에 일시적인 인플레이션 유발형 디레버리징 사이클을 경험했다. 이는 대외 압력에 직면한 상황에서 '환율 방어를 포기한' 전형적인 사례이다. 환율 방어를 포기하면 일시적인 인플레이션이 유발되지만, 정책 입안자들이 유연하게 금리를 조정할 수 있게 된다.

다음의 측정지수들은 그 뒤에 나올 통계 도표들을 요약하여 구성한 것이다. 이것은 개괄적인 수치임을 유념하기 바란다.

버블 국면

당시 인도네시아의 버블 국면은 1994년부터 1997년까지 지속되었다. 버블 국면이 조성된 원인은 자본 유입의 과도한 증가, 부채 증가, 자기자본 수익률 증가, 경제 성장률 증가가 맞물리며 자기 강화적 상승 국면이 만들어진 데 있다. 버블이 끝날 무렵, 부채 비율은 위기 이전 최고치로 GDP의 104%에 이르렀다. 그중 상당 부분이 외화 부채(GDP 대비 51%)였기 때문에 외국 자본의 철수 가능성이 상당히 존재했다. 버블 국면에서 투자 유입은 평균 GDP의 약 5%로 저조하게나마 지속되었고, GDP의 3%에 해당하는 경상수지 적자는 거의 변동이 없었다. 이러한 부채와 자본의 증가로 인해 높은 경제 성장률(7%)을 보였고, 경제 활동 수준도 높았다(GDP 갭 최고 13%). 게다가 높은 자산 수익률(버블 기간 동안 주식 연평균 수익률 12%)은 더 많은 대출을 자극하고 성장을 촉진했다. 실질 환율은 최고 +19%에 달하면서 경쟁력 문제가 대두되

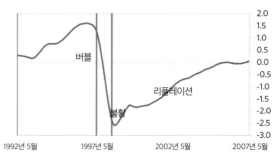

버블 및 불황 측정지수

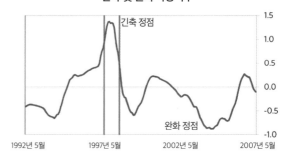

긴축 및 완화 측정지수

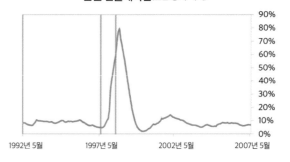

근원 인플레이션(전년 동기 대비)

인도네시아 1994~2012년 사례 자동 요약 2

었다. 그리고 인도네시아는 버블 압력과 높은 외국 자본 의존도에 관련국들의 경기 위축이 맞물려 버블 국면은 지속 불가능해졌다.

불황 국면

부채 사이클의 방향이 바뀌면서 결국 버블은 자기 강화적 특성상 터질 수밖에 없었다. 그리고 국제수지 위기와 통화 위기가 발생하며 불황 국면으로 진입하게 되었다. 이 국면은 1997년부터 1998년까지 지속되었다. 인도네시아는 높은 부채 수준으로 1997년 아시아 금융 위기의 충격에 취약해졌다. 인도네시아는 외국 자본의 감소(자본 유입 GDP 대비 13% 감소)로 인해 긴축을 단행하고(정책 입안자들은 단기 금리를 43% 인상), 큰 폭의 통화 가치 하락을 감수해야 했다(실질 환율 110% 하락). 동시에 GDP(14% 하락)와 주가(89% 하락)는 자기 강화적 하강 국면에 들어섰다. 게다가 통화 약세로 초래된 인플레이션 상승은 불황 국면 동안 최고 59%로 높은 수준을 기록하여, 다른 유사 사례와 비

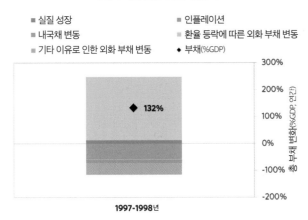

디레버리징 결정 요인: 불황기

- ■ 실질 성장
- ■ 내국채 변동
- ■ 기타 이유로 인한 외화 부채 변동
- ■ 인플레이션
- ■ 환율 등락에 따른 외화 부채 변동
- ◆ 부채(%GDP)

◆ 132%

1997-1998년

숫한 편이었다. 인도네시아에 심각한 악성 인플레이션의 전형적인 '위험 요인'이 약간만 존재했다는 점을 고려하면 의외였다(가장 큰 위험 요인은 높은 외채 비중). 금융기관들도 상당한 압박을 받았다. 한편 중앙은행은 외환 보유고를 이용해(외환 보유고 23% 감소) 환율을 방어했으나, 나중에는 포기했다. 인도네시아는 디레버리징이 필요한 상황이었지만, 위쪽의 결정 요인 차트에서 볼 수 있듯이 통화 가치의 하락(외화 부채 부담이 증가함) 등으로 GDP 대비 부채 비율이 132%(연간 132%) 증가했다.

---

* 앞의 두 도표는 각각 버블/불황 상태와 통화 및 신용의 긴축/완화를 측정한 지수를 보여준다. 각 측정값과 기준선 0 사이의 차이는 버블의 정도를 나타내는 한편, 기준선 위아래를 교차하는 지점은 버블 국면으로의 진입과 탈출을 나타낸다.

인도네시아 1994~2012년 사례 자동 요약 3

리플레이션 국면

국제수지 위기와 통화 위기가 어떤 양상으로 전개될지는 자본 흐름의 역전 현상에 대한 정책 입안자의 대응 방식에 따라 크게 달라진다. 구체적으로 말해, (고통스럽지만 위기 해결을 위해 필요한) 긴축 정책을 시행하여 그에 따른 긴축의 여파가 시장에 그대로 전해지도록 허용하는 방식으로 대응할 것인가, 혹은 자본 이탈에 따른 공백을 해결하기 위해 (인플레이션 유발 가능성을 무릅쓰고서라도) 다량의 화폐를 찍어내는 방안으로 대응할 것인가 등에 따라 달라질 수 있다. 당시 정책 입안자들은 고정 환율제를 포기하고, 비교적 짧은 추악한 디레버리징 국면을 거친 후, 긴축 재정에 돌입하여 수입 규모를 줄였으며(경상수지가 GDP 대비 4% 개선), 자국 통화의 보유 매력도를 올리려했다. 인도네시아는 부채 문제 해결의 전형적인 9가지 정책 수단 중 7개를 활용하며 매우 적극적으로 금융기관과 악성 부채를 관리했다. 특히 은행을 국유화하고, 유동성을 공급했으며, 부실 자산을 직접 인수했다. 또한 IMF의 지원도 받았다. 오른쪽의 결정 요인 차트에서 볼 수 있듯이 조정 기간 동안 GDP 대비

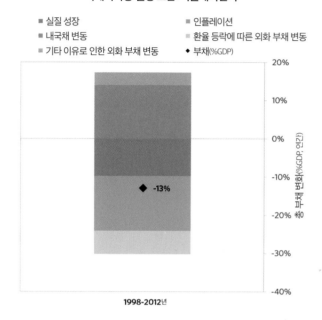

디레버리징 결정 요인: 리플레이션기

- 실질 성장
- 내국채 변동
- 기타 이유로 인한 외화 부채 변동
- 인플레이션
- 환율 등락에 따른 외화 부채 변동
- ◆ 부채(%GDP)

◆ -13%

총 부채 변화(%GDP, 연간)

1998-2012년

부채 비율은 178%(연간 13%) 감소했다. 소득 대비 부채 비율이 감소한 가장 큰 요인은 명목 소득의 증가였다. 한편 인도네시아의 통화 가치는 이제 상당히 하락해(아름다운 디레버리징 기간 실질 환율의 −90%로 최저치 기록) 다시 가격 경쟁력을 갖추게 되었다. 실질 GDP가 과거 최고치로 복귀하기까지 5년, 주가(미 달러 기준)가 회복되기까지는 13년이 걸렸다.

인도네시아 1994~2012년 통계 도표 모음 1

부채

통화 및 재정 정책

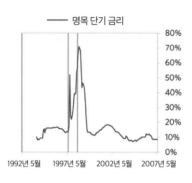

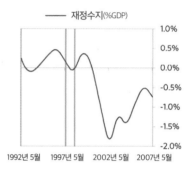

경제 상황

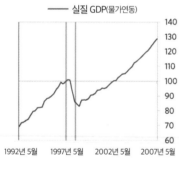

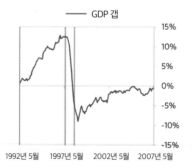

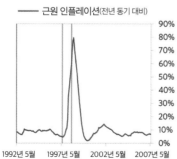

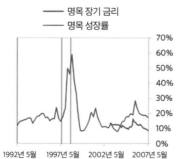

인도네시아 1994~2012년 통계 도표 모음 2

시장

주식가격(물가연동, 단위: 미국 달러)

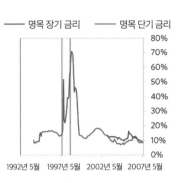

명목 장기 금리 — 명목 단기 금리

수익률 곡선(장단기 금리 차)

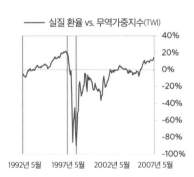

실질 환율 vs. 무역가중지수(TWI)

외국인 투자자 FX수익률(물가연동)

금 가격(현지 환율, 물가 연동)

대외 포지션

외환 보유고(물가연동, 단위: 미국 달러)

자본 유입(%GDP)

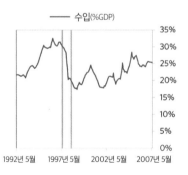

수입(%GDP)

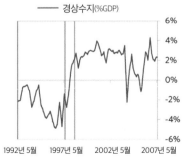

경상수지(%GDP)

자본 유출(%GDP)

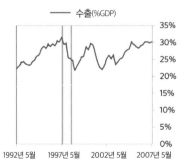

수출(%GDP)

대한민국 1994~2001년 사례 자동 요약 1

오른쪽의 도표에서 볼 수 있듯이 대한민국은 1994~2001년 사이에 일시적인 인플레이션 유발형 디레버리징 사이클을 경험했다. 이는 대외 압력에 직면한 상황에서 '환율 방어를 포기한' 전형적인 사례이다. 환율 방어를 포기하면 일시적인 인플레이션이 유발되지만, 정책 입안자들이 유연하게 금리를 조정할 수 있게 된다.

다음의 측정지수들은 그 뒤에 나올 통계 도표들을 요약하여 구성한 것이다. 이것은 개괄적인 수치임을 유념하기 바란다.

버블 국면

당시 대한민국의 버블 국면은 1994년부터 1997년까지 지속되었다. 버블 국면이 조성된 원인은 자본 유입의 과도한 증가, 부채 증가, 경제 성장률 증가가 맞물리며 자기 강화적 상승 국면이 만들어진 데 있다. 버블이 발생하는 동안 부채는 GDP 대비 23% 증가하여 위기 이전 최고치로 GDP의 163%에 달했다. 그중 상당 부분이 외화 부채(GDP 대비 27%)였기 때문에 외국 자본의 철수 가능성이 상당히 존재했다. 버블 국면에서 평균 투자 유입은 GDP의 약 8%로 적절히 활발하여, GDP 대비 3%에 해당하는 경상수지 적자를 메우는 데 도움이 되었다. 이러한 부채와 자본의 증가로 인해 높은 경제 성장률(8%)을 보였고, 경제 활동 수준도 높았다(GDP 갭 최고 5%). 버블 압력과 높은 외국 자본 의존도에 관련국의 경기 위축까지 맞물리며 버블 국면은 결국 지속 불가능한 상황이 되었다.

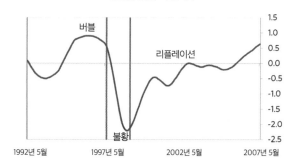

버블 및 불황 측정지수

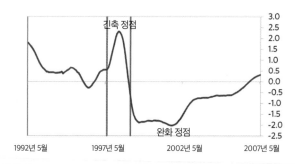

긴축 및 완화 측정지수

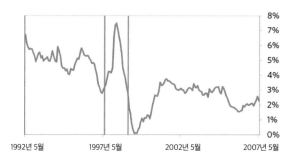

근원 인플레이션(전년 동기 대비)

대한민국 1994~2001년 사례 자동 요약 2

불황 국면

부채 사이클의 방향이 바뀌면서 결국 버블은 자기 강화적 특성상 터질 수밖에 없었다. 그리고 국제 수지 위기와 통화 위기가 발생하는 불황 국면으로 진입하게 되었다. 이 국면은 1997년부터 1998년까지 지속되었다. 대한민국의 부채 상환은 위기 이전 최고치로 GDP의 42%에 달하며, 1997년 아시아 금융 위기의 형태로 발생한 충격에 취약했다. 대한민국은 외국 자본의 감소(자본 유입이 GDP 대비 9% 감소)로 인해 긴축을 단행하고(정책 입안자들은 단기 금리를 14% 인상), 큰 폭의 통화 가치 하락을 감수해야 했다(실질 환율 –50%로 하락). 동시에 GDP(8% 하락)와 주가(75% 하락), 주택가격(13% 하락)은 자기 강화적 하강 국면에 들어섰다. 실업률은 6% 증가한 한편, 통화 약세로 초래된 인플레이션 상승은 불황 국면 동안 최고 7%의 완만한 수준을 기록하여 다른 유사 사례에 비해 낮은 편이었다. 대한민국에 심각한 악성 인플레이션의 전형적인 '위험 요인'이 약간 존재했다는 점을 고려하면

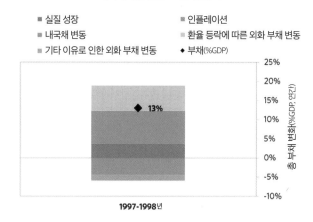

디레버리징 결정 요인: 불황기

- ■ 실질 성장
- ■ 내국채 변동
- ■ 기타 이유로 인한 외화 부채 변동
- ■ 인플레이션
- ■ 환율 등락에 따른 외화 부채 변동
- ◆ 부채(%GDP)

◆ 13%

1997-1998년

(세로축: 총 부채 변화(%GDP, 연간) 25% / 20% / 15% / 10% / 5% / 0% / -5% / -10%)

납득이 가는 수준이었다(가장 큰 위험 요인은 중앙은행의 외환 보유고 부족). 금융기관들도 상당한 압박을 받았다. 한편 중앙은행은 외환 보유고를 이용해(외환 보유고 24% 감소) 환율을 방어했으나, 나중에는 포기했다. 대한민국은 디레버리징이 필요했지만, 위쪽의 결정요인 차트에서 볼 수 있듯이 통화 가치의 하락(외화 부채 부담이 증가함) 등으로 GDP 대비 부채 비율이 19%(연간 13%) 증가했다.

---

* 앞의 두 도표는 각각 버블/불황 상태와 통화 및 신용의 긴축/완화를 측정한 지수를 보여준다. 각 측정값과 기준선 0 사이의 차이는 버블의 정도를 나타내는 한편, 기준선 위아래를 교차하는 지점은 버블 국면으로의 진입과 탈출을 나타낸다.

대한민국 1994~2001년 사례 자동 요약 3

리플레이션 국면

국제수지 위기와 통화 위기가 어떤 양상으로 전개될지는 자본 흐름의 역전 현상에 대한 정책 입안자의 대응 방식에 따라 크게 달라진다. 구체적으로 말해, (고통스럽지만 위기 해결을 위해 필요한) 긴축 정책을 시행하여 그에 따른 여파가 시장에 그대로 전해지도록 허용하는 방식으로 대응할 것인가, 혹은 자본 이탈에 따른 공백을 해결하기 위해 (인플레이션 유발 가능성을 무릅쓰고서라도) 다량의 화폐를 찍어내는 방안으로 대응할 것인가 등에 따라 달라질 수 있다. 당시 정책 입안자들은 고정 환율제를 포기하고, 평균보다 약간 짧은 추악한 디레버리징 국면을 거친 후, 긴축 재정에 돌입하여 수입 규모를 줄였다(경상수지 GDP 대비 7% 개선). 그리고 자국 통화의 보유 매력도를 올리려 했다. 대한민국은 부채 문제 해결의 전형적인 9가지 정책 수단 중 7개를 활용하며 매우 적극적으로 금융 기관과 악성 부채를 관리했다. 특히 은행을 국유화하고, 유동성을 공급했으며, 부실 자산을 직접 인수했다. 또한 IMF의 지원을 받고, 노동시장의 유연성을 높이기 위해 구조 개혁도 시행했다. 오른쪽의 결

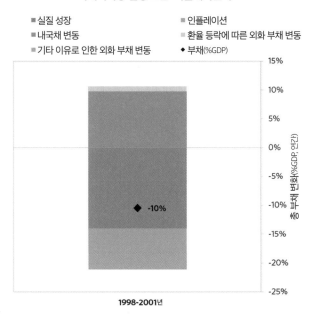

디레버리징 결정 요인: 리플레이션기

- 실질 성장
- 인플레이션
- 내국채 변동
- 환율 등락에 따른 외화 부채 변동
- 기타 이유로 인한 외화 부채 변동
- ◆ 부채(%GDP)

1998-2001년

정 요인 차트에서 볼 수 있듯이 조정 기간 동안 GDP 대비 부채 비율은 25%(연간 10%) 감소했다. 소득 대비 부채 비율이 감소한 가장 큰 요인은 실질 성장률의 증가에 따른 명목 소득의 증가였다. 한편 대한민국의 통화 가치는 이제 상당히 하락해(아름다운 디레버리징 기간 실질 환율의 −17%로 최저치 기록) 다시 가격 경쟁력을 갖추게 되었다. 실질 GDP가 과거 최고치로 복귀하기까지 1.7년, 주가(미 달러 기준)가 회복되기까지는 9년이 걸렸다.

대한민국 1994~2001년 통계 도표 모음 1

부채

총 부채(%GDP)
부채 상환율(%GDP)

외화 부채(%GDP)

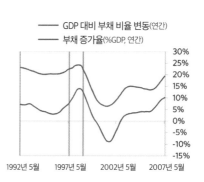

GDP 대비 부채 비율 변동(연간)
부채 증가율(%GDP, 연간)

통화 및 재정 정책

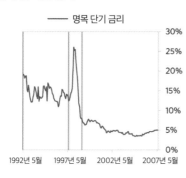

명목 단기 금리

본원통화 규모(%GDP)

재정수지(%GDP)

경제 상황

실질 GDP(물가연동)

실질 성장률(전년 동기 대비)

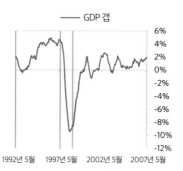

GDP 갭

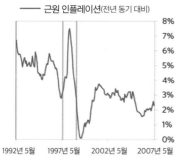

근원 인플레이션(전년 동기 대비)

명목 장기 금리
명목 성장률

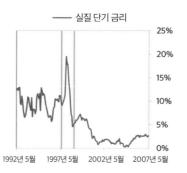

실질 단기 금리

대한민국 1994~2001년 통계 도표 모음 2

시장

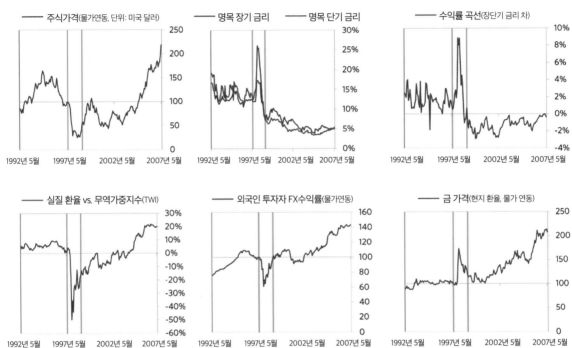

대외 포지션

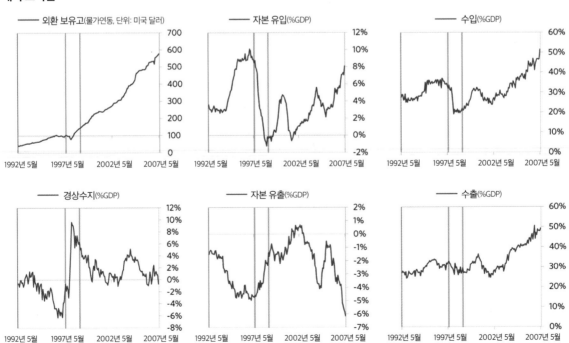

말레이시아 1994~2001년 사례 자동 요약 1

오른쪽의 도표에서 볼 수 있듯이 말레이시아는 1994~2001년 사이에 일시적인 인플레이션 유발형 디레버리징 사이클을 경험했다. 이는 대외 압력에 직면한 상황에서 '환율 방어를 포기한' 전형적인 사례이다. 환율 방어를 포기하면 일시적인 인플레이션이 유발되지만, 정책 입안자들이 유연하게 금리를 조정할 수 있게 된다.

다음의 측정지수들은 그 뒤에 나올 통계 도표들을 요약하여 구성한 것이다. 이것은 개괄적인 수치임을 유념하기 바란다.

버블 국면

당시 말레이시아의 버블 국면은 1994년부터 1997년까지 지속되었다. 버블 국면이 조성된 원인은 자본 유입의 과도한 증가, 부채 증가, 경제 성장률 증가가 맞물리며 자기 강화적 상승 국면이 만들어진 데 있다. 버블이 발생하는 동안 부채는 GDP 대비 53% 증가하여 위기 이전 최고치로 GDP의 212%에 달했다. 그중 상당 부분이 외화 부채(GDP 대비 39%)였기 때문에 외국 자본의 철수 가능성이 상당히 존재했다. 버블 국면에서 평균 투자 유입은 GDP의 약 6%로 적절히 활발하여, GDP의 8%에 해당하는 경상수지 적자를 메우는 데 도움이 되었다. 이러한 부채와 자본의 증가로 인해 높은 경제 성장률(10%)을 보였고, 경제 활동 수준도 높았다(GDP 갭 최고 9%). 버블 압력과 높은 외국 자본 의존도에 관련국의 경기 위축까지 맞물리며 버블 국면은 결국 지속 불가능한 상황이 되었다.

버블 및 불황 측정지수

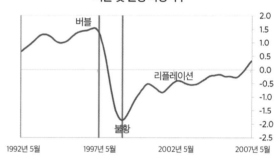

긴축 및 완화 측정지수

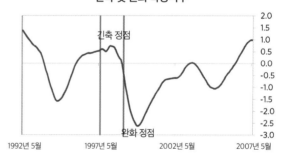

근원 인플레이션(전년 동기 대비)

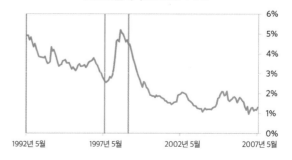

말레이시아 1994~2001년 사례 자동 요약 2

불황 국면

부채 사이클의 방향이 바뀌면서 결국 버블은 자기 강화적 특성상 터질 수밖에 없었다. 그리고 국제수지 위기와 통화 위기가 발생하며 불황 국면으로 진입하게 되었다. 이 국면은 1997년부터 1998년까지 지속되었다. 부채 상환은 위기 이전 최고치로 GDP의 45%에 달하며 말레이시아는 1997년 아시아 금융 위기의 형태로 발생한 충격에 취약해졌다. 말레이시아는 외국 자본의 감소(자본 유입 GDP 대비 5% 감소)로 인해 긴축을 단행하고(정책 입안자들은 단기 금리를 4% 인상), 큰 폭의 통화 가치 하락을 감수해야 했다(실질 환율 24% 하락). 동시에 GDP(9% 하락)와 주가(83% 하락)는 자기 강화적 하강 국면에 들어섰다. 게다가 통화 약세로 초래된 인플레이션 상승은 불황기 동안 최고 5% 수준을 기록하여, 다른 유사 사례에 비해 낮은 편이었다. 말레이시아에 심각한 악성 인플레이션의 전형적인 '위험 요인'이 약간만 존재했다는 점을 고려하면 납득이 가는 수준이었다(가장 큰 위험 요인은 경상수

지 적자). 금융기관들도 상당한 압박을 받았다. 한편 중앙은행은 외환 보유고를 이용해(외환 보유고 27% 감소) 환율을 방어했으나, 나중에는 포기했다. 말레이시아는 디레버리징이 필요했지만, 위쪽의 결정 요인 차트에서 볼 수 있듯이 통화 가치의 하락(외채 부담이 증가함) 등으로 GDP 대비 부채 비율이 10%(연간 7%) 증가했다.

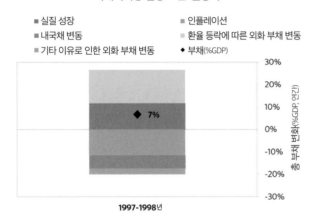

디레버리징 결정 요인: 불황기

- 실질 성장
- 인플레이션
- 내국채 변동
- 환율 등락에 따른 외화 부채 변동
- 기타 이유로 인한 외화 부채 변동
- ◆ 부채(%GDP)

◆ 7%

1997-1998년

---

* 앞의 두 도표는 각각 버블/불황 상태와 통화 및 신용의 긴축/완화를 측정한 지수를 보여준다. 각 측정값과 기준선 0 사이의 차이는 버블의 정도를 나타내는 한편, 기준선 위아래를 교차하는 지점은 버블 국면으로의 진입과 탈출을 나타낸다.

말레이시아 1994~2001년 사례 자동 요약 3

리플레이션 국면

국제수지 위기와 통화 위기가 어떤 양상으로 전개될지는 자본 흐름의 역전 현상에 대한 정책 입안자의 대응 방식에 따라 크게 달라진다. 구체적으로 말해, (고통스럽지만 위기 해결을 위해 필요한) 긴축 정책을 시행하여 그에 따른 여파가 시장에 그대로 전해지도록 허용하는 방식으로 대응할 것인가, 혹은 자본 이탈에 따른 공백을 해결하기 위해 (인플레이션 유발 가능성을 무릅쓰고서라도) 다량의 화폐를 찍어내는 방안으로 대응할 것인가 등에 따라 달라질 수 있다. 당시 정책 입안자들은 고정 환율제를 포기하고, 평균보다 약간 짧은 추악한 디레버리징 국면을 거친 후, 긴축 재정에 돌입하여 수입 규모를 줄였다(경상수지 GDP 대비 19% 개선). 그리고 자국 통화의 보유 매력도를 올리려 했다. 말레이시아는 부채 문제 해결의 전형적인 9가지 정책 수단 중 7개를 활용하며 매우 적극적으로 금융기관과 악성 부채를 관리했다. 특히 은행을 국유화하고, 유동성을 공급했으며, 부실 자산을 직접 인수했다. 오른쪽의 결정 요인 차트에서 볼 수 있듯이 조정 기간 동안 GDP 대비 부채 비율은 41%(연간 18%)

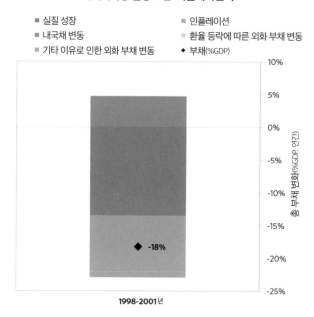

디레버리징 결정 요인: 리플레이션기

- 실질 성장
- 인플레이션
- 내국채 변동
- 환율 등락에 따른 외화 부채 변동
- 기타 이유로 인한 외화 부채 변동
- ◆ 부채(%GDP)

1998-2001년

감소했다. 소득 대비 부채 비율이 감소한 가장 큰 요인은 실질 성장률의 증가에 따른 명목 소득의 증가였다. 한편 말레이시아의 통화 가치는 이제 상당히 하락해(아름다운 디레버리징 기간 실질 환율의 −9%로 최저치 기록) 다시 가격 경쟁력을 갖추게 되었다. 실질 GDP가 과거 최고치로 복귀하기까지 2년, 주가(미 달러 기준)가 회복되기까지는 14년이 걸렸다.

말레이시아 1994~2001년 통계 도표 모음 1

부채

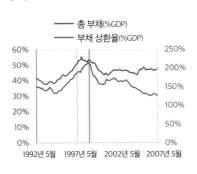

통화 및 재정 정책

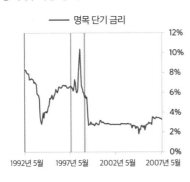

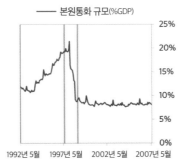

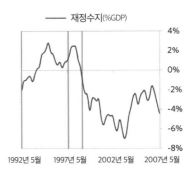

경제 상황

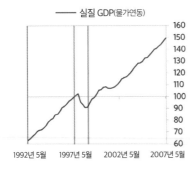

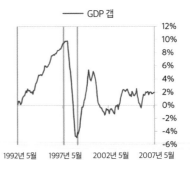

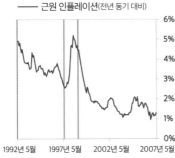

말레이시아 1994~2001년 통계 도표 모음 2

시장

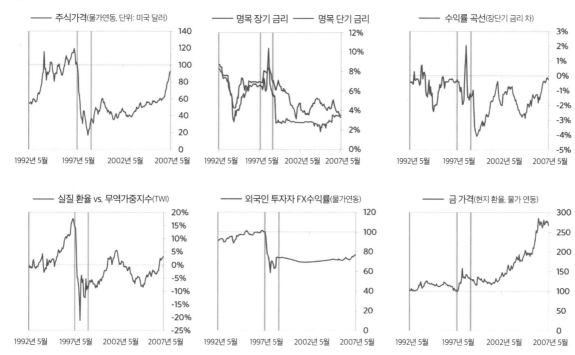

대외 포지션

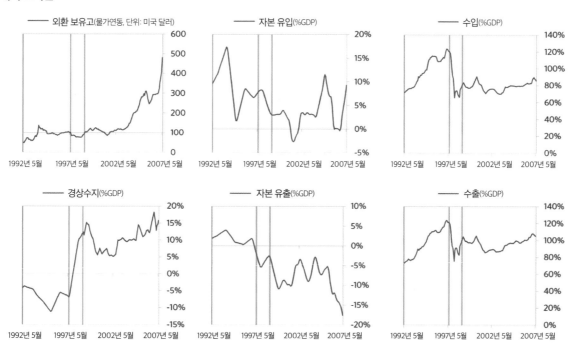

필리핀 1994~2008년 사례 자동 요약 1

오른쪽의 도표에서 볼 수 있듯이 필리핀은 1994~2008년 사이에 일시적인 인플레이션 유발형 디레버리징 사이클을 경험했다. 이는 대외 압력에 직면한 상황에서 '환율 방어를 포기한' 전형적인 사례이다. 환율 방어를 포기하면 일시적인 인플레이션이 유발되지만, 정책 입안자들이 유연하게 금리를 조정할 수 있게 된다.

다음의 측정지수들은 그 뒤에 나올 통계 도표들을 요약하여 구성한 것이다. 이것은 개괄적인 수치임을 유념하기 바란다.

버블 국면

당시 필리핀의 버블 국면은 1994년부터 1997년까지 지속되었다. 버블 국면이 조성된 원인은 자본 유입의 과도한 증가, 통화 수익률의 증가가 맞물리며 자기 강화적 상승 국면이 만들어진 데 있다. 버블이 발생하는 동안 부채는 GDP 대비 12% 증가하여 위기 이전 최고치로 GDP의 95%에 달했다. 그중 상당 부분이 외화 부채(GDP의 51%)였기 때문에 외국 자본의 철수 가능성이 상당히 존재했다. 버블 국면에서 평균 투자 유입은 GDP의 약 12%로 꽤 활발하여, GDP의 5%에 해당하는 경상수지 적자를 메우는 데 도움이 되었다. 이러한 부채와 자본의 증가로 인해 높은 경제 성장률(5%)을 보였고, 경제 활동 수준은 완만했다(GDP 갭 최고 2%). 게다가 높은 자산 수익률(버블 기간 동안 주식 연평균 수익률 8%)은 더 많은 대출을 자극하고 성장을 촉진했다. 실질 환율은 최고 +23%에 달하면서, 경쟁력 문제가 불거졌다. 필리핀은 버블 압력과

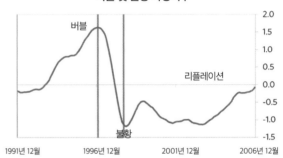

버블 및 불황 측정지수

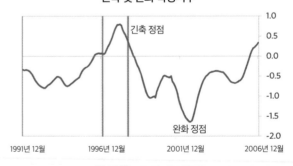

긴축 및 완화 측정지수

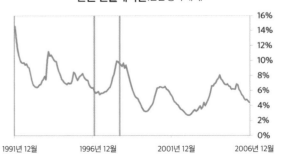

근원 인플레이션(전년 동기 대비)

필리핀 1994~2008년 사례 자동 요약 2

높은 외국 자본 의존도에 관련국의 경기 위축까지 맞물리며 버블 국면은 결국 지속 불가능한 상황이 되었다.

불황 국면

부채 사이클의 방향이 바뀌면서 결국 버블은 자기 강화적 특성상 터질 수밖에 없었다. 그리고 국제수지 위기와 통화 위기가 발생하며 불황 국면으로 진입하게 되었다. 이 버블 국면은 1997년부터 1998년까지 지속되었다. 필리핀은 외국 자본의 감소(자본 유입 GDP 대비 19% 감소)로 인해 긴축 정책을 단행하고(정책 입안자들은 단기 금리를 9% 인상) 큰 폭의 통화 가치 하락을 감수해야 했다(실질 환율 29% 하락). 동시에 GDP(3% 하락)와 주가(79% 하락)는 자기 강화적 하강 국면에 들어섰다. 게다가 통화 약세로 초래된 인플레이션 상승은 불황기 동안 최고 10%의 완만한 수준을 기록하여, 다른 유사 사례에 비해 낮은 편이었다. 필리핀에 심각한 악성 인플레이션의 전형적인 '위험 요인'이 약

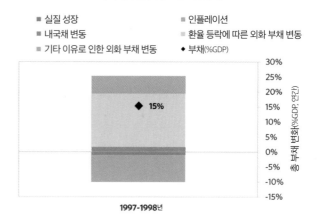

디레버리징 결정 요인: 불황기

- 실질 성장
- 인플레이션
- 내국채 변동
- 환율 등락에 따른 외화 부채 변동
- 기타 이유로 인한 외화 부채 변동
- ◆ 부채(%GDP)

◆ 15%

1997-1998년

간만 존재했다는 점을 고려하면 납득이 가는 수준이었다(가장 큰 위험 요인은 중앙은행의 외환 보유고 부족). 금융기관들도 상당한 압박을 받았다. 한편 중앙은행은 외환 보유고를 이용해(외환 보유고 60% 감소) 환율을 방어했으나, 나중에는 포기했다. 필리핀은 디레버리징이 필요했지만, 위쪽의 결정 요인 차트에서 볼 수 있듯이 통화 가치의 하락(외채 부담이 증가함) 등으로 GDP 대비 부채 비율이 24%(연간 15%) 증가했다.

---

* 앞의 두 도표는 각각 버블/불황 상태와 통화 및 신용의 긴축/완화를 측정한 지수를 보여준다. 각 측정값과 기준선 0 사이의 차이는 버블의 정도를 나타내는 한편, 기준선 위아래를 교차하는 지점은 버블 국면으로의 진입과 탈출을 나타낸다.

필리핀 1994~2008년 사례 자동 요약 3

리플레이션 국면

국제수지 위기와 통화 위기가 어떤 양상으로 전개될지는 자본 흐름의 역전 현상에 대한 정책 입안자의 대응 방식에 따라 크게 달라진다. (고통스럽지만 위기 해결을 위해 필요한) 긴축 정책을 시행하여 그에 따른 여파가 시장에 그대로 전해지도록 허용하는 방식으로 대응할 것인가, 혹은 자본 이탈에 따른 공백을 해결하기 위해 (인플레이션 유발 가능성을 무릅쓰고서라도) 다량의 화폐를 찍어내는 방안으로 대응할 것인가 등에 따라 달라질 수 있다. 당시 정책 입안자들은 고정 환율제를 포기하고, 평균보다 약간 짧은 추악한 디레버리징 국면을 거친 후, 긴축 재정에 돌입하여 수입 규모를 줄였다(경상수지 GDP 대비 11% 개선). 그리고 자국 통화의 보유 매력도를 올리려 했다. 필리핀은 부채 문제 해결의 전형적인 9가지 정책 수단 중 3개를 활용하며 다소 적극적으로 금융기관과 악성 부채를 관리했다. 또한 IMF의 지원을 받고, 노동시장의 유연성을 높이기 위해 구조 개혁도 시행했다. 오른쪽의 결정 요인 차트에서 볼 수 있듯이 조정 기간 동안 GDP 대비 부채 비율은 51%(연간 5%) 감소했다. 소

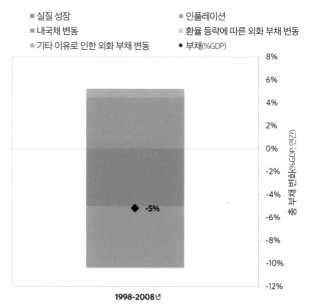

디레버리징 결정 요인: 리플레이션기

- ■ 실질 성장
- ■ 인플레이션
- ■ 내국채 변동
- ■ 환율 등락에 따른 외화 부채 변동
- ■ 기타 이유로 인한 외화 부채 변동
- ◆ 부채(%GDP)

1998-2008년

득 대비 부채 비율이 감소한 가장 큰 요인은 명목 소득의 증가였다. 한편 필리핀의 통화 가치는 상당히 하락해(아름다운 디레버리징 기간 실질 환율의 −24%로 최저치 기록) 다시 가격 경쟁력을 갖추게 되었다. 결국 GDP의 위축은 잠깐이었지만, 주가(미 달러 기준)가 회복되기까지는 16년이 걸렸다.

이 위기는 포퓰리스트 지도자로 잘 알려진 조지프 에스트라다Joseph Estrada 대통령이 권력을 잡을 수 있는 발판으로 작용하면서 필리핀 정세에 지대한 영향을 미쳤다.

필리핀 1994~2008년 통계 도표 모음 1

부채

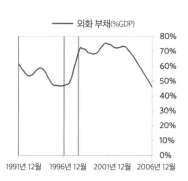

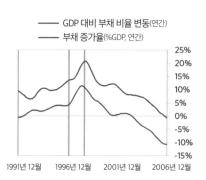

통화 및 재정 정책

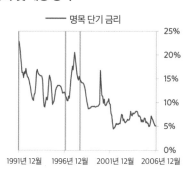

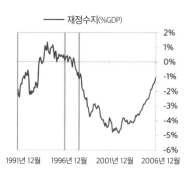

경제 상황

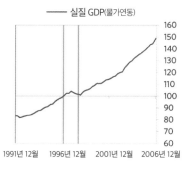

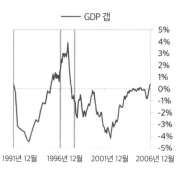

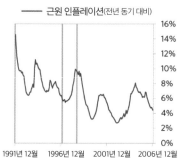

필리핀 1994~2008년 통계 도표 모음 2

시장

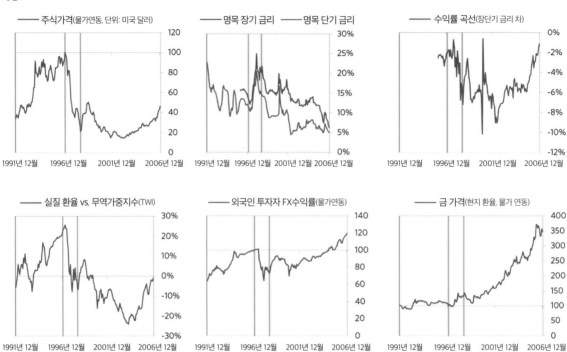

대외 포지션

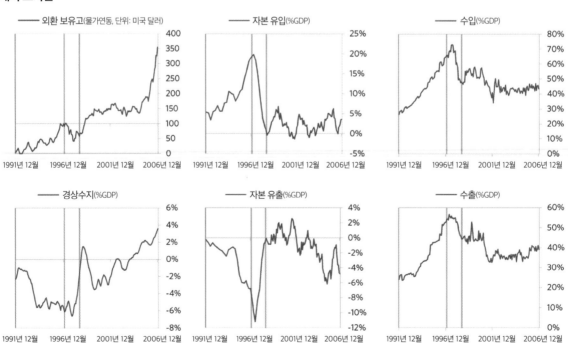

러시아 1996~2006년 사례 자동 요약 1

오른쪽의 도표에서 볼 수 있듯이 러시아는 1996~2006년 사이에 일시적인 인플레이션 유발형 디레버리징 사이클을 경험했다. 이는 대외 압력에 직면한 상황에서 '환율 방어를 포기한' 전형적인 사례이다. 환율 방어를 포기하면 일시적인 인플레이션이 유발되지만, 정책 입안자들이 유연하게 금리를 조정할 수 있게 된다.

다음의 측정지수들은 그 뒤에 나올 통계 도표들을 요약하여 구성한 것이다. 이것은 개괄적인 수치임을 유념하기 바란다.

버블 국면

러시아는 다른 사례들과 달리 위기 이전 몇 년 동안 버블을 광범위하게 경험하지 않았다. 하지만 버블 혹은 그에 준하는 상황에 처해 있던 다른 국가나 경제권, 금융시장과 밀접한 관련을 맺고 있었다. 그리고 지속 불가능하지만 강력한 자본의 대거 유입으로 부채는 위기 이전 GDP의 112%에 도달하면서, 부채가 상당히 누적된 상태였다. 그중 상당 부분이 외화 부채(GDP 대비 38%)였기 때문에 외국 자본의 철수 가능성이 상당히 존재했다. 또한 위기 이전 투자 유입이 수년간 평균 5%에 이르면서, 외국 자본 의존도가 높아졌다. 이처럼 부채 비율이 높고 외국 자본 의존도가 높은 상황에서 관련국의 경기 위축까지 맞물리면서 버블 국면은 결국 지속 불가능해지고 말았다.

버블 및 불황 측정지수

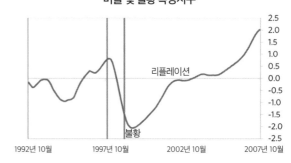

긴축 및 완화 측정지수

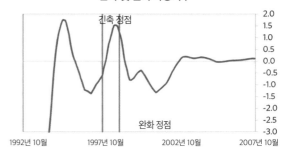

근원 인플레이션(전년 동기 대비)

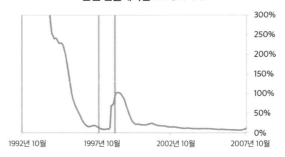

러시아 1996~2006년 사례 자동 요약 2

불황 국면

부채 사이클의 방향이 바뀌면서 결국 버블은 자기 강화적 특성상 터질 수밖에 없었다. 그리고 국제 수지 위기와 통화 위기가 발생하며 불황 국면으로 진입하게 되었다. 이 국면은 1997년부터 1998년까지 지속되었다. 부채 상환은 위기 이전 최고치로 GDP의 90%에 달하며, 러시아는 1997년 아시아 금융 위기와 유가 하락의 형태로 발생한 충격에 취약해졌다. 러시아는 외국 자본의 감소(자본 유입 GDP 대비 5% 감소)로 인해 긴축 정책을 단행하고(정책 입안자들은 단기 금리를 250% 이상 인상), 큰 폭의 통화 가치 하락을 감수해야 했다(실질 환율 72% 하락). 동시에 GDP(10% 하락)와 주가(85% 하락)는 자기 강화적 하강 국면에 들어섰다. 게다가 통화 약세로 초래된 인플레이션 상승은 불황기 동안 최고 91%로 제법 높은 수준을 기록하여, 다른 유사 사례에 비해 높은 편이었다. 러시아에 심각한 악성 인플레이션의 전형적인 '위험 요인'이 적잖게 존재했다는 점을 고려하면 납득이 가는 수준이었다

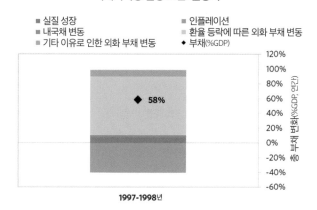

디레버리징 결정 요인: 불황기

- 실질 성장
- 인플레이션
- 내국채 변동
- 환율 등락에 따른 외화 부채 변동
- 기타 이유로 인한 외화 부채 변동
- ◆ 부채(%GDP)

◆ 58%

1997-1998년

(가장 큰 위험 요인은 인플레이션 통제력의 결여). 금융기관들도 상당한 압박을 받았다. 한편 중앙은행은 외환 보유고를 이용해(외환 보유고 55% 감소) 환율을 방어했으나, 나중에는 포기했다. 러시아는 디레버리징이 필요했지만, 위쪽의 결정 요인 차트에서 볼 수 있듯이 통화 가치의 하락(외화 부채 부담이 증가함)과 위기 대응을 위한 정부 차입 증가(재정 적자는 GDP 대비 5%로 최고치에 달함)로 GDP 대비 부채 비율이 63%(연간 58%) 증가했다.

---

* 앞의 두 도표는 각각 버블/불황 상태와 통화 및 신용의 긴축/완화를 측정한 지수를 보여준다. 각 측정값과 기준선 0 사이의 차이는 버블의 정도를 나타내는 한편, 기준선 위아래를 교차하는 지점은 버블 국면으로의 진입과 탈출을 나타낸다.

러시아 1996~2006년 사례 자동 요약 3

리플레이션 국면

국제수지 위기와 통화 위기가 어떤 양상으로 전개 될지는 자본 흐름의 역전 현상에 대한 정책 입안자의 대응 방식에 따라 크게 달라진다. 구체적으로 말해, (고통스럽지만 위기 해결을 위해 필요한) 긴축 정책을 시행하여 그에 따른 긴축의 여파가 시장에 그대로 전해지도록 허용하는 방식으로 대응할 것인가, 혹은 자본 이탈에 따른 공백을 해결하기 위해 (인플레이션 유발 가능성을 무릅쓰고서라도) 다량의 화폐를 찍어내는 방안으로 대응할 것인가 등에 따라 달라질 수 있다. 당시 정책 입안자들은 고정 환율제를 포기하고, 비교적 짧은 추악한 디레버리징 국면을 거친 후, 긴축 재정에 돌입하여 수입 규모를 줄였다(경상수지 GDP 대비 8% 개선). 그리고 자국 통화의 보유 매력도를 올리려 했다. 러시아는 부채 문제 해결의 전형적인 9가지 정책 수단 중 6개를 활용하며 매우 적극적으로 금융 기관과 악성 부채를 관리했다. 특히 은행을 국유화하고, 유동성을 공급했으며, 부실 자산을 직접 인수했다. 또한 IMF의 지원을 받고, 노동시장의 유연성을 높이기 위해 구조 개혁도 시행했다. 오른쪽의 결

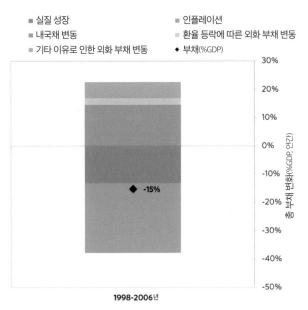

디레버리징 결정 요인: 리플레이션기

- 실질 성장
- 내국채 변동
- 기타 이유로 인한 외화 부채 변동
- 인플레이션
- 환율 등락에 따른 외화 부채 변동
- ◆ 부채(%GDP)

◆ -15%

총부채 변화(%GDP, 연간)

1998-2006년

정 요인 차트에서 볼 수 있듯이 조정 기간 동안 GDP 대비 부채 비율은 119%(연간 15%) 감소했다. 소득 대비 부채 비율이 감소한 가장 큰 요인은 명목 소득의 증가였다. 한편 러시아의 통화 가치는 상당히 하락해(아름다운 디레버리징 기간 실질 환율의 −43%로 최저치 기록) 다시 가격 경쟁력을 갖추게 되었다. 실질 GDP가 과거 최고치로 복귀하기까지 1.8년, 주가(미 달러 기준)가 회복되기까지는 6년이 걸렸다.

러시아 1996~2006년 통계 도표 모음 1

부채

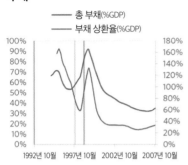

총 부채(%GDP)
부채 상환율(%GDP)

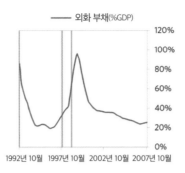

외화 부채(%GDP)

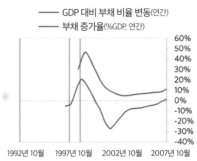

GDP 대비 부채 비율 변동(연간)
부채 증가율(%GDP, 연간)

통화 및 재정 정책

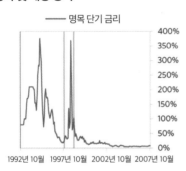

명목 단기 금리

본원통화 규모(%GDP)

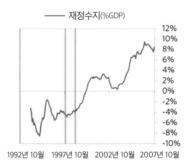

재정수지(%GDP)

경제 상황

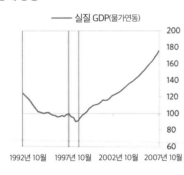

실질 GDP(물가연동)

실질 성장률(전년 동기 대비)

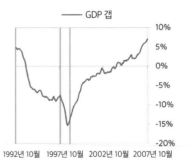

GDP 갭

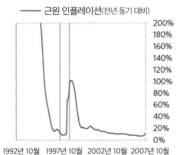

근원 인플레이션(전년 동기 대비)

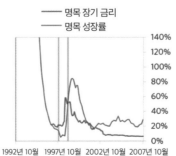

명목 장기 금리
명목 성장률

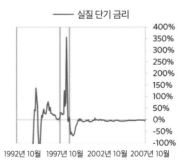

실질 단기 금리

러시아 1996~2006년 통계 도표 모음 2

시장

주식가격(물가연동, 단위: 미국 달러)

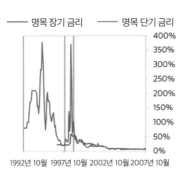

명목 장기 금리   명목 단기 금리

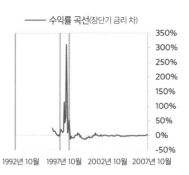

수익률 곡선(장단기 금리 차)

실질 환율 vs. 무역가중지수(TWI)

외국인 투자자 FX수익률(물가연동)

금 가격(현지 환율, 물가 연동)

대외 포지션

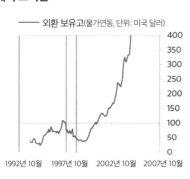

외환 보유고(물가연동, 단위: 미국 달러)

자본 유입(%GDP)

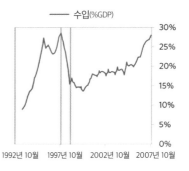

수입(%GDP)

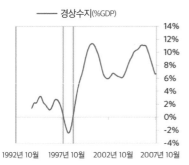

경상수지(%GDP)

자본 유출(%GDP)

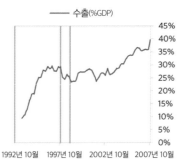

수출(%GDP)

콜롬비아 1995~2008년 사례 자동 요약 1

오른쪽의 도표에서 볼 수 있듯이 콜롬비아는 1995~2008년 사이에 일시적인 인플레이션 유발형 디레버리징 사이클을 경험했다. 이는 대외 압력에 직면한 상황에서 '환율 방어를 포기한' 전형적인 사례이다. 환율 방어를 포기하면 일시적인 인플레이션이 유발되지만, 정책 입안자들이 유연하게 금리를 조정할 수 있게 된다.

다음의 측정지수들은 그 뒤에 나올 통계 도표들을 요약하여 구성한 것이다. 이것은 개괄적인 수치임을 유념하기 바란다.

버블 국면

당시 콜롬비아의 버블 국면은 1995년부터 1998년까지 지속되었다. 버블 국면이 조성된 원인은 자본 유입의 과도한 증가, 부채 증가, 경제 성장률 증가, 주택 수익률 증가가 맞물리며 자기 강화적 상승 국면이 만들어진 데 있다. 버블이 발생하는 동안 부채는 GDP 대비 11% 증가하여 위기 이전 최고치로 GDP의 58%에 달했다. 그중 상당 부분이 외화 부채(GDP의 30%)였기 때문에 외국 자본의 철수 가능성이 상당히 존재했다. 버블 국면에서 평균 투자 유입은 GDP의 약 8%로 적절히 활발하여, GDP의 5%에 해당하는 경상수지 적자를 메우는 데 도움이 되었다. 이러한 부채와 자본 증가로 인해 높은 경제 성장률(3%)을 보였고, 경제 활동 수준도 높았다(GDP 갭 최고 5%). 실질 환율은 최고 +16%에 달하면서, 경쟁력 문제가 대두되었다. 버블 압력과 높은 외국 자본 의존도에 관련국의 경기 위축까지 맞물리며 버블 국면은 결국 지속 불

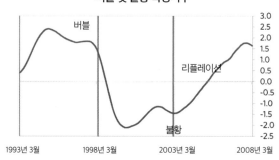

버블 및 불황 측정지수

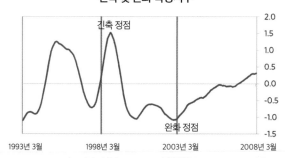

긴축 및 완화 측정지수

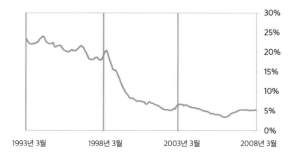

근원 인플레이션(전년 동기 대비)

콜롬비아 1995~2008년 사례 자동 요약 2

가능한 상황이 되었다.

불황 국면

부채 사이클의 방향이 바뀌면서 결국 버블은 자기 강화적 특성상 터질 수밖에 없었다. 그리고 국제수지 위기와 통화 위기가 발생하며 불황 국면으로 진입하게 되었다. 이 국면은 1998년부터 2003년까지 지속되었다. 높은 부채 수준으로 콜롬비아는 1997년 아시아 금융 위기의 형태로 발생한 충격에 취약해졌다. 콜롬비아는 외국 자본의 감소(자본 유입 GDP 대비 8% 감소)로 인해 긴축 정책을 단행하고(정책 입안자들은 단기 금리를 20% 인상) 큰 폭의 통화 가치 하락을 감수해야 했다(실질 환율 45% 하락). 동시에 GDP(7% 하락)와 주가(66% 하락)는 자기 강화적 하강 국면에 들어섰다. 실업률은 6% 증가한 한편, 통화 약세로 초래된 인플레이션 상승은 불황기 동안 최고 20%의 완만한 수준을 기록하여, 다른 유사 사례에 비해 낮은 편이었다. 콜롬비아에 심각한 악성 인플레이션의 전형적인 '위

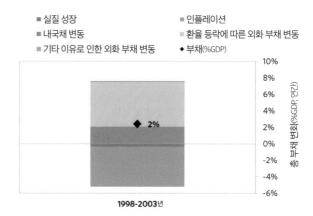

디레버리징 결정 요인: 불황기

- ■ 실질 성장
- ■ 인플레이션
- ■ 내국채 변동
- ■ 환율 등락에 따른 외화 부채 변동
- ■ 기타 이유로 인한 외화 부채 변동
- ◆ 부채(%GDP)

◆ 2%

총부채 변화(%GDP, 연간)

1998-2003년

험 요인'이 적잖게 존재했다는 점을 고려하면 의외였다(가장 큰 위험 요인은 인플레이션 통제력의 결여). 금융기관들도 상당한 압박을 받았다. 한편 중앙은행은 외환 보유고를 이용해(외환 보유고 37% 감소) 환율을 방어했으나, 나중에는 포기했다. 콜롬비아는 디레버리징이 필요했지만, 위쪽의 결정 요인 차트에서 볼 수 있듯이 통화 가치의 하락(외화 부채 부담이 증가함)과 위기 대응을 위한 정부 차입 증가(재정 적자는 GDP 대비 5%로 최고치에 달함) 등의 이유로 GDP 대비 부채 비율이 12%(연간 2%) 증가했다.

---

* 앞의 두 도표는 각각 버블/불황 상태와 통화 및 신용의 긴축/완화를 측정한 지수를 보여준다. 각 측정값과 기준선 0 사이의 차이는 버블의 정도를 나타내는 한편, 기준선 위아래를 교차하는 지점은 버블 국면으로의 진입과 탈출을 나타낸다.

콜롬비아 1995~2008년 사례 자동 요약 3

리플레이션 국면

국제수지 위기와 통화 위기가 어떤 양상으로 전개 될지는 자본 흐름의 역전 현상에 대한 정책 입안자의 대응 방식에 따라 크게 달라진다. 구체적으로 말해, (고통스럽지만 위기 해결을 위해 필요한) 긴축 정책을 시 행하여 그에 따른 긴축의 여파가 시장에 그대로 전해 지도록 허용하는 방식으로 대응할 것인가, 혹은 자 본 이탈에 따른 공백을 해결하기 위해 (인플레이션 유 발 가능성을 무릅쓰고서라도) 다량의 화폐를 찍어내는 방안으로 대응할 것인가 등에 따라 달라질 수 있다. 당시 정책 입안자들은 고정 환율제를 포기하고, 평 균보다 약간 긴 추악한 디레버리징 국면을 거친 후, 긴축 재정에 돌입하여 수입 규모를 줄였다(경상수지 GDP 대비 5% 개선). 그리고 자국 통화의 보유 매력도를 올리려 했다. 콜롬비아는 부채 문제 해결의 전형적 인 9가지 정책 수단 중 6개를 활용하며 매우 적극적 으로 금융기관과 악성 부채를 관리했다. 특히 은행 을 국유화하고, 유동성을 공급했으며, 부실 자산을 직접 인수했다. 또한 IMF의 지원을 받고, 노동시장 의 유연성을 높이기 위해 구조 개혁도 시행했다. 오

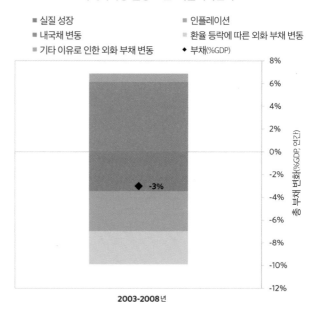

디레버리징 결정 요인: 리플레이션기

- 실질 성장
- 인플레이션
- 내국채 변동
- 환율 등락에 따른 외화 부채 변동
- 기타 이유로 인한 외화 부채 변동
- ◆ 부채(%GDP)

총 부채 변화(%GDP, 연간)

-3%

2003-2008년

른쪽의 결정 요인 차트에서 볼 수 있듯이 조정 기간 동안 GDP 대비 부채 비율은 16%(연간 3%) 감소했다. 소득 대비 부채 비율이 감소한 가장 큰 요인은 명목 소득의 증가였다. 한편 콜롬비아의 통화 가치는 이제 상당히 하락해(아름다운 디레버리징 기간 실질 환율의 -29%로 최저치 기록) 다시 가격 경쟁력을 갖추게 되었 다. 실질 GDP가 과거 최고치로 복귀하기까지 4년, 주가(미 달러 기준)가 회복되기까지는 7년이 걸렸다.

콜롬비아 1995~2008년 통계 도표 모음 1

부채

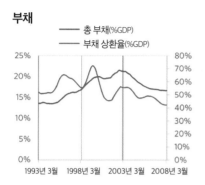

통화 및 재정 정책

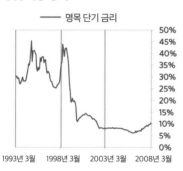

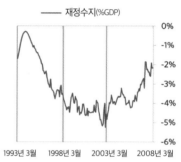

경제 상황

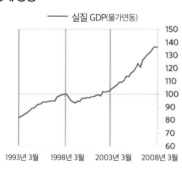

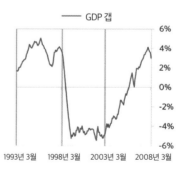

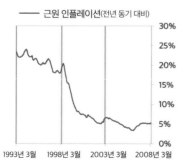

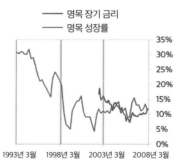

콜롬비아 1995~2008년 통계 도표 모음 2

시장

대외 포지션

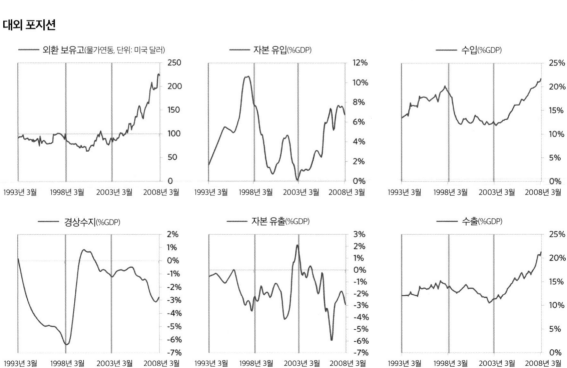

에콰도르 1995~2009년 사례 자동 요약 1

오른쪽의 도표에서 볼 수 있듯이 에콰도르는 1995~2009년 사이에 전형적인 인플레이션 유발형 디레버리징 사이클을 경험했다.

다음의 측정지수들은 그 뒤에 나올 통계 도표들을 요약하여 구성한 것이다. 이것은 개괄적인 수치임을 유념하기 바란다.

버블 국면

에콰도르는 다른 사례들과 달리 위기 이전 몇 년 동안 버블을 광범위하게 경험하지 않았다. 하지만 버블 혹은 그에 준하는 상황에 처해 있던 다른 국가나 경제권, 금융시장과 밀접한 관련을 맺고 있었다. 그리고 부채가 위기 이전 GDP 대비 85%에 도달하면서, 상당히 누적된 상태였다. 그중 상당 부분이 외화 부채(GDP 대비 56%)였기 때문에 외국 자본의 철수 가능성이 상당히 존재했다. 또한 경상수지 적자가 GDP 대비 4%를 기록하고, 꾸준한 투자 유입으로 외국 자본 의존도가 높아졌다(위기 이전 투자 유입은 수년간 평균 3%). 이처럼 에콰도르는 높은 부채 비율과 높은 외국 자본 의존도에 관련국의 경기 위축까지 맞물리며 버블 국면은 결국 지속 불가능한 상황이 되었다.

불황 국면

부채 사이클의 방향이 바뀌면서 결국 버블은 자기

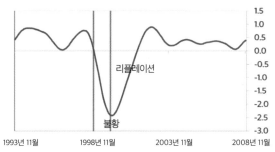

버블 및 불황 측정지수

리플레이션

불황

1993년 11월 / 1998년 11월 / 2003년 11월 / 2008년 11월

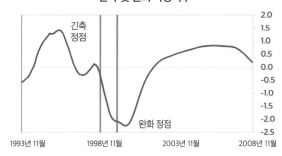

긴축 및 완화 측정지수

긴축 정점

완화 정점

1993년 11월 / 1998년 11월 / 2003년 11월 / 2008년 11월

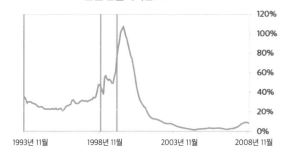

근원 인플레이션(전년 동기 대비)

1993년 11월 / 1998년 11월 / 2003년 11월 / 2008년 11월

에콰도르 1995~2009년 사례 자동 요약 2

강화적 특성상 터질 수밖에 없었다. 그리고 국제수지 위기와 통화 위기가 발생하며 불황 국면으로 진입하게 되었다. 이 국면은 1998년부터 2000년까지 지속되었다. 높은 부채 수준으로 에콰도르는 1997년 아시아 금융 위기의 형태로 발생한 충격에 취약해졌다. 에콰도르는 외국 자본의 감소(자본 유입 GDP 대비 11% 감소)로 인해 큰 폭의 통화 가치 하락을 감수해야 했다(실질 환율 60% 하락). 동시에 GDP(6% 하락)와 주가(62% 하락)는 자기 강화적 하강 국면에 들어섰다. 실업률은 2% 증가한 한편, 통화 약세로 초래된 인플레이션 상승은 불황기 동안 최고 76%의 제법 높은 수준을 기록하여, 다른 유사 사례에 비해 높은 편이었다. 에콰도르에 심각한 악성 인플레이션의 전형적인 '위험 요인' 대부분이 존재했다는 점을 고려하면 납득이 가는 수준이었다(가장 큰 위험 요인은 낮은 단기 실질 금리). 금융기관들도 상당한 압박을 받았다. 한편 중앙은행은 외환 보유고를 이용해(외환 보유고 61% 감소) 환율을 방어했으나, 나중에는 포기했다. 에콰도르는

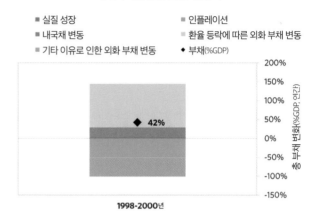

디레버리징 결정 요인: 불황기

- ■ 실질 성장
- ■ 인플레이션
- ■ 내국채 변동
- ■ 환율 등락에 따른 외화 부채 변동
- ■ 기타 이유로 인한 외화 부채 변동
- ◆ 부채(%GDP)

42%

1998-2000년

디레버리징이 필요했지만, 위의 결정 요인 차트에서 볼 수 있듯이 통화 가치의 하락(외채 부담이 증가함)으로 GDP 대비 부채 비율이 46%(연간 42%) 증가했다.

---

* 앞의 두 도표는 각각 버블/불황 상태와 통화 및 신용의 긴축/완화를 측정한 지수를 보여준다. 각 측정값과 기준선 0 사이의 차이는 버블의 정도를 나타내는 한편, 기준선 위아래를 교차하는 지점은 버블 국면으로의 진입과 탈출을 나타낸다.

에콰도르 1995~2009년 사례 자동 요약 3

리플레이션 국면

국제수지와 통화 위기가 어떤 양상으로 전개될지는 자본 흐름의 역전 현상에 대한 정책 입안자의 대응 방식에 따라 크게 달라진다. (고통스럽지만 위기 해결을 위해 필요한) 긴축 정책을 시행하여, 그 여파가 시장에 그대로 전해지도록 허용하는 방식으로 대응할 것인가, 혹은 자본 이탈에 따른 공백을 해결하기 위해(인플레이션 유발 가능성을 무릅쓰고서라도) 다량의 화폐를 찍어내는 방안으로 대응할 것인가 등에 따라 달라질 수 있다. 당시 정책 입안자들은 고정 환율제를 포기하고, 비교적 짧은 추악한 디레버리징 국면을 거친 후, 긴축 재정에 돌입해 수입 규모를 줄였다(경상수지 GDP 대비 11% 개선). 그리고 자국 통화의 보유 매력도를 올리려 했다. 에콰도르는 부채 문제 해결의 전형적인 9가지 정책 수단을 모두 활용해 매우 적극적으로 금융기관과 악성 부채를 관리했다. 특히 은행을 국유화하고, 유동성을 공급했으며, 부실 자산을 직접 인수했다. 또한 IMF의 지원을 받고, 노동시장의 유연성을 높이기 위해 구조 개혁도 시행했다. 오른쪽의 결정 요인 차트에서 볼 수 있듯이 조정 기간 동안 GDP 대비

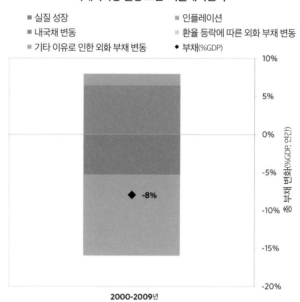

디레버리징 결정 요인: 리플레이션기

- ■ 실질 성장
- ■ 인플레이션
- ■ 내국채 변동
- ■ 환율 등락에 따른 외화 부채 변동
- ■ 기타 이유로 인한 외화 부채 변동
- ◆ 부채(%GDP)

총 부채 변화(%GDP, 연간)

2000-2009년

부채 비율은 79%(연간 8%) 감소했다. 소득 대비 부채 비율이 감소한 가장 큰 요인은 명목 소득의 증가였다. 한편 에콰도르의 통화 가치는 상당히 하락해(아름다운 디레버리징 기간 실질 환율의 −55%로 최저치 기록) 다시 가격 경쟁력을 갖추게 되었다. 실질 GDP가 과거 최고치로 복귀하기까지 1.8년, 주가(미 달러 기준)가 회복되기까지는 5년이 걸렸다. 이 위기는 포퓰리스트 지도자로 잘 알려진 루치오 구티에레스Lucio Gutierrez 대통령이 2003년 권력을 잡을 수 있는 발판으로 작용하면서 에콰도르 정세에 지대한 영향을 미쳤다.

에콰도르 1995~2009년 통계 도표 모음 1

부채

총 부채(%GDP)
부채 상환율(%GDP)

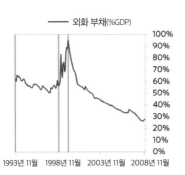

외화 부채(%GDP)

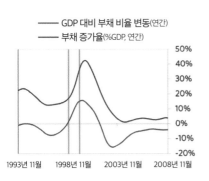

GDP 대비 부채 비율 변동(연간)
부채 증가율(%GDP, 연간)

통화 및 재정 정책

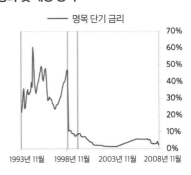

명목 단기 금리

본원통화 규모(%GDP)

재정수지(%GDP)

경제 상황

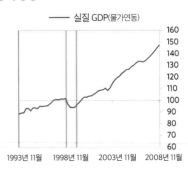

실질 GDP(물가연동)

실질 성장률(전년 동기 대비)

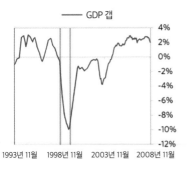

GDP 갭

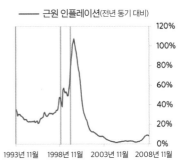

근원 인플레이션(전년 동기 대비)

명목 장기 금리
명목 성장률

실질 단기 금리

에콰도르 1995~2009년 통계 도표 모음 2

시장

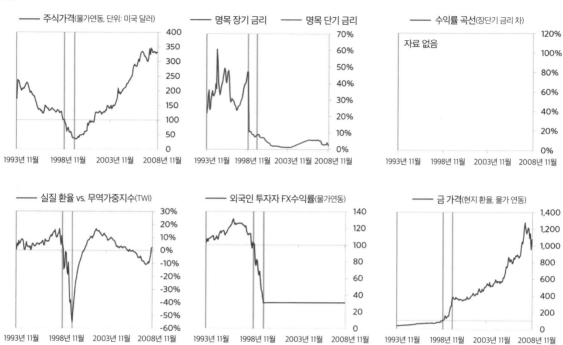

대외 포지션

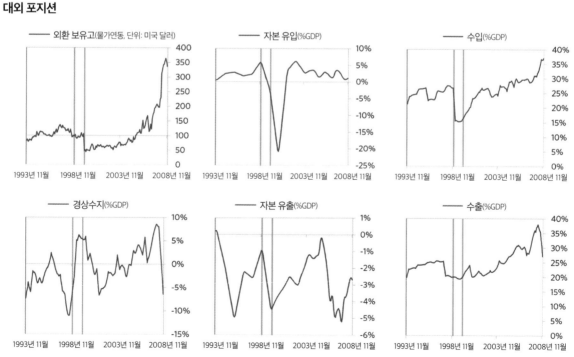

터키 1997~2003년 사례 자동 요약 1

오른쪽의 도표에서 볼 수 있듯이 터키는 1997~2003년 사이에 전형적인 인플레이션 유발형 디레버리징 사이클을 경험했다.

다음의 측정지수들은 그 뒤에 나올 통계 도표들을 요약하여 구성한 것이다. 이것은 개괄적인 수치임을 유념하기 바란다.

버블 국면

당시 터키의 버블 국면은 1997년부터 2000년까지 지속되었다. 버블 국면이 조성된 원인은 자본 유입의 과도한 증가, 부채 증가, 자기자본 수익률 증가, 경제 성장률 증가가 맞물리며 자기 강화적 상승 국면이 만들어진 데 있다. 버블이 발생하는 동안 부채는 GDP 대비 17% 증가하여 위기 이전 최고치로 GDP의 60%에 달했다. 그중 상당 부분이 외화 부채(GDP 대비 46%)였기 때문에 외국 자본의 철수 가능성이 상당히 존재했다. 버블 국면에서 평균 투자 유입은 GDP 대비 약 3%로, 저조하게나마 지속되었다. 이러한 부채와 자본의 증가로 인해 완만한 경제 성장률(2%)을 보였고, 경제 활동 수준은 높았다(GDP 갭 최고 9%). 게다가 높은 자산 수익률(버블 기간 동안 주식 연평균 수익률 22%)은 더 많은 대출을 자극하고 성장을 촉진했다. 터키는 버블 압력과 외국 자본 의존도가 높아지며 버블 국면은 결국 지속 불가능한 상황이 되었다.

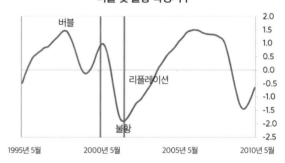

버블 및 불황 측정지수

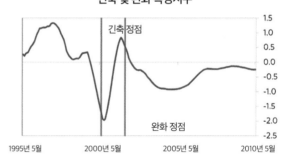

긴축 및 완화 측정지수

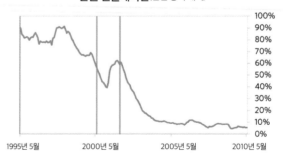

근원 인플레이션(전년 동기 대비)

터키 1997~2003년 사례 자동 요약 2

불황 국면

부채 사이클의 방향이 바뀌면서 결국 버블은 자기 강화적 특성상 터질 수밖에 없었다. 그리고 국제수지 위기와 통화 위기가 발생하며 불황 국면으로 진입하게 되었다. 이 국면은 2000년부터 2001년까지 지속되었다. 부채 상환은 위기 이전 최고치로 GDP의 30%에 달하며, 터키는 정치적 혼란과 폭력이라는 충격에 취약해졌다. 터키는 외국 자본의 감소(자본 유입 GDP 대비 10% 감소)로 인해 긴축을 단행하고(단기 금리 157% 인상), 큰 폭의 통화 가치 하락을 감수해야 했다(실질 환율 12% 하락). 동시에 GDP(10% 하락)와 주가(78% 하락)는 자기 강화적 하강 국면에 들어섰다. 실업률은 3% 증가한 반면, 통화 약세로 초래된 인플레이션 상승은 불황기 동안 최고 62%의 높은 수준을 기록하여, 다른 유사 사례에 비해 높은 편이었다. 터키에 심각한 악성 인플레이션의 전형적인 '위험 요인' 대부분이 존재했다는 점을 고려하면 납득이 가는 수준이었다(가장 큰 위험 요인은 인플레이션 통제력의 결여).

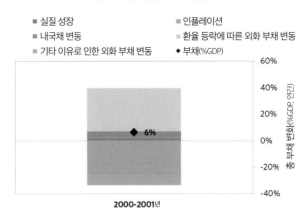

디레버리징 결정 요인: 불황기

- 실질 성장
- 인플레이션
- 내국채 변동
- 환율 등락에 따른 외화 부채 변동
- 기타 이유로 인한 외화 부채 변동
- ◆ 부채(%GDP)

6%

총 부채 변화(%GDP, 연간)

60%
40%
20%
0%
-20%
-40%

2000-2001년

금융기관들도 상당한 압박을 받았다. 한편 중앙은행은 외환 보유고를 이용해(외환 보유고 100% 감소) 환율을 방어했으나, 나중에는 포기했다. 터키는 디레버리징이 필요했지만, 위쪽의 결정 요인 차트에서 볼 수 있듯이 통화 가치의 하락(외화 부채 부담이 증가함)과 위기 대응을 위한 정부 차입 증가(재정 적자는 GDP 대비 11%로 최고치에 달함)로 GDP 대비 부채 비율이 9%(연간 6%) 증가했다.

---

* 앞의 두 도표는 각각 버블/불황 상태와 통화 및 신용의 긴축/완화를 측정한 지수를 보여준다. 각 측정값과 기준선 0 사이의 차이는 버블의 정도를 나타내는 한편, 기준선 위아래를 교차하는 지점은 버블 국면으로의 진입과 탈출을 나타낸다.

터키 1997~2003년 사례 자동 요약 3

리플레이션 국면

국제수지 위기와 통화 위기가 어떤 양상으로 전개될지는 자본 흐름의 역전 현상에 대한 정책 입안자의 대응 방식에 따라 크게 달라진다. 구체적으로 말해, (고통스럽지만 위기 해결을 위해 필요한) 긴축 정책을 시행하여 그에 따른 여파가 시장에 그대로 전해지도록 허용하는 방식으로 대응할 것인가, 혹은 자본 이탈에 따른 공백을 해결하기 위해 (인플레이션 유발 가능성을 무릅쓰고서라도) 다량의 화폐를 찍어내는 방안으로 대응할 것인가 등에 따라 달라질 수 있다. 당시 정책 입안자들은 고정 환율제를 포기하고, 평균보다 약간 짧은 추악한 디레버리징 국면을 거친 후, 긴축 재정에 돌입하여 수입 규모를 줄였다(경상수지 GDP 대비 5% 개선). 그리고 자국 통화의 보유 매력도를 올리려 했다. 터키는 부채 문제 해결의 전형적인 9가지 정책 수단 중 7개를 활용하며 매우 적극적으로 금융기관과 악성 부채를 관리했다. 특히 은행을 국유화하고, 유동성을 공급했으며, 부실 자산을 직접 인수했다. 또한 IMF의 지원을 받고, 노동시장의 유연성을 높이기 위해 구조 개혁도 시행했다. 오른쪽의 결정 요인

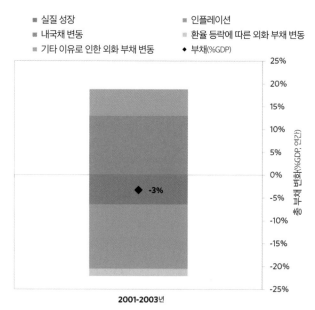

디레버리징 결정 요인: 리플레이션기

- 실질 성장
- 인플레이션
- 내국채 변동
- 환율 등락에 따른 외화 부채 변동
- 기타 이유로 인한 외화 부채 변동
- 부채(%GDP)

2001-2003년

차트에서 볼 수 있듯이 조정 기간 동안 GDP 대비 부채 비율은 6%(연간 3%) 감소했다. 소득 대비 부채 비율이 감소한 가장 큰 요인은 명목 소득의 증가였다. 한편 터키의 통화 가치는 이제 상당히 하락해(아름다운 디레버리징 기간 실질 환율의 –18%로 최저치 기록) 다시 가격 경쟁력을 갖추게 되었다. 실질 GDP가 과거 최고치로 복귀하기까지 2년, 주가(미 달러 기준)가 회복되기까지는 6년이 걸렸다.

터키 1997~2003년 통계 도표 모음 1

부채

— 총 부채(%GDP)
— 부채 상환율(%GDP)

— 외화 부채(%GDP)

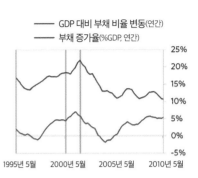

— GDP 대비 부채 비율 변동(연간)
— 부채 증가율(%GDP, 연간)

통화 및 재정 정책

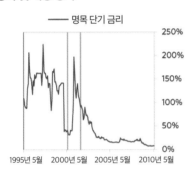

— 명목 단기 금리

— 본원통화 규모(%GDP)

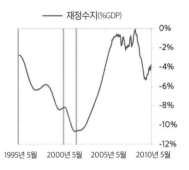

— 재정수지(%GDP)

경제 상황

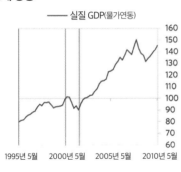

— 실질 GDP(물가연동)

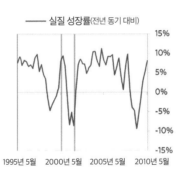

— 실질 성장률(전년 동기 대비)

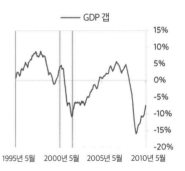

— GDP 갭

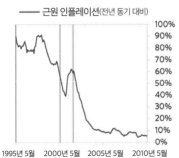

— 근원 인플레이션(전년 동기 대비)

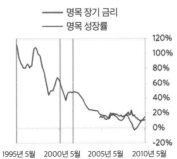

— 명목 장기 금리
— 명목 성장률

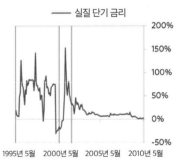

— 실질 단기 금리

터키 1997~2003년 통계 도표 모음 2

시장

주식가격(물가연동, 단위: 미국 달러)

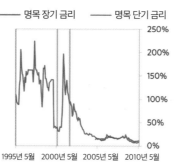

명목 장기 금리 　명목 단기 금리

수익률 곡선(장단기 금리 차)

실질 환율 vs. 무역가중지수(TWI)

외국인 투자자 FX수익률(물가연동)

금 가격(현지 환율, 물가 연동)

대외 포지션

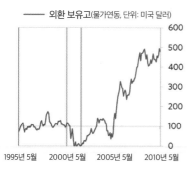

외환 보유고(물가연동, 단위: 미국 달러)

자본 유입(%GDP)

수입(%GDP)

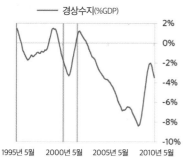

경상수지(%GDP)

자본 유출(%GDP)

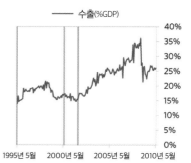

수출(%GDP)

아르헨티나 1998~2012년 사례 자동 요약 1

오른쪽의 도표에서 볼 수 있듯이 아르헨티나는 1998~2012년 사이에 전형적인 인플레이션 유발형 디레버리징 사이클을 경험했다. 이는 대외 압력에 직면한 상황에서 '환율 방어를 포기한' 전형적인 사례이다. 환율 방어를 포기하면 일시적인 인플레이션이 유발되지만, 정책 입안자들이 유연하게 금리를 조정할 수 있게 된다.

다음의 측정지수들은 그 뒤에 나올 통계 도표들을 요약하여 구성한 것이다. 이것은 개괄적인 수치임을 유념하기 바란다.

버블 국면

당시 아르헨티나의 버블 국면은 1998년부터 2001년까지 지속되었다. 버블 국면이 조성된 원인은 자본 유입의 과도한 증가, 통화 수익률 증가가 맞물리며 자기 강화적 상승 국면이 만들어진 데 있다. 버블이 끝날 무렵, 부채는 위기 이전 최고치로 GDP 대비 78%에 이르렀다. 그중 상당 부분이 외화 부채(GDP 대비 47%)였기 때문에 외국 자본의 철수 가능성이 상당히 존재했다. 버블 국면에서 평균 투자 유입은 GDP의 약 11%로 꽤 활발하여, GDP의 5%에 해당하는 경상수지 적자를 메우는 데 도움이 되었다. 경제 활동 수준은 높았지만(GDP 갭 최고 9%), 경제 성장률은 0%에 그쳤다. 실질 환율은 최고 +39%에 달하면서, 경쟁력 문제가 불거졌다. 아르헨티나는 버블 압력과 높은 외국 자본 의본도에 관련국의 경기 위축까지 맞물리며 버블 국면은 결국 지속 불가능한 상황이 되었다.

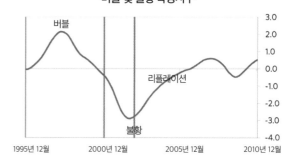

버블 및 불황 측정지수

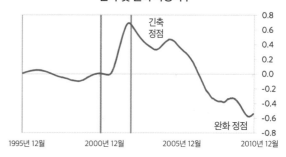

긴축 및 완화 측정지수

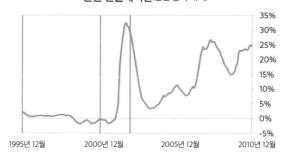

근원 인플레이션(전년 동기 대비)

아르헨티나 1998~2012년 사례 자동 요약 2

불황 국면

부채 사이클의 방향이 바뀌면서 결국 버블은 자기 강화적 특성상 터질 수밖에 없었다. 그리고 국제 수지 위기와 통화 위기가 발생하며 불황 국면으로 진입하게 되었다. 이 국면은 2001년부터 2002년까지 지속되었다. 높은 부채 수준으로 아르헨티나는 1990년대 후반 신흥국 위기의 형태로 발생한 충격에 취약해졌다. 아르헨티나는 외국 자본의 감소(자본 유입 GDP 대비 10% 감소)로 인해 긴축을 단행하고(정책 입안자들은 단기 금리를 173% 인상) 큰 폭의 통화 가치 하락을 감수해야 했다(실질 환율 77% 하락). 동시에 GDP(15% 하락)와 주가(82% 하락)는 자기 강화적 하강 국면에 들어섰다. 실업률은 3% 증가한 한편, 통화 약세로 초래된 인플레이션 상승은 불황기 동안 최고 32%의 제법 높은 수준을 기록하여, 다른 유사 사례와 비슷한 편이었다. 아르헨티나에 심각한 악성 인플레이션의 전형적인 '위험 요인'이 적잖게 존재했다는 점을 고려하면 납득이 가는 수준이었다(가장 큰 위험 요인은 인플레이션

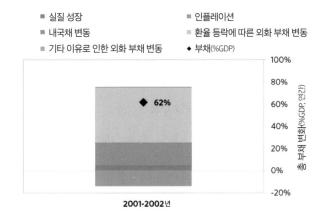

디레버리징 결정 요인: 불황기

- ■ 실질 성장
- ■ 내국채 변동
- ■ 기타 이유로 인한 외화 부채 변동
- ■ 인플레이션
- ■ 환율 등락에 따른 외화 부채 변동
- ◆ 부채(%GDP)

◆ 62%

2001-2002년

통제력의 결여). 금융기관들도 상당한 압박을 받았다. 한편 중앙은행은 외환 보유고를 이용해(외환 보유고 66% 감소) 환율을 방어했으나, 나중에는 포기했다. 아르헨티나는 디레버리징이 필요했지만, 위쪽의 결정 요인 차트에서 볼 수 있듯이 통화 가치의 하락(외화 부채 부담이 증가함)과 위기 대응을 위한 정부 차입 증가(재정 적자는 GDP 대비 4%로 최고치에 달함) 등의 이유로 GDP 대비 부채 비율이 118%(연간 62%) 증가했다.

---

* 앞의 두 도표는 각각 버블/불황 상태와 통화 및 신용의 긴축/완화를 측정한 지수를 보여준다. 각 측정값과 기준선 0 사이의 차이는 버블의 정도를 나타내는 한편, 기준선 위아래를 교차하는 지점은 버블 국면으로의 진입과 탈출을 나타낸다.

아르헨티나 1998~2012년 사례 자동 요약 3

리플레이션 국면

국제수지 위기와 통화 위기가 어떤 양상으로 전개될지는 자본 흐름의 역전 현상에 대한 정책 입안자의 대응 방식에 따라 크게 달라진다. (고통스럽지만 위기 해결을 위해 필요한) 긴축 정책을 시행하여 그 여파가 시장에 그대로 전해지도록 허용하는 방식으로 대응할 것인가, 혹은 자본 이탈에 따른 공백을 해결하기 위해 (인플레이션 유발 가능성을 무릅쓰고) 다량의 화폐를 찍어내는 방안으로 대응할 것인가에 따라 달라질 수 있다. 당시 정책 입안자들은 고정 환율제를 포기하고, 평균보다 약간 짧은 추악한 디레버리징 국면을 거친 후, 긴축 재정에 돌입하여 수입 규모를 줄였다(경상수지 GDP 대비 7% 개선). 그리고 자국 통화의 보유 매력도를 올리려 했다. 아르헨티나는 부채 문제 해결의 전형적인 9가지 정책 수단 중 6개를 활용하며 매우 적극적으로 금융기관과 악성 부채를 관리했다. 특히 은행을 국유화하고, 유동성을 공급했다. 또한 IMF의 지원을 받고, 노동시장의 유연성을 높이기 위해 구조 개혁도 시행했다. 오른쪽의 결정 요인 차트에서 볼 수 있듯이 조정 기간 동안 GDP 대비 부채 비

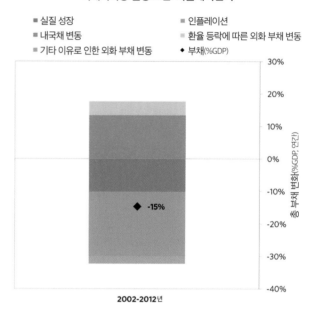

디레버리징 결정 요인: 리플레이션기

- 실질 성장
- 인플레이션
- 내국채 변동
- 환율 등락에 따른 외화 부채 변동
- 기타 이유로 인한 외화 부채 변동
- 부채(%GDP)

◆ -15%

2002-2012년

율은 140%(연간 15%) 감소했다. 소득 대비 부채 비율이 감소한 가장 큰 요인은 명목 소득의 증가였다. 한편 아르헨티나의 통화 가치는 상당히 하락해(아름다운 디레버리징 기간 실질 환율의 -42%로 최저치 기록) 다시 가격 경쟁력을 갖추게 되었다. 실질 GDP가 과거 최고치로 복귀하기까지 5년, 주가(미 달러 기준)가 회복되기까지는 7년이 걸렸다. 이 위기는 포퓰리스트 지도자로 잘 알려진 에두아르도 두알데Eduardo Duhalde 대통령이 권력을 잡을 수 있는 발판으로 작용하면서 아르헨티나 정세에 지대한 영향을 미쳤다.

아르헨티나 1998~2012년 통계 도표 모음 1

부채

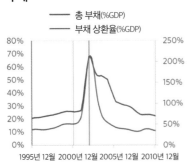

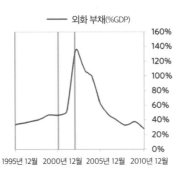

통화 및 재정 정책

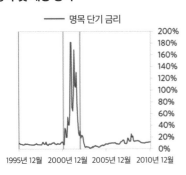

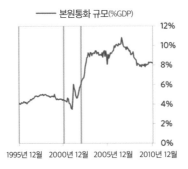

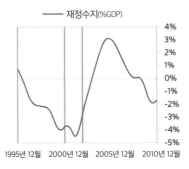

경제 상황

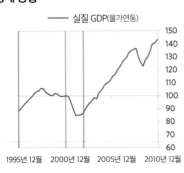

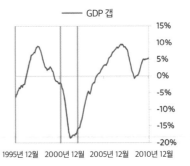

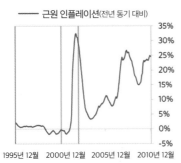

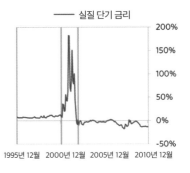

아르헨티나 1998~2012년 통계 도표 모음 2

시장

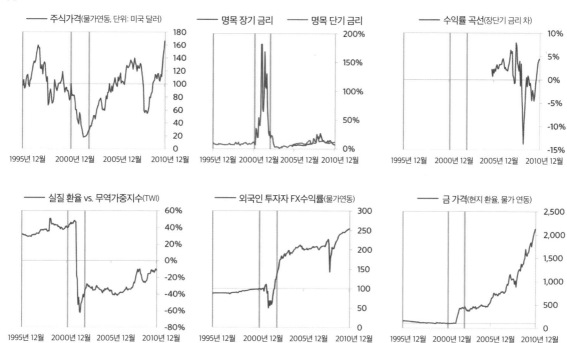

대외 포지션

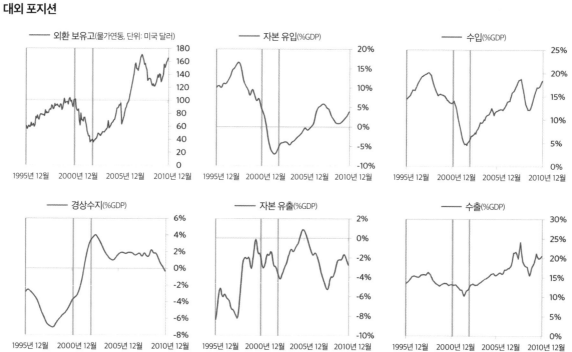

아이슬란드 2005~2016년 사례 자동 요약 1

오른쪽의 도표에서 볼 수 있듯이 아이슬란드는 2005~2016년 사이에 일시적인 인플레이션 유발형 디레버리징 사이클을 경험했다. 이는 대외 압력에 직면한 상황에서 '환율 방어를 포기한' 전형적인 사례이다. 환율 방어를 포기하면 일시적인 인플레이션이 유발되지만, 정책 입안자들이 유연하게 금리를 조정할 수 있게 된다.

다음의 측정지수들은 그 뒤에 나올 통계 도표들을 요약하여 구성한 것이다. 이것은 개괄적인 수치임을 유념하기 바란다.

버블 국면

당시 아이슬란드의 버블 국면은 2005년부터 2008년까지 지속되었다. 버블 국면이 조성된 원인은 자본 유입의 과도한 증가, 부채 증가, 자기자본 수익률 증가, 주택 수익률 증가가 맞물리며 자기 강화적 상승 국면이 만들어진 데 있다. 버블이 발생하는 동안 부채는 GDP 대비 565% 증가하여 위기 이전 최고치로 GDP의 1,173%에 달했다. 그중 상당 부분이 외화 부채(GDP 대비 691%)였기 때문에 외국 자본의 철수 가능성이 상당히 존재했다. 버블 단계에서 평균 투자 유입은 GDP 대비 약 37%로 꽤 활발하여, GDP의 18%에 해당하는 경상수지 적자를 메우는 데 도움이 되었다. 이 자본으로 인해 높은 경제 성장률(7%)을 보였다. 게다가 높은 자산 수익률(버블 기간 동안 주식 연평균 수익률 12%)은 더 많은 대출을 자극하고 성장을 촉진했다. 아이슬란드는 버블 압력과 높은 외국 자본 의존도에 관련국의 경기 위축까지 맞물리며 버블

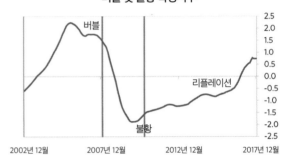

버블 및 불황 측정지수

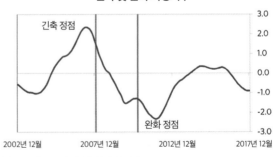

긴축 및 완화 측정지수

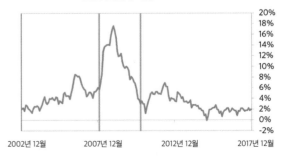

근원 인플레이션(전년 동기 대비)

아이슬란드 2005~2016년 사례 자동 요약 2

국면은 결국 지속 불가능한 상황이 되었다.

불황 국면

부채 사이클의 방향이 바뀌면서 결국 버블은 자기 강화적 특성상 터질 수밖에 없었다. 그리고 국제 수지 위기와 통화 위기가 발생하며 불황 국면으로 진입했다. 이 국면은 2008년부터 2010년까지 지속되었다. 높은 부채 수준의 아이슬란드는 2008년 세계 금융 위기의 형태로 발생한 충격에 취약해졌다. 아이슬란드는 외국 자본의 감소(자본 유입 GDP 대비 49% 감소)로 인해 긴축 정책을 단행하고(정책 입안자들은 단기 금리로 4% 인상), 큰 폭의 통화 가치 하락을 감수해야 했다(실질 환율 29% 하락). 동시에 GDP(11% 하락)와 주가(96% 하락), 주택가격(15% 하락)은 자기 강화적 하강 국면에 들어섰다. 실업률은 5% 증가한 한편, 통화 약세로 초래된 인플레이션 상승은 불황기 동안 최고 18%의 완만한 수준을 기록해, 다른 유사 사례에 비해 낮은 편이었다. 아이슬란드에 심각한 악성 인플레이션의 전

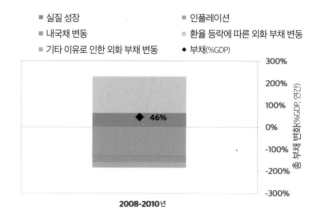

디레버리징 결정 요인: 불황기

- 실질 성장
- 인플레이션
- 내국채 변동
- 환율 등락에 따른 외화 부채 변동
- 기타 이유로 인한 외화 부채 변동
- ◆ 부채(%GDP)

◆ 46%

2008-2010년

형적인 '위험 요인'이 약간만 존재했다는 점을 고려하면 납득이 가는 수준이었다(가장 큰 위험 요인은 높은 외채 비중). 금융기관들도 큰 압박을 받았다. 한편 중앙은행은 외환 보유고를 이용해(외환 보유고 18% 감소) 환율을 방어했으나, 이후 포기했다. 아이슬란드는 디레버리징이 필요했지만, 위쪽의 결정 요인 차트에서 볼 수 있듯이 통화 가치의 하락(외화 부채 부담이 증가함)과 위기 대응을 위한 정부 차입 증가(재정 적자는 GDP 대비 5%로 최고치에 달함)로 GDP 대비 부채 비율이 122%(연간 46%) 증가했다.

---

* 앞의 두 도표는 각각 버블/불황 상태와 통화 및 신용의 긴축/완화를 측정한 지수를 보여준다. 각 측정값과 기준선 0 사이의 차이는 버블의 정도를 나타내는 한편, 기준선 위아래를 교차하는 지점은 버블 국면으로의 진입과 탈출을 나타낸다.

아이슬란드 2005~2016년 사례 자동 요약 3

리플레이션 국면

국제수지 위기와 통화 위기가 어떤 양상으로 전개될지는 자본 흐름의 역전 현상에 대한 정책 입안자의 대응 방식에 따라 크게 달라진다. 구체적으로 말해, (고통스럽지만 위기 해결을 위해 필요한) 긴축 정책을 시행하여 그에 따른 여파가 시장에 그대로 전해지도록 허용하는 방식으로 대응할 것인가, 혹은 자본 이탈에 따른 자본의 공백을 해결하기 위해 (인플레이션 유발 가능성을 무릅쓰고서라도) 다량의 화폐를 찍어내는 방안으로 대응할 것인가 등에 따라 달라질 수 있다. 당시 정책 입안자들은 평균보다 약간 긴 추악한 디레버리징 국면을 거친 후, 긴축 재정에 돌입하여 수입 규모를 줄였다(경상수지 GDP 대비 13% 개선). 그리고 자국 통화의 보유 매력도를 올리려 했다. 아이슬란드는 부채 문제 해결의 전형적인 9가지 정책 수단 중 6개를 활용하며 매우 적극적으로 금융기관과 악성 부채를 관리했다. 특히 은행을 국유화하고, 유동성을 공급했다. 또한 IMF의 지원도 받았다. 오른쪽의 결정 요인 차트에서 볼 수 있듯이 조정 기간 동안 GDP 대비 부채 비율은 1,037%(연간 170%) 감소했다. 소득

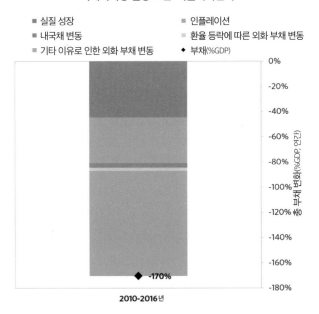

디레버리징 결정 요인: 리플레이션기

- ■ 실질 성장
- ■ 인플레이션
- ■ 내국채 변동
- ■ 환율 등락에 따른 외화 부채 변동
- ■ 기타 이유로 인한 외화 부채 변동
- ◆ 부채(%GDP)

2010-2016년

대비 부채 비율이 감소한 가장 큰 요인은 실질 성장률 증가에 따른 소득 증가와 전반적인 부채 축소에 있었다. 한편 아이슬란드의 통화 가치는 이제 상당히 하락해(아름다운 디레버리징 기간 실질 환율의 −22%로 최저치 기록) 다시 가격 경쟁력을 갖추게 되었다. 실질 GDP는 과거 최고치로 복귀하기까지 8년이 걸렸지만, 주가(미 달러 기준)가 아직 완전히 회복되지 않았다.

아이슬란드 2005~2016년 통계 도표 모음 1

부채

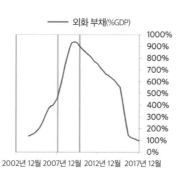

총 부채(%GDP)
부채 상환율(%GDP)

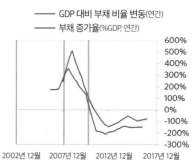

외화 부채(%GDP)

GDP 대비 부채 비율 변동(연간)
부채 증가율(%GDP, 연간)

통화 및 재정 정책

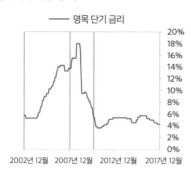

명목 단기 금리

본원통화 규모(%GDP)

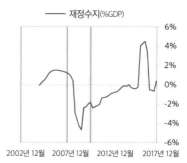

재정수지(%GDP)

경제 상황

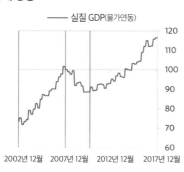

실질 GDP(물가연동)

실질 성장률(전년 동기 대비)

GDP 갭

자료 없음

근원 인플레이션(전년 동기 대비)

명목 장기 금리
명목 성장률

실질 단기 금리

아이슬란드 2005~2016년 통계 도표 모음 2

시장

주식가격(물가연동, 단위: 미국 달러)

명목 장기 금리   명목 단기 금리

수익률 곡선(장단기 금리 차)

실질 환율 vs. 무역가중지수(TWI)

외국인 투자자 FX수익률(물가연동)

자료 없음

금 가격(현지 환율, 물가 연동)

대외 포지션

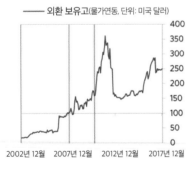

외환 보유고(물가연동, 단위: 미국 달러)

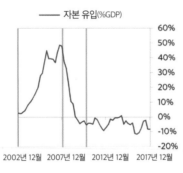

자본 유입(%GDP)

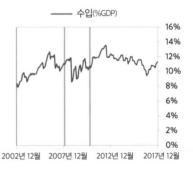

수입(%GDP)

경상수지(%GDP)

자본 유출(%GDP)

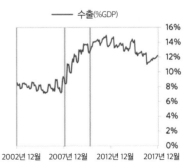

수출(%GDP)

러시아 2005~2011년 사례 자동 요약 1

오른쪽의 도표에서 볼 수 있듯이 러시아는 2005~2011년 사이에 일시적인 인플레이션 유발형 디레버리징 사이클을 경험했다. 이는 대외 압력에 직면한 상황에서 '환율 방어를 포기한' 전형적인 사례이다. 환율 방어를 포기하면 일시적인 인플레이션이 유발되지만, 정책 입안자들이 유연하게 금리를 조정할 수 있게 된다.

다음의 측정지수들은 그 뒤에 나올 통계 도표들을 요약하여 구성한 것이다. 이것은 개괄적인 수치임을 유념하기 바란다.

버블 국면

당시 러시아의 버블 국면은 2005년부터 2008년까지 지속되었다. 버블 국면이 조성된 원인은 자본 유입의 과도한 증가, 부채의 증가, 자산 수익률의 증가가 맞물리며 자기 강화적 상승 국면이 만들어진 데 있다. 버블이 끝날 무렵, 부채는 위기 이전 최고치로 GDP 대비 66%에 이르렀다. 그중 상당 부분이 외화 부채(GDP 대비 21%)였기 때문에 외국 자본의 철수 가능성이 상당히 존재했다. 버블 국면에서 평균 투자 유입은 GDP 대비 약 10%로 꽤 활발했다. 이러한 부채와 자본의 증가로 인해 높은 경제 성장률(8%)을 보였고, 경제 활동 수준도 높았다(GDP 갭 최고 8%). 게다가 높은 자산 수익률(버블 기간 동안 주식 연평균 수익률 46%)은 더 많은 대출을 자극하고 성장을 촉진했다. 러시아는 버블 압력과 높은 외국 자본 의존도에 관련국의 경기 위축까지 맞물리며 버블 국면은 결국 지속 불가능한 상황이 되었다.

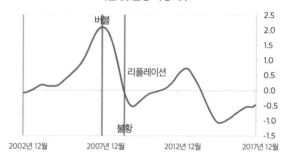

버블 및 불황 측정지수

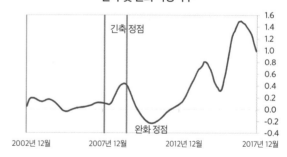

긴축 및 완화 측정지수

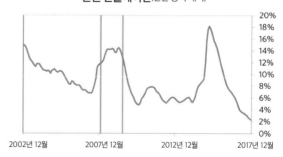

근원 인플레이션(전년 동기 대비)

러시아 2005~2011년 사례 자동 요약 2

불황 국면

부채 사이클의 방향이 바뀌면서 결국 버블은 자기 강화적 특성상 터질 수밖에 없었다. 그리고 국제수지 위기와 통화 위기가 발생하며 불황 국면으로 진입하게 되었다. 이 국면은 2008년부터 2009년까지 지속되었다. 높은 부채 수준으로 러시아는 2008 세계 금융 위기와 그에 따른 유가 급락의 형태로 발생한 충격에 취약해졌다. 러시아는 외국 자본의 감소(자본 유입 GDP 대비 21% 감소)로 인해 긴축 정책을 단행하고(정책 입안자들은 단기 금리를 19% 인상), 큰 폭의 통화 가치 하락을 감수해야 했다(실질 환율 21% 하락). 동시에 GDP(8% 하락)와 주가(71% 하락)는 자기 강화적 하강 국면에 들어섰다. 실업률은 3% 증가한 한편, 통화 약세로 초래된 인플레이션 상승은 불황기 동안 최고 15%의 완만한 수준을 기록하여, 다른 유사 사례에 비해 낮은 편이었다. 러시아에 심각한 악성 인플레이션의 전형적인 '위험 요인'이 약간만 존재했다는 점을 고려하면 납득이 가는 수준이었다(가장 큰 위험 요

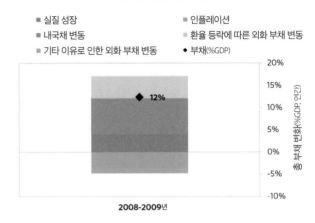

디레버리징 결정 요인: 불황기

■ 실질 성장 　　　　　　　　■ 인플레이션
■ 내국채 변동 　　　　　　　■ 환율 등락에 따른 외화 부채 변동
■ 기타 이유로 인한 외화 부채 변동 　　◆ 부채(%GDP)

2008-2009년

인은 인플레이션 통제력의 결여). 금융기관들도 상당한 압박을 받았다. 한편 중앙은행은 외환 보유고를 이용해(외환 보유고 44% 감소) 환율을 방어했으나, 나중에는 포기했다. 러시아는 디레버리징이 필요했지만, 위쪽의 결정 요인 차트에서 볼 수 있듯이 통화 가치의 하락(외화 부채 부담이 증가함) 등으로 GDP 대비 부채 비율이 17%(연간 12%) 증가했다.

---

* 앞의 두 도표는 각각 버블/불황 상태와 통화 및 신용의 긴축/완화를 측정한 지수를 보여준다. 각 측정값과 기준선 0 사이의 차이는 버블의 정도를 나타내는 한편, 기준선 위아래를 교차하는 지점은 버블 국면으로의 진입과 탈출을 나타낸다.

러시아 2005~2011년 사례 자동 요약 3

리플레이션 국면

국제수지 위기와 통화 위기가 어떤 양상으로 전개될지는 자본 흐름의 역전 현상에 대한 정책 입안자의 대응 방식에 따라 크게 달라진다. 구체적으로 말해, (고통스럽지만 위기 해결을 위해 필요한) 긴축 정책을 시행하고, 그에 따른 여파가 시장에 그대로 전해지도록 허용하는 방식으로 대응할 것인가, 혹은 자본 이탈에 따른 공백을 해결하기 위해 (인플레이션 유발 가능성을 무릅쓰고서라도) 다량의 화폐를 찍어내는 방안으로 대응할 것인가 등에 따라 달라질 수 있다. 당시 정책 입안자들은 평균보다 약간 짧은 추악한 디레버리징 국면을 거친 후, 긴축 재정에 돌입하고 자국 통화의 보유 매력도를 올리려 했다. 러시아는 부채 문제 해결의 전형적인 9가지 정책 수단 중 4개를 활용하며 적극적으로 금융기관과 악성 부채를 관리했다. 오른쪽의 결정 요인 차트에서 볼 수 있듯이 조정 기간 동안 GDP 대비 부채 비율은 14%(연간 8%) 감소했다. 소득 대비 부채 비율이 감소한 가장 큰 요인은 명목 소득의 증가였다. 한편 러시아의 통화 가치는 이제 상당히 하락해(아름다운 디레버리징 기간 실질 환율의 -11%

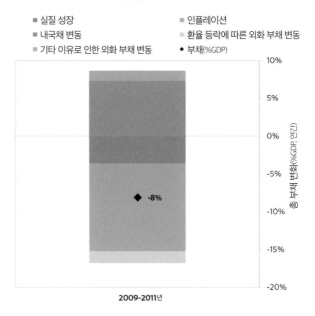

디레버리징 결정 요인: 리플레이션기

- 실질 성장
- 인플레이션
- 내국채 변동
- 환율 등락에 따른 외화 부채 변동
- 기타 이유로 인한 외화 부채 변동
- ◆ 부채(%GDP)

-8%

총 부채 변화(%GDP, 연간)

2009-2011년

로 최저치 기록) 다시 가격 경쟁력을 갖추게 되었다. 실질 GDP는 과거 최고치로 복귀하기까지 3년이 걸렸지만, 주가(미 달러 기준)는 아직 완전히 회복되지 않았다.

러시아 2005~2011년 통계 도표 모음 1

부채

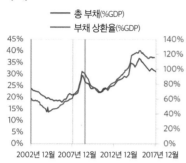

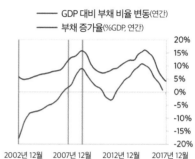

통화 및 재정 정책

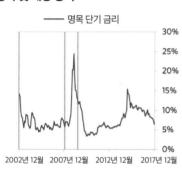

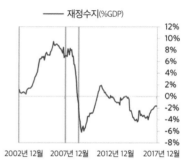

경제 상황

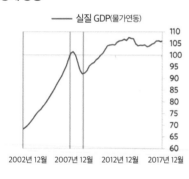

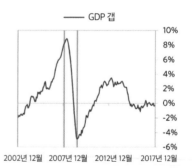

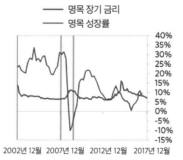

러시아 2005~2011년 통계 도표 모음 2

시장

주식가격(물가연동, 단위: 미국 달러)

명목 장기 금리 ── 명목 단기 금리

수익률 곡선(장단기 금리 차)

실질 환율 vs. 무역가중지수(TWI)

외국인 투자자 FX수익률(물가연동)

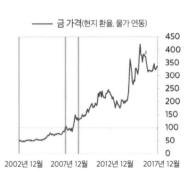

금 가격(현지 환율, 물가 연동)

대외 포지션

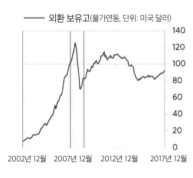

외환 보유고(물가연동, 단위: 미국 달러)

자본 유입(%GDP)

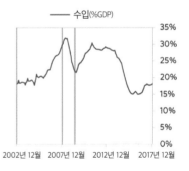

수입(%GDP)

경상수지(%GDP)

자본 유출(%GDP)

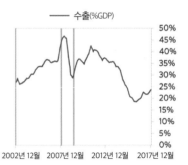

수출(%GDP)

러시아 2012~2016년 사례 자동 요약 1

오른쪽의 도표에서 볼 수 있듯이 러시아는 2012~2016년 사이에 일시적인 인플레이션 유발형 디레버리징 사이클을 경험했다. 이는 대외 압력에 직면한 상황에서 '환율 방어를 포기한' 전형적인 사례이다. 환율 방어를 포기하면 일시적인 인플레이션이 유발되지만, 정책 입안자들이 유연하게 금리를 조정할 수 있게 된다.

다음의 측정지수들은 그 뒤에 나올 통계 도표들을 요약하여 구성한 것이다. 이것은 개괄적인 수치임을 유념하기 바란다.

버블 국면

러시아는 다른 사례들과 달리 위기 이전 몇 년 동안 버블을 광범위하게 경험하지 않았다. 하지만 지속 불가능한 자본의 대거 유입으로 부채는 GDP 대비 19% 증가하여 위기 이전 최고치로 GDP의 89%에 달하면서 상당히 누적된 상태였다. 그중 상당 부분이 외화 부채(GDP 대비 15%)였기 때문에 외국 자본의 철수 가능성이 상당히 존재했다. 또한 위기 이전 투자 유입이 수년간 평균 6%에 이르면서, 외국 자본 의존도가 높아졌다. 러시아는 버블 압력과 높은 부채 비율, 그리고 높은 외국 자본 의존도까지 맞물리며 버블 국면은 결국 지속 불가능한 상황이 되었다.

불황 국면

부채 사이클의 방향이 바뀌면서 결국 버블은 자기 강화적 특성상 터질 수밖에 없었다. 그리고 국제수지 위기와 통화 위기가 발생하며 불황 국면으로 진입하

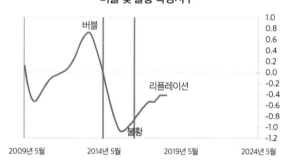

버블 및 불황 측정지수

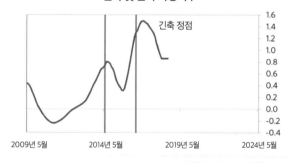

긴축 및 완화 측정지수

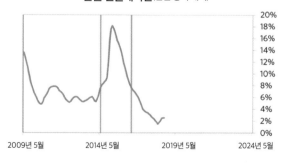

근원 인플레이션(전년 동기 대비)

러시아 2012~2016년 사례 자동 요약 2

게 되었다. 이 국면은 2014년부터 2016년까지 지속되었다. 부채 상환은 위기 이전 최고치로 GDP의 32%에 달하며, 러시아는 유가 하락이라는 형태로 발생한 충격에 취약해졌다. 러시아는 외국 자본의 감소(자본 유입 GDP 대비 8% 감소)로 인해 긴축 정책을 단행하고(정책 입안자들은 단기 금리를 7% 인상), 큰 폭의 통화 가치 하락을 감수해야 했다(실질 환율 30% 하락). 동시에 GDP(4% 하락)와 주가(46% 하락)는 자기 강화적 하강 국면에 들어섰다. 게다가 통화 약세로 초래된 인플레이션 상승은 불황기 동안 최고 18%의 완만한 수준을 기록하여, 다른 유사 사례에 비해 낮은 편이었다. 러시아에 심각한 악성 인플레이션의 전형적인 '위험 요인'이 약간만 존재했다는 점을 고려하면 납득이 가는 수준이었다(가장 큰 위험 요인은 인플레이션 통제력의 결여). 금융기관들도 상당한 압박을 받았다. 한편 중앙은행은 외환 보유고를 이용해(외환 보유고 26% 감소) 환율을 방어했으나, 나중에는 포기했다. 러시아는 디레버리징이 필요했지만, 오른쪽의 결정 요인 차트

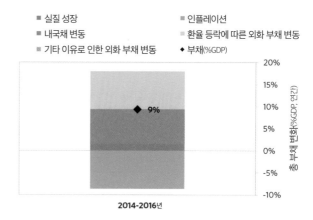

디레버리징 결정 요인: 불황기

- 실질 성장
- 인플레이션
- 내국채 변동
- 환율 등락에 따른 외화 부채 변동
- 기타 이유로 인한 외화 부채 변동
- ◆ 부채(%GDP)

◆ 9%

2014-2016년

에서 볼 수 있듯이 통화 가치의 하락(외화 부채 부담이 증가함)과 위기 대응을 위한 정부 차입 증가(재정 적자는 GDP 대비 4%로 최고치에 달함) 등의 이유로 GDP 대비 부채 비율이 19%(연간 9%) 증가했다.

* 앞의 두 도표는 각각 버블/불황 상태와 통화 및 신용의 긴축/완화를 측정한 지수를 보여준다. 각 측정값과 기준선 0 사이의 차이는 버블의 정도를 나타내는 한편, 기준선 위아래를 교차하는 지점은 버블 국면으로의 진입과 탈출을 나타낸다.

러시아 2012~2016년 사례 자동 요약 3

리플레이션 국면

국제수지 위기와 통화 위기가 어떤 양상으로 전개될지는 자본 흐름의 역전 현상에 대한 정책 입안자의 대응 방식에 따라 크게 달라진다. 구체적으로 말해, (고통스럽지만 위기 해결을 위해 필요한) 긴축 정책을 시행하여 그에 따른 여파가 시장에 그대로 전해지도록 허용하는 방식으로 대응할 것인가, 혹은 자본 이탈에 따른 공백을 해결하기 위해 (인플레이션 유발 가능성을 무릅쓰고서라도) 다량의 화폐를 찍어내는 방안으로 대응할 것인가 등에 따라 달라질 수 있다. 당시 정책 입안자들은 평균보다 약간 짧은 추악한 디레버리징 국면을 거친 후, 긴축 재정에 돌입하고 자국 통화의 보유 매력도를 올리려 했다. 러시아는 부채 문제 해결의 전형적인 9가지 정책 수단 중 4개를 활용하며 적극적으로 금융기관과 악성 부채를 관리했다. 오른쪽의 결정 요인 차트에서 볼 수 있듯이 조정 기간 동안 GDP 대비 부채 비율은 7%(연간 14%) 감소했다. 소득 대비 부채 비율이 감소한 가장 중요한 요인은 전면적인 부채 감축과 소득의 증가였다. 한편 러시아의 통화 가치는 이제 상당히 하락해(아름다운 디레버리징

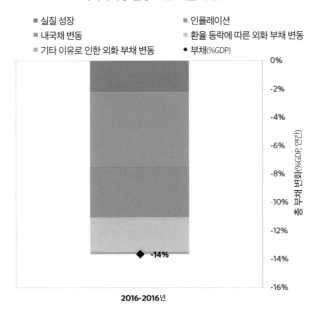

디레버리징 결정 요인: 리플레이션기

- 실질 성장
- 인플레이션
- 내국채 변동
- 환율 등락에 따른 외화 부채 변동
- 기타 이유로 인한 외화 부채 변동
- ◆ 부채(%GDP)

-14%

2016-2016년

기간 실질 환율의 −17%로 최저치 기록) 다시 가격 경쟁력을 갖추게 되었다. 실질 GDP는 아직 과거 최고치로 복귀하지 못했고, 주가(미 달러 기준)도 완전히 회복되지 않았다.

러시아 2012~2016년 통계 도표 모음 1

부채

총 부채(%GDP)
부채 상환율(%GDP)

외화 부채(%GDP)

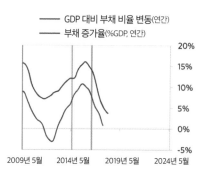

GDP 대비 부채 비율 변동(연간)
부채 증가율(%GDP, 연간)

통화 및 재정 정책

명목 단기 금리

본원통화 규모(%GDP)

재정수지(%GDP)

경제 상황

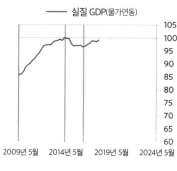

실질 GDP(물가연동)

실질 성장률(전년 동기 대비)

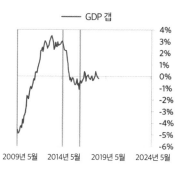

GDP 갭

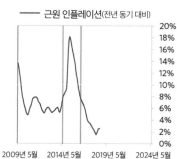

근원 인플레이션(전년 동기 대비)

명목 장기 금리
명목 성장률

실질 단기 금리

러시아 2012~2016년 통계 도표 모음 2

시장

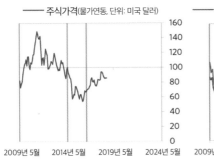

주식가격(물가연동, 단위: 미국 달러)

명목 장기 금리 · 명목 단기 금리

수익률 곡선(장단기 금리 차)

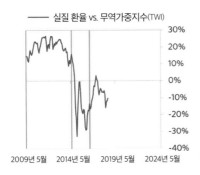

실질 환율 vs. 무역가중지수(TWI)

외국인 투자자 FX수익률(물가연동)

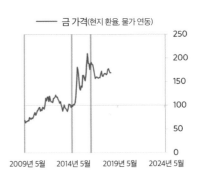

금 가격(현지 환율, 물가 연동)

대외 포지션

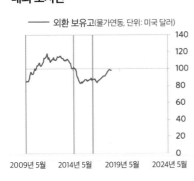

외환 보유고(물가연동, 단위: 미국 달러)

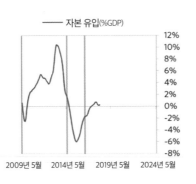

자본 유입(%GDP)

수입(%GDP)

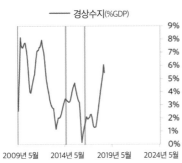

경상수지(%GDP)

자본 유출(%GDP)

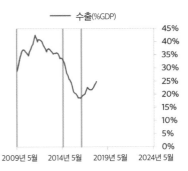

수출(%GDP)

부록

거시건전성 감독 정책

통화 정책과 관련된 중앙은행의 임무는 일반적으로 정책 수단으로 통화 정책을 시행하여 특정 대상을 지정하지 않고 은행을 통해 간접적으로 화폐와 신용을 조절하는 것을 말한다. 그리고 재정 정책을 담당하는 정책 입안자로서의 임무는 일반적으로 재정 정책을 시행하여 통화 정책의 효과가 경제 주체들에게 잘 배분되도록 하는 것을 말한다. 그런데 이런 식으로 통화 정책이 운용되면 정책 수단이 단일할 뿐 아니라 정책 효과가 미치는 대상이 특정되어 있지 않아 모든 경제 주체에 무차별적으로 그 효과가 미친다는 단점이 있다. 이런 점이 거시 건전성 감독 정책의 필요성이 대두된 배경이다. 신용 확대의 효과가 대상별로 차별적으로 미칠 필요성이 있는 경우도 있다. 신용이 넘쳐 버블의 양상을 보이는 영역이 있는 반면, 신용이 부족해 고갈의 양상을 보이는 영역도 있기 때문이다. 정책 입안자들이 버블의 징후가 보이는 영역에서 신용을 둔화시키고, 대신 다른 영역으로 신용을 전환하려는 경우에 거시건전성 감독 정책이 사용될 수 있다. 예를 들어 부동산 시장이 붕괴 양상을 보이는 국면에서는 주택 매매를 더욱 쉽게 하거나(대출 기준의 완화 또는 계약금 인하), 부동산 시장이 버블 양상을 보이는 국면에서는 매매를 까다롭게 하는 것(대출 기준의 강화 또는 계약금 인상)이 전형적인 경기 대응형 거시 건전성 감독 정책이다.

규제 권한을 활용해 신용을 직접 관리하는 거시건전성 감독 정책은 일부의 희생으로 다른 일부가 혜택을 본다는 점에서 재정 정책과 유사한 면이 있다. 가급적이면 대체로 피해야 할 것으로 여겨진다. 하지만 디레버리징이 경제에 미치는 영향을 관리하기 위해 해결해야 할 도전 과제들을 고려해보면 거시건전성 감독 정책은 기존의 통화 정책을 보완하는 매우 유용한 정책 수단이 된다. 예를 들어 양적 완화는 경제 전체가 여전히 회복 중인 상황임에도 불구하고 버블의 성장을 부채질하는 경우가 많은 정책 수단이다. 하지만 대공황 시기와 제2차 세계대전 시기에는 중앙은행이 경제 전체에는 완화 정책을 유지하면서 버블의 성장을 억제할 수 있었는데, 그것을 가능하게 해주었던 정책 수단이 바로 거시건전성 감독 정책이었다.

거시건전성 감독 정책은 새로운 개념의 통화 정책 수단이 아니다. 현대적인 개념의 통화 정책이 시행된 이래 항상 중앙은행과 규제 기관에게 필수적인 정책 도구였다. 예를 들어 연방준비제도는 주식 매매에 필요한 위탁 증거금을 연방준비제도 역사상 23번 조정했는데, 일반적으로 주식시장에 신용이 과도해 주가가 폭등세를 보일 때에는 증거금 요건을 강화하고, 신용이 부족해 주가가 약세를 보일 때에는 완화하는 방식을 취해왔다.[1] 이런 대응이 바로 거시건전성 감독 정책이다. 거시건전성 감독 조치를 찾아보기 힘들었던 1990년대 초부터 2000년대 중반까지의 시기는 역사적으로 볼 때 예외에 해당한다.[2] 최근 들어, 전 세계의 중앙은행들과 규제기관들이 거시건전성 감독 정책을 경제 관리의 핵심으로 삼는 정책 기조로 회귀하는 움직임을 보이고 있다.

미국에서 거시건전성 감독 정책을 활용한 전형적인 사례는 다음과 같다.

<u>금리 조정이 통화 정책 도구로서 효과를 상실했을 때 활용되었다.</u>

◆경기 부양책이 더 필요하더라도 금리가 제로이면 추가적 완화 조치는 한계에 봉착한다.

◆긴축이 전체 경제의 관점에서는 적합하지 않지만, 일부 영역에는 필요한 경우. 금리 인상이 바람직하지 않은 이유는 경제 성장을 둔화시키기 때문이다.

<u>신용이 부족한 부문에는 신용을 공급하고, 버블 양상을 보이는 자산이나 대출 영역에서는 신용을 축소하는 것이 바람직할 때 활용되었다.</u>

<u>정책 입안자는 한꺼번에 여러 유형의 정책 조합을 사용한다.</u>

◆여기에는 신용 수요의 변화를 목표로 하는 조치가 포함된다.

  – 주택담보대출비율^{LTV, Loan-To-Value ratios} 조정

  – 총부채 상환 비율 조정

  – 대출 만기일 관련 사항의 조정

  – 금융 자산 구매를 위한 증거금 요건 조정

  – 금리 보조, 세금 정책, 기타 규제를 통한 대출 비용 조정

◆신용 공급의 변화를 목표로 할 수도 있다.

  – 특정 유형의 대출에 대한 자본 및 준비금 조정

  – 금융기관이 보유할 수 있는 자산 포트폴리오 변경

  – 자산 종류별로 다른 회계 규칙 적용

  – 금융기관의 특정 대출 행위에 압력을 가하는 감독 행위

  – 예금 및 대출 금리의 상한선 및 기타 규제 설정

<u>연방준비제도, 의회, 행정부, 규제 기관 간의 정책 공조가 관찰된다.</u>

◆특히 성공한 사례들에서는 정부의 각 부처별로 조치를 서로 조화롭게 조정했다. 입법부와 행정부는 연방 준비제도를 포함한 여러 정부 기관에 정책을 수행할 정책 도구와 재량권을 부여했다.

◆규제를 이행하고 진행 상황을 모니터링할 기관이 신설되었다.

각 정책마다 성패가 엇갈리는 양상을 보였다. 효과적인 정책도 있고, 부작용을 초래한 정책도 있었다. 가장 큰 성공을 거둔 사례는 정책 실험을 많이 하거나 정책적 유연성이 높은 경우이다.

◆성공한 사례를 통해 보면, 효과적인 정책은 시행 기간이 장기인 경우가 많으며 연장되기도 한다. 반면 효과가 없는 정책은 시행 기간이 단기이며, 수개월 내에 종료되는 경우가 많다.

◆그러나 부작용 때문에 단기간에 종료된 정책들도 있는 만큼, 정책 입안자들의 실적은 엇갈린다. 하지만 그 중에서도 소수의 어떤 정책은 몇 년 동안 지속되기도 했다(예: 레귤레이션 Q).

◆금융 시스템이 발전함에 따라 정책 도구 변경에 따른 비용과 편익 간의 상관관계도 진화하므로 정책 입안자들은 그런 변화에 맞춰 정책 조합을 변경해가며 활용했다.

◆금융 혁신으로 특정 정책을 피하기가 쉬워질 때(예: 새로운 레버리지 활용법, 새로운 금융기관의 출현) 해당 정책은 수정 또는 중단되었다.

거시건전성 감독 정책과 관련하여 고려해야 할 질문

다양한 사례를 살펴보면 정책 입안자들이 거시건전성 감독 정책을 구현하는 도중 다양한 문제와 의문에 맞닥뜨린다는 것을 알 수 있다. 지금부터는 이러한 질문을 살펴보고 역사적 논쟁의 예를 제시한다.

경제에서 버블이 일고 있는 곳은 어디인가? 그것이 버블이라는 판단은 어떻게 확신할 수 있는가?

◆역사상 여러 시점에서 정책 입안자들은 버블에 대처하는 다양한 접근 방식을 취했다.

– 1920년대 후반과 비슷한 상황이 일어난 1935~1936년, 미 정부는 버블에 대한 두려움을 야기한 빠른 주가 상승에 대응해 주식가격 긴축에 돌입했다. 그러나 지나친 긴축으로 인해 디레버리징이 감당할 수 없

는 수준에 이르렀다. 경기가 다시 침체로 빠지면서 1937~1938년 사이에 주식시장은 60%나 하락했다.

– 미국의 통화 정책 입안자들은 과거 수십 년간 버블을 터뜨리기보다 버블이 경제에 미치는 영향에 대처해야 한다는 개념으로 '총정리Mopping up' 접근법을 취했다.[3] 시장에서 자산가격이 왜곡되는 정확한 시점을 알기가 어렵다는 것이 가장 큰 이유였다. 예를 들어, 주택시장에 대한 우려에도 불구하고 규제 당국은 2006년까지 이어진 모기지 대출 시장의 버블 양상을 놓고 버블을 둔화시켜야 한다는 목표에 적극성을 보이지 않았다.

신용이 부족한 부문이 있는가? 그렇다면 차별적인 신용 정책이 필요할까?

•1950년대 정책 입안자들은 차별적인 정책이 언제 필요한지를 포착하기 위해 나름대로 체계를 잡고 공식화함으로써 이 문제를 해결하려 했다.[4] 그리고 기준으로 삼을 다음 네 가지 질문을 개발했다.

– 일반적인 통화 정책이 균형 잡힌 신용 제공에 얼마나 효과적인가?

– 특정 부문에서 신용이 증가하면 경제가 얼마나 불안정해질 수 있는가?

– 특정 부문의 성장에 신용은 어느 정도로 중요할까?

– 선별적 신용 관리는 얼마나 효과적인가?

차별적 신용 관리의 결과로 수혜자와 손실 감수자가 생기기 마련인데, 수혜자와 손실 감수자를 구별하는 작업을 수월하게 진행할 수 있는가? 그에 대한 정치적 대가는 얼마나 큰가?

신용의 방향을 전환하기 위해 어떤 정책 도구를 선택할 것인가? 신용의 수요 또는 공급, 아니면 둘 다를 목표로 해야 할까?

정책의 효과를 어떻게 측정할 것인가?

해당 정책이 추후 초래할 연쇄적 부수 효과는 무엇일까? 그것을 어떻게 해결할 것인가? 이런 부작용이 몇년 후에야 나타나는 경우도 있다.

- 예금 금리에 상한선을 두는 레귤레이션 Q는 대공황 기간에 소규모 은행들을 돕겠다는 취지로 시행되었다. 그러나 1950년대에 이르러 예금이 그림자 금융 시스템으로 이동하는 등 상당히 왜곡된 결과를 낳았다.[5]
- 1980년대 초 소규모 은행에 속하는 저축대부조합S&L, Savings & Loan Associates은 통화 긴축 정책에 대비할 수 있도록 규제 완화 대상이 되었으나, 결과적으로 1980년대 중반 이른바 대부조합 위기를 맞았다.[6]

입법부, 행정부, 중앙은행 간 정책의 통일성을 기하려면 어떻게 해야 하는가? 규제기관들의 변화를 어떻게 유도할 수 있는가?

- 미국의 가장 성공적인 사례들은 여러 정부 기관 간의 광범위한 정책 공조가 이루어진 사례들이다. 제2차 세계대전 때가 그 좋은 예이다. 당시 의회는 연방준비제도에 필요한 권한을 부여하기 위해 몇몇 법률을 개정했으며, 루스벨트 대통령은 대통령령을 활용해 연방준비제도의 정책적 노력에 힘을 보탰다.[7]
- 가장 성공적인 사례에서(예: 볼커Paul Volcker 연방준비제도이사회 의장 재임기), 정책 입안자들은 상황에 따라 정책에 신속한 변화를 줄 수 있었다. 반면 결과가 좋지 않았던 일부 사례들은 정책적 유연성의 결여가 문제였다. 예를 들어 금리 상한제는 상황에 따라 신축적으로 조정되지 않았기에 부작용이 나타난 것이다.
- 권한 부여 방법은 오늘날 남아 있는 한 가지 중요한 문제로, 각 나라 정부별로 차이가 있다. 예를 들어 영국은 규제와 거시건전성 감독 정책을 담당하는 권한은 상당 부분 영국은행과 그 산하기구인 금융정책위원회Financial Policy Committee, FPC에 있다. 미국은 금융 위기 이후 설립된 조정 기구인 금융안정성감독위원회Financial Stability Oversight Council, FSOC를 비롯한 다수 기관에 부여되었다.[8]

미국 거시건전성 감독 정책의 역사적 사례

이어서 지난 세기 미국의 거시건전성 감독 정책 사례를 살펴보겠다. 내용이 꽤 긴 만큼 정책 유형에 따라 7개의 범주로 나누고 각 범주를 연대순으로 훑어보기로 한다. 더글러스 엘리엇Douglas J. Elliott, 그레그 펠드버그Greg Feldberg, 안드레아스 레너트Andreas Lehnert의 〈미국의 순환적 거시건전성 정책사The History of Cyclical Macroprudential Policy in the United States〉라는 훌륭하고 권위 있는 논문을 참고하여 다음과 같이 틀을 잡고 역사적으로 세부 사항을 구성했다.

신용 수요를 겨냥한 거시건전성 감독 조치: 위탁 증거금

증거금 요건은 신용 거래를 하려는 투자자가 사전에 제공해야 하는 담보 금액(대개 현금)이다. 증거금 요건이 올라가면 금융 자산 구매에 활용되는 신용에 압박이 가해진다.

연방준비제도는 1934년 증권거래소법Securities Exchange Act of 1934에 의해 증거금 요건을 설정하는 권한을 부여받은 후 이 권한을 주기적으로 사용했다.[9] 실제로 연방준비제도는 자산가격이 급등하고 자산 구매 시 신용을 활용하는 비중이 높아지면 증거금 요건을 강화하고, 그 반대의 경우에는 완화했다.

◆구체적으로 보면 레귤레이션 T Regulation T는 증권사의 증거금 요건을, 레귤레이션 U Regulation U는 은행의 증거금 요건을 설정한다.

◆연방준비제도의 전체적인 증거금률 변천사는 위의 도표에 나와 있다.

◆그러나 1974년 이후 신용 대출로 자산을 구매하는 다른 방법이 등장해(예: 파생상품) 투자자들이 증거금 납부를 회피할 수 있게 되자, 연방준비제도는 증거금 조정을 중단했다.

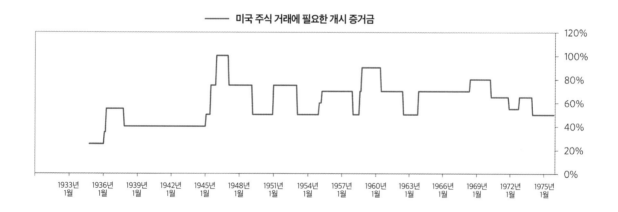

미국 주식 거래에 필요한 개시 증거금

신용 수요를 겨냥한 거시건전성 감독 조치: 보증 기준

대공황

1932년 의회는 연방주택대부은행FHLB, Federal Home Loan Bank 시스템을 마련했다.[10] 이 은행의 임무는 긴급 대출이나 담보대출로 유동성을 제공함으로써 대부조합의 준(準) 중앙은행 역할을 하는 것이었다. 또한 보증 기준과 담보물 범위를 설정하는 일도 맡았다.

1934년 의회는 주택담보대출을 보장하기 위해 연방주택관리청FHA, Federal Housing Administration을 설립했다.[11] 이로 인해 대출에 대한 보증 기준(주택담보대출비율 80% 및 20년 만기)이 완화되었다.

- 1934년에 설립된 가정 및 농가용 전기보급청Electric Home and Farm Authority은 가정용 전자 제품 구입을 위해 저렴한 대출을 제공하고자 했다. 이 대출은 최장 36개월 만기에 이자율이 10% 미만, 계약금은 5%에 불과했다. 이 프로그램은 1942년 종료되었다.[12]

- 1935년 의회는 국법 은행에 대해 주택담보대출비율 규제(50%에서 60%)와 만기 제한(최장 5년에서 10년)을 완화했다.[13]

- 1934~1937년 연방주택관리청은 주거용 부동산 여건을 개선하기 위해 최대 20% 금리의 대출(최장 5년 만기)을 보장했다.[14]

- 1938년 연방주택관리청은 주택 대출 보험에 대한 기준을 낮췄다. 최대 90%의 주택담보대출비율과 25년 만기의 담보대출이 가능해졌다.[15]

제2차 세계대전

- 1941년 루스벨트 대통령은 연방준비제도에 소비성 내구재 구매를 위한 신용 할부 제공을 제한하도록 명령했다. 생산 활동을 내수 소비가 아닌 국방으로 유도하기 원했기 때문이었다. 루스벨트 대통령은 "요즘 관대한 대출 조건이 소비자의 내구재 수요를 자극하다 보니, 군수산업에 사용되어야 할 원자재, 기술, 장비가 가정용 내구재 생산에 들어가고 있다."라고 말하며 대통령령을 발했다.[16]

  – 연방준비제도는 모든 유형의 소비자 할부 대출(레귤레이션 W Regulation W)에 대해 더욱 까다로워진 보증 기준을 적용함으로써 대응했다.[17]

전후기

- 1950년 10월, 연방준비제도는 모기지 대출의 부채 증가에 대한 우려로 주택시장에서 신용을 강화하기로 했다. 이름 하여 레귤레이션 X Regulation X였다.[18]

  – 레귤레이션 X는 거주용 부동산 대출에 대한 주택담보대출비율과 만기 상한을 함께 규제한 것으로, 대

출 규모가 클수록 더 엄격한 제한을 가했다.

– 연방준비제도는 1951년 주택 공급을 1950년 수준의 3분의 1로 줄이겠다는 목표를 세웠다.

◆ 1950년 트루먼 대통령의 지시에 따라 연방주택관리청과 재향군인관리국VA, Veterans Administration은 계약금을 5% 인상하고, 가구당 연방주택관리청 대출 한도를 1만 6,000달러에서 1만 4,000달러로 줄였으며, 최장 만기를 25년으로 정했다. 이들은 연방주택관리청과 재향국인관리국의 약 20년 기관 역사상 첫 규제 조치였다.[19]

– 1953년 중반부터 경기 침체와 정치적 압력 때문에 이들 조치는 중단되었다.

– 1954년 8월 의회는 기존 연방주택관리청과 재향국인관리국의 조치와 반대로, 연방주택관리청 대출에 요구되는 계약금의 상한을 낮추고 대출 한도를 올리도록 했다.

◆ 1954년 말, 주택시장은 점점 더 거품이 끼었다. 그러나 이제 막 경제가 회복 단계로 접어든 상황에서 연방준비제도는 긴축을 원하지 않았다. 따라서 다음과 같은 여러 가지 거시건전성 감독 정책을 추구했다.[20]

– 첫째: 연방주택관리청과 재향국인관리국은 지불 계약금을 올리고 대출 만기를 최장 30년에서 25년으로 단축했다(이것은 수정을 거치다가 결국 몇 년 후에 번복되었다.).

– 둘째: 각 지사에는 '현지 주택시장에 대한 조사를 강화하고, 주택의 초과 공급이 존재하는 지역에는 모기지 대출에 대한 연방 정부의 보증을 억제하도록 공동의 조치를 취하라'는 지시를 내렸다.

– 셋째: 연방주택금융은행이사회FHLBB, Federal Home Loan Bank Board는 대출 약정의 확대를 억제하기로 결정했다. 1954년 9월에는 저축대부조합의 회원 은행들에 대한 규제도 공식적으로 시행했다.

– 넷째: 뉴욕 연방준비은행은 규제 대상을 모기지 도매 대출Mortgage warehouse lending로 옮겨갔다. 모기지 도매 대출이란, 비은행권의 모기지 대출기관이 대출 원금을 조달하도록 상업은행이 대출을 주선하는 경우를 말한다. 이는 1954년 8월과 1955년 8월 사이에 두 배 이상 증가했다.

◆ 1969년에 통과된 신용관리법Credit Control Act은 연방준비제도가 특정 부문을 목표로 맞춤형 신용 관리를 할 수 있게 했다. 즉 연방준비제도는 전반적으로 통화 완화 정책을 유지하되 인플레이션 부문은 긴축 조치를 취하는 등 선택적 신용 정책이 가능해졌다.[21]

– 연방준비제도가 기준으로 사용한 수단에는 '최고 금리, 최장 만기일, 최소 정기 지불액, 지불 기간 사이의 최대 간격, 기타 신용 연장 조건의 세부 사항 또는 제한' 등이 포함된다.

– 신용관리법은 볼커 의장이 취임한 후에야 시행되었다.

♦1982년 의회는 국법 은행에 대해 주택담보대출비율과 만기 상한을 폐지했다.[22]

신용 공급을 겨냥한 거시건전성 감독 조치:
투기적 혹은 비생산적 대출의 축소를 목표로 하는 권고 지침

다음은 정책 입안자들이 투기적 또는 비생산적 대출을 억제하고자 은행에 강제성 없이 시행토록 한 규제와 지침의 사례들이다.

♦1947년 의회는 은행들에 '대출과 투자 상품의 판매를 자제'하도록 독려했다.[23] 이 지침은 연방준비제도의 소비자 할부 대출에 대한 규제 조치가 만료된 후 시행되었다.

♦한국전쟁 중 의회는 1950년 국방생산법Defense Production Act of 1950을 제정했다. 이로 인해 연방준비제도는 신용 규제를 '자율적'으로 설정할 수 있는 권한이 생겼다.[24]

– 연방준비제도는 대출기관에 '통상적인 신용등급 평가는 물론, 대출 목적도 참작하여 대출 신청을 심사'하도록 요청했다. 이 프로그램은 약 1년 동안 시행되었다.

♦1965년, 각료급의 국제수지위원회Committee on the Balance of Payments는 '자율적' 대출 제한에 연방준비제도의 감시가 필요하다는 권고안을 내놨다.[25]

– 목표는 순자본 유출을 전년 대비 15% 이상 줄이는 것이었다.

– 이 프로그램은 외채 증가율에 5%의 상한선을 정하여, 처음으로 계량적 신용 목표가 등장하는 계기가 되었다.

– 1968년 린든 존슨Lyndon Johnson 대통령은 연방준비제도가 이 프로그램을 의무적으로 시행하도록 행정명령을 통과시켰다. 그러나 연방준비제도는 자발적 참여도가 높다는 이유를 들어 채택하지 않기로 결정했다. 이 프로그램은 1974년까지 계속되었다.

♦1966년에 연방준비제도는 은행들에 기업 대출을 줄이도록 유도했다. 당시 기업 대출은 신용 창출이 높았고, 그만큼 인플레이션 압박을 키우고 있었다. 연방준비제도는 비협조적인 은행에 대해 재할인 창구 대출

의 한도를 제한했다. 그러나 경제 성장이 둔화되자 이 정책을 종료했다.[26]

◆ 1980년 3월부터 7월까지 지미 카터Jimmy Carter 대통령은 '자율적' 특별 신용 규제 프로그램Special Credit Restraint Program을 시행했다. 이에 따라 은행, 은행 지주회사, 금융회사, 외국 은행 지점들은 대출 증가율을 6~9%로 억제해야 했다.[27]

- 이 프로그램은 이미 높은 수위에 도달한 과잉 대출을 투기나 인플레이션의 억제 차원에서 제한하되, 중소기업, 농민, 주택 구매자에게는 자금 마련의 통로를 열어두자는 취지였다. 따라서 '중소기업, 농민, 주택 구매자 등 많은 사람이 다른 형태의 자금원을 기웃거리지 않아도 되도록 신용 가용성을 유지'하고 '자동차 할부, 모기지, 리모델링에 대한 대출은 전반적인 시장 상황에 맞춰 평소와 같이 처리'하도록 은행들에 촉구했다.

- 반면에 신용카드 대출은 억제하고 그 밖의 무담보 소비자 대출에 한도를 두도록 장려했다. 또한 '운영상 필요 이상으로 재고를 자발적으로 축적하는 등 기업들의 본질적인 투기적 자금 사용이라든지, 또는 당장의 긴박성이 떨어지거나, 경제의 효율성과 생산성에 기여하지 않거나, 다른 곳에서 돈을 조달할 수 있는 인수합병 거래 등에 사용되는 신용 제공을 제한'하도록 요청했다. 투기적 대출은 '순전히 투기성 상품이나 귀금속의 매수 자금'을 조달하는 경우도 포함했다.

- 특별 신용 규제 프로그램은 대출 내역에 대한 정기적인 보고를 요구했다.

◆ 유럽 국가들도 비슷한 정책을 시행했다. 프랑스와 이탈리아의 국가신용위원회는 전쟁 이후에 특히 신용 지원이 필요하다고 생각되는 부문이나 이미 부채 부담이 과도한 부문을 공개 발표했다.[28]

신용 공급을 겨냥한 거시건전성 감독 조치: 지급 준비금

◆ 주정부들은 1800년대에 법정 지급준비율 제도를 최초로 도입하여, 주정부 인가 은행이 부채를 상환하고 (은행권을 유통함으로써) 예금 인출에 대비할 수 있도록 충분한 준비금(대개 금 또는 기타 정화)을 보유하도록 했다. 1863년에 국립은행법National Bank Act이 통과하면서 은행들의 지급준비금 의무가 전국적으로 처음 도입되었다.[29]

◆ 의회는 1913년 연방준비법Federal Reserve Act of 1913에 의거해 필요 지급준비금 조건을 완화했다.[30] 이제 연방준비제도가 국립 은행들의 최종 대부자 역할을 하게 된 만큼, 지급준비금의 중요성이 떨어졌다고 판단했기 때문이다.

◆ 1930년대와 그 이후에도 지급준비금 조정은 다시 유용한 경기 대응책 도구로 간주되었다. 1935년 의회는 연방준비제도에 지급준비제도를 시행하는 권한을 부여했다.[31] 그 후 연방준비제도는 1938년 봄, 루스벨트 대통령의 경기 회복 프로그램에 맞춰 지급준비금을 낮췄다. 1940년대에 연방준비제도는 일련의 지급준비금 조정 과정을 거쳤다. 먼저 1942년 지급준비금을 세 차례 인하했다. 전쟁 기간에는 지급준비제도를 안정적으로 유지했지만, 종전 후인 1948년엔 다시 3번 인상해 법정 상한선까지 복귀시켰다. 그 후 지급준비금 의무는 1949년에는 완화되었다가 1951년에는 다시 강화되는 등 1949~1951년 사이에 9번 변경되었다.

◆ 금리 긴축 기간에 연방준비제도는 1966~1969년, 1973년, 1979~1980년에 지급준비금을 높였다.[32]

◆ 결국, 지급준비금 의무를 우회하면서 대출을 계속하는 새로운 수단들이 생겨났다. 예를 들면 CP(기업 어음), 유로화달러, RP(환매 조건부 채권), 고액의 CD(양도성 예금증서) 등이 있다.[33]

◆ 1969년 연방준비제도는 은행이 지급준비금 의무를 회피할 수 있는 허점을 해결하려 시도했다. 해외 지점에서 차입하는 신규 대출은 최대 10%로 제한되었다. 지급준비금 의무 적용 대상이 아닌 해외 지점을 통한 유로 달러 차입을 막기 위해서였다. 또한 연방준비제도가 해외 지점으로 자산을 매각하는 한도를 10%로 제한했다.[34]

  − 1970년에 해외 지점에서 대출을 받거나 자산을 매각하는 한도는 20%로 상승했다. 그러나 1973년에는 두 조건 모두 8%로 낮아졌다. 이는 고액 CD에도 동일하게 적용되었다.[35]

◆ 1960년대 후반, 주택담보대출에 영향을 주기 위해 지급준비금 정책을 활용했다. 예금액이 감소하면 필요 지급준비금을 낮춰 담보대출의 유동성을 증가시키고, 대출이 많거나 유동성이 이미 풍부하면 필요 지급준비금을 인상했다.[36]

◆ 인플레이션을 억제하려는 폴 볼커 의장의 의지 속에서 연방준비제도는 1979년 10월 금리와 지급준비금을 인상했다. 도매금융 부채에 대한 지급준비금 요건은 8%로 상승했다(도매 금융 부채에는 대규모 정기 예금, 유로 달러 차입금, 국공채 담보 환매채, 연방 기금 차입금이 포함됨).[37]

  − 1980년 3월에 연방준비제도는 지급준비금을 10%로 인상했다. 그리고 한 달 후 5%로 낮췄다가 결국 7월

에는 완전히 없앴다.

◆ 연방주택금융은행이사회는 모기지 대출의 유동성 압박이 있었던 1968~1969년과 1973~1974년에 지급준비금 의무를 완화했다. 그리고 '좋게 말해서 모기지 대출에 제한적으로나마 긍정적 영향'을 미쳤다.[38]

◆ 1980년 연방준비제도는 인플레이션을 낮추기 위해 전례 없는 자산 기반 지급준비금 의무를 부과했다. 1969년의 신용관리법을 근거로 하며,[39] 자세한 요구 사항은 다음과 같다.

  − 모든 대출기관은 특정 유형의 소비자 할부 신용에 대해 15%의 특별 예치금을 보유해야 했다. MMF(단기금융펀드)도 동일한 준비금 요건이 적용되었다. 둘 다 나중에 7.5%로 낮아졌다.

  − MMF에 대해서도 월별 보고서를 제출해야 했다.

  − 8월에 연방준비제도는 모든 종류의 제한을 전면 철폐했으며, 1980년 말 의회는 신용관리법을 종료했다.

◆ 연방준비제도는 1990년과 1992년에 신용 가용성을 높이기 위해 지급준비금을 인하했다.[40]

◆ 유럽의 사정을 간략히 얘기하자면, 유동성 비율과 법정 지급준비금에 거시건전성 도구를 사용했다. 프랑스와 이탈리아는 특히 신용의 방향성을 조절하기 위해 부문마다 차별적인 지급준비금을 적용했다(예: 공공은행에 더욱 관대한 요건을 부여하거나, 장기 대출 또는 수출 관련 대출을 제외하는 등).[41]

◆ 규제 당국이 대출 한도나 중앙은행의 재할인 창구 이용 범위 등에 일종의 상한제를 적용하는(궁극적으로 신용 공급을 억누르는 효과를 겨냥) 경우가 많았다. 예를 들어 프랑스에는 1972년까지 금융기관이 중앙은행에서 대출 받는 금액에 제한을 두는 '재할인 대출 상한제'가 있었다.[42]

◆ 상한 설정은 종종 특정 유형의 대출을 촉진하거나 억제하기 위해 대출 분야나 유형에 따라 달리 적용되었다. 예를 들어 특정 농산물이 과잉 생산되면 프랑스 중앙은행이 해당 부문에서 대출 할당량을 설정했다.[43] 때때로 이러한 상한 설정은 기업이나 가계에 대한 모든 대출에까지 확대되었다.[44]

신용 공급을 겨냥한 거시건전성 감독 조치: 금리 상한제

◆ 1900년대 초, 주정부는 각 은행이 예금 상품에 설정할 수 있는 금리를 제한했다. 이것은 주정부 차원에서 진행한 예금 보험 프로그램의 일환이었다.[45]

◆1927년 개정된 연방준비법에 따라, 국법 은행들이 주정부 인가 은행에 지불하는 이자에 한도가 설정되었다. [46]

◆1933년 은행법Banking Act of 1933이 통과된 후, 연방준비제도는 정기 및 저축 예금의 최고 금리 한도를 규제할 수 있었다. [47]

  – 1933년 11월 연방준비제도는 금리 상한을 3%로 정하는 레귤레이션 Q를 시행했다. 시장 금리가 하락하자 연방준비제도는 이를 2.5%로 낮추어 은행의 부담을 줄였다.

  – 레귤레이션 Q는 또한 연방준비제도로 하여금 연방예금보험공사FDIC, Federal Deposit Insurance Corporation가 보험 대상 비회원 은행(연방준비제도의 회원 은행이 아니더라도 연방예금보험공사의 규정을 따른다는 조건으로 보험 대상이 될 수 있다.)에 지급할 예금 금리의 한도를 설정하도록 허용했다.

  – 연방준비제도는 규제로 인해 은행의 재무 상태까지 악영향을 받아서는 안 된다는 판단에, 나중에는 만기가 6개월 이상인 모든 정기 및 저축 예금에 대해 금리 한도를 다시 3%로 올렸다. 덕분에 은행은 더 높은 금리로 더 많은 예금 고객을 유치할 수 있었다.

  – 1960~1961년에 시장 금리가 다시 상승하자 연방준비제도는 레귤레이션 Q 한도를 올렸다.

◆1934년부터 1989년까지 연방주택금융은행이사회는 저축과 대출을 감독하는 업무를 맡았다. 연방주택금융은행이사회는 저축대부조합의 예금 금리에 대해 비공식 상한선을 정했으며, 대체로 연방 기금 금리보다 약 25~50bps(0.25~0.5%) 높았다. [48]

◆1966년 금리규제법Interest Rate Regulation Act of 1966에 따라 예금 보험 공사와 연방주택금융은행이사회는 상호저축은행과 예금 및 대출에 금리 상한을 설정할 수 있었다. 또한 연방준비제도가 특정 등급의 예금에 대한 금리를 정할 수 있도록 허용되었다. [49]

  – 연방준비제도는 이 권한을 바탕으로 단일 만기 CDsingle-maturity CD(만기 이후 이자가 지급되지 않는 CD)에 5.5%의 금리 상한을 정했다. 또한 정기 예금은 금리 상한을 낮췄다.

  – 그러나 1973년 CD의 상한선이 폐지되었다.

◆1978년, 연방준비제도는 국채 6개월물 금리를 상한으로 하는 시장 금리 연동제 예금 상품MMC을 은행들이 출시할 수 있도록 허용했다. 은행은 이제 MMF와 경쟁하는 상품을 발행할 수 있게 됐다. 이것은 이전의 레귤레이션 Q 한도를 완화한 것이다. [50]

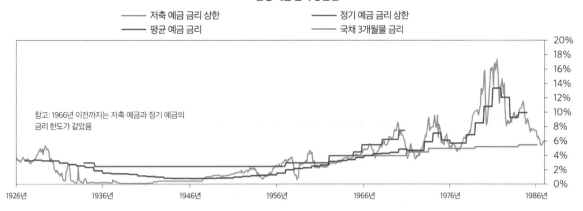

은행 예금 금리 상한선

── 저축 예금 금리 상한 ── 정기 예금 금리 상한
── 평균 예금 금리 ── 국채 3개월물 금리

참고: 1966년 이전까지는 저축 예금과 정기 예금의
금리 한도가 같았음

- 1980년 3월 예금 기관 규제 완화 및 통화 통제법Depository Institutions Deregulation and Monetary Control Act의 제정으로 레귤레이션 Q는 철폐되었다. 결국, 레귤레이션 Q는 여러 가지 회피할 방법이 있었기 때문에 실패작으로 간주되었다.[51]
- 1986년에는 상한제가 점진적으로 폐지되었다.[52]

신용 공급을 겨냥한 거시건전성 감독 조치: 감독 지침과 '직접 압박'

호황기에서 대출 억제를 위한 지침

- 제1차 세계대전 후, 연방준비제도는 신용이 투기적 용도보다 생산적 용도로 옮겨가도록 이끌기를 원했다. 따라서 감독 당국을 동원해 은행에 '직접적인 압력'을 가했다.[53]
- 1927년 중반, 정책 입안자들은 투기가 횡행하는 주식시장을 염려했다. 전년도 주가지수는 거의 두 배 상승했으며, 신용 창출도 활기를 띠고 있었다. 1929년 2월 연방준비제도는 투기 행태를 질책하는 성명서를 발표하며, 투기성 신용 거래의 대출에 일조하는 은행들에게 대출을 중단하겠다고 밝혔다. 그러나 투기 광풍은 사그러지지 않았다.[54]
- 1947년 11월 24일, 감독 당국은 은행의 주의를 촉구하는 성명서를 발표했다. 과도한 신용 창출과 퇴보하는 신용 기준을 우려했기 때문이다. 성명서 내용은 은행이 '개인이나 사업체를 막론하고 부동산, 상품, 증권

의 투기 목적으로 받는 모든 대출을 축소'해야 한다는 것이었다.[55]

- 감독 당국은 다시 1990년대와 2000년대에 대출 기준의 퇴보를 지적하는 성명서를 다음과 같이 구체적으로 몇 차례 발표했다.[56]

  - 특히 1995년에 연방준비제도는 심사관들이 지나치리만치 느슨한 신용 보증 기준을 예의 주시해야 한다고 경고했다. 또한 지역 부동산 시장의 주기적인 침체 위험에 대해서도 우려했다. 1980년대 대부조합 위기를 겪어본 터였기 때문이다.

  - 1999년, 감독 당국은 서브프라임 대출의 위험을 상세히 설명한 성명서를 발표했다. 또한 현장의 금융기관들에 자본 기준을 높일 것을 권고했다. 이는 서브프라임 대출로 손실을 본 다수의 은행이 전년도에 도산한 후 결정된 사안이었다.

  - 2년 후, 정부 기관들은 새로운 자산 기준을 구체적인 수치로 정했다. 성명서에 따르면 은행은 서브프라임 대출에 대해서 비슷한 유형의 다른 대출에 비해 자산 대비 자본을 1.5~3배 더 많이 확보해야 했다.

  - 2000년대 초반과 중반, 연방 공무원들은 버블이 낀 신용이 증가하는 현상에 대한 우려를 표명하는 발언을 수차례 했다.

  - 감독 당국은 2005년에 추가 조치로써 주택담보대출과 상업용 부동산 대출뿐 아니라 비전통적 모기지 담보대출에 대한 지침도 발표했다.

  - 2013년 연방준비제도와 통화감독청OCC은 레버리지 비율의 한도를 6:1로 정하고 벌금 부과 가능성으로 압박도 넣으면서 레버리지 대출의 규제를 강화했다.

불황 국면의 신용 확대 방안

- 1938년 4월 루스벨트 대통령은 신용 창출을 촉진하기 위해 규제기관들에 '더욱 자율적인 은행 감독 정책에 동의'할 것을 요청했다.[57]

- 이에 재무부는 연방 감독관 세 명과 함께 대출과 증권 업무의 통합된 처리를 요약한 공동 성명을 발표하며 응수했다. 이 절차는 유가증권의 시가평가 회계를 탈피하는 것을 골자로 했다. 또한 '투자적'과 '투기적' 성격의 증권을 구별했다. 투자적 성격의 유가증권에는 신용평가기관에서 상위 네 등급 중 하나를 지정해주었다.

◆1980년대 대부조합 위기가 끝나자 정부는 신용 경색을 완화하는 방향으로 정책을 선회했다.[58]

   − 먼저 1990년 5월, 통화감독청, 연방준비제도, 예금보험공사의 관료들은 은행의 고위 관계자들에게 대출 범위를 확대하도록 촉구했다.

   − 감독 당국은 1991년 3월에 '규제 정책의 명확화'를 위한 지침서를 발간했다. 이 지침서에는 "일부 예금기관의 대출 관행이 그동안 지나치게 신중했던 것으로 보인다."라고 언급되고 있음에도 감독 당국은 감독 기준을 완화하지 않았다.

◆대선 직후 클린턴 대통령은 새로운 신용 활성화 계획을 내놓았다. 감독 당국도 은행의 대출을 장려하기 위해 공동 성명을 발표했다.[59]

◆클린턴 대통령의 계획은 '평가 부담'을 줄이고 조사관의 결정에 대한 은행들의 입장에 귀를 기울임으로써 중소기업 대출을 더 용이하게 하자는 것이었다.

◆2007~2009년 감독 당국은 은행이 심사 기준을 약화하지 않으면서, 곤란한 사정으로 대출을 받는 이들에게 협조적으로 대출을 수행할 것을 장려했다.[60]

주석

1 더글러스 엘리엇(Douglas J. Elliott), 그렉 펠드버그(Greg Feldberg), 안드레아스 레너트(Andreas Lehnert), 「미국의 순환적 거시건전성 정책사(The History of Cyclical Macroprudential Policy in the United States), 논문」 연방준비 제도 이사회, 재정 및 경제 논고 기획물 2013~29(2013년 5월), 19페이지

2 엘리엇, 펠드버그, 레너트, 전게서(前揭書) 3페이지

3 스탠리 피셔(Fischer, Stanley), NBER 주최 마틴 펠드스타인 강연회(Martin Feldstein Lectures)에서 연준 대표로 연설 중 "금융 개혁, 어디까지 왔는가(Financial Sect or Reform: How Far Are We?), 2014년 7월"

4 엘리엇, 펠드버그, 레너트, 전게서 13페이지

5 엘리엇, 펠드버그, 레너트, 전게서 30~31페이지

6 엘리엇, 펠드버그, 레너트, 전게서 34페이지

7 엘리엇, 펠드버그, 레너트, 전게서 10페이지

8 도미닉 윌슨(Wilson, Dominic), 카마크샤 트리베디(Kamakshya Trivedi), 노아 와이스버거(Noah Weisberger), 알렉산더 팀센코(Aleksandar Timcenko), 호세 어수아(Jose Ursua), 조지 콜(George Cole), 후이 샨(Hui Shan), 줄리언 리처스(Julian Richers), 「글로벌 이코노믹스 위클리(Global Economics Weekly), 골드만삭스 no. 14/16」 중 「금리를 넘어 - 주택 시장의 거시 건전성 정책(Beyond interest rates: Macro-prudential policies in housing markets), 2014년 4월」

9 엘리엇, 펠드버그, 레너트, 전게서 19페이지

10 엘리엇, 펠드버그, 레너트, 전게서 9~10페이지

11 엘리엇, 펠드버그, 레너트, 전게서 10페이지

12 엘리엇, 펠드버그, 레너트, 전게서 10페이지

13 엘리엇, 펠드버그, 레너트, 전게서 9페이지

14 엘리엇, 펠드버그, 레너트, 전게서 9페이지

15 엘리엇, 펠드버그, 레너트, 전게서 9페이지

16 엘리엇, 펠드버그, 레너트, 전게서 10페이지

17 엘리엇, 펠드버그, 레너트, 전게서 11페이지

18 엘리엇, 펠드버그, 레너트, 전게서 13페이지

19 엘리엇, 펠드버그, 레너트, 전게서 13페이지

20 엘리엇, 펠드버그, 레너트, 전게서 14~15페이지

21 엘리엇, 펠드버그, 레너트, 전게서 15~16페이지

22 엘리엇, 펠드버그, 레너트, 전게서 17페이지

23 엘리엇, 펠드버그, 레너트, 전게서 21페이지

24 엘리엇, 펠드버그, 레너트, 전게서 21페이지

25 엘리엇, 펠드버그, 레너트, 전게서 22페이지

26 엘리엇, 펠드버그, 레너트, 전게서 23페이지

27 엘리엇, 펠드버그, 레너트, 전게서 23페이지

28 애나 켈버(Kelber, Anna), 에릭 모네(Eric Monnet), 『프랑스 중앙은행 금융 안정 보고서(Financial Stability Review, Banque de France) 18호, 2014년 4월』 중 「거시건전성 정책 및 양적 완화 도구: 유럽의 역사적 관점(Macroprudential policy and quantitative instruments: a European historical perspective)」 157페이지

29 엘리엇, 펠드버그, 레너트, 전게서 24페이지

30 엘리엇, 펠드버그, 레너트, 전게서 25페이지

31 엘리엇, 펠드버그, 레너트, 전게서 25페이지

32 엘리엇, 펠드버그, 레너트, 전게서 26~27페이지

33 엘리엇, 펠드버그, 레너트, 전게서 26페이지

34 엘리엇, 펠드버그, 레너트, 전게서 27페이지

35 엘리엇, 펠드버그, 레너트, 전게서 27페이지

36 엘리엇, 펠드버그, 레너트, 전게서 28페이지

37 엘리엇, 펠드버그, 레너트, 전게서 27페이지

38 엘리엇, 펠드버그, 레너트, 전게서 28페이지

39 엘리엇, 펠드버그, 레너트, 전게서 29페이지

40 엘리엇, 펠드버그, 레너트, 전게서 24페이지

41 켈버, 모네, 전게서 158페이지

42 켈버, 모네, 전게서 155페이지

43 켈버, 모네, 전게서 156페이지

44 켈버, 모네, 전게서 156페이지

45 엘리엇, 펠드버그, 레너트, 전게서 30페이지

46 엘리엇, 펠드버그, 레너트, 전게서 30페이지

47 엘리엇, 펠드버그, 레너트, 전게서 30페이지

48 엘리엇, 펠드버그, 레너트, 전게서 32페이지

49 엘리엇, 펠드버그, 레너트, 전게서 32페이지

50 엘리엇, 펠드버그, 레너트, 전게서 33페이지

51 엘리엇, 펠드버그, 레너트, 전게서 34페이지

52 엘리엇, 펠드버그, 레너트, 전게서 34페이지

53 엘리엇, 펠드버그, 레너트, 전게서 36페이지

54 엘리엇, 펠드버그, 레너트, 전게서 36페이지

55 엘리엇, 펠드버그, 레너트, 전게서 37페이지

56 엘리엇, 펠드버그, 레너트, 전게서 37~38페이지
57 엘리엇, 펠드버그, 레너트, 전게서 38페이지
58 엘리엇, 펠드버그, 레너트, 전게서 39페이지
59 엘리엇, 펠드버그, 레너트, 전게서 39페이지
60 엘리엇, 펠드버그, 레너트, 전게서 40페이지

옮긴이 **송이루**

호주 맥쿼리대학교 금융경제학과와 연세대학교 대학원 경제학과를 졸업했다. 외국계 은행과 증권사를 거쳐 영어 강사가 되었다. 바른번역 글밥 아카데미를 수료한 후 현재 번역가와 리뷰어로 활동하고 있다. 옮긴 책으로는 《속마음을 꿰뚫어 보는 기술》이 있다.

옮긴이 **이종호**

서강대학교 경제학과를 졸업하고 국제금융, 해외 자본 유치, 해외 IR업무를 담당하며 직장 생활을 하였다. 현재는 독일에서 자동차업계에 몸담고 있으며 번역가 모임인 바른번역의 회원으로도 활동하고 있다. 역서로는 《모든 악마가 여기에 있다》《또래압력은 어떻게 세상을 치유하는가》 등이 있다.

옮긴이 **임경은**

부산대학교 경제학 학사 및 서강대학교 경제대학원을 석사 졸업하였다. 오랫동안 공직에 종사하다가 현재 바른번역 소속 번역가로 활동하고 있다. 역서로는 《2019 세계 경제 대전망(공역)》이 있다.